玩转“电商营销+互联网金融”系列

一本书玩转众筹

海　天　编著

清華大学出版社
北　京

内 容 简 介

本书紧扣“实战”，从两条线专业、深层地讲解众筹的具体操作。

一条是横向案例线，讲解了众筹最为火爆的模式：奖励模式、股权模式、募捐模式、债权模式、社交模式。

一条是纵向操作线，深入剖析众筹的商业模式、各类平台、项目选择、操作上线、风险把控、注意事项等。

本书结构清晰，案例丰富，适合运用互联网进行资金或项目筹备的企业、个体老板、融资贷款相关的工作人员等。一书在手，可以完全精通众筹的特点、要素、类型、技巧和方法等；5 大众筹“模式+案例”，让您在实战中从新人成为众筹达人！

图书在版编目(CIP)数据

一本书玩转众筹/海天编著. —北京：清华大学出版社，2017
(玩转“电商营销+互联网金融”系列)
ISBN 978-7-302-45381-9

Ⅰ. ①一… Ⅱ. ①海… Ⅲ. ①融资模式—基本知识 Ⅳ. ①F830.45

中国版本图书馆 CIP 数据核字(2016)第 260178 号

责任编辑：杨作梅
装帧设计：杨玉兰
责任校对：张彦彬
责任印制：李红英

出版发行：清华大学出版社
网　　址：http://www.tup.com.cn，http://www.wqbook.com
地　　址：北京清华大学学研大厦 A 座　　**邮　　编**：100084
社 总 机：010-62770175　　**邮　　购**：010-62786544
投稿与读者服务：010-62776969，c-service@tup.tsinghua.edu.cn
质 量 反 馈：010-62772015，zhiliang@tup.tsinghua.edu.cn
印 刷 者：三河市君旺印务有限公司
装 订 者：三河市新茂装订有限公司
经　　销：全国新华书店
开　　本：170mm×240mm　　**印　张**：16.25　　**字　数**：326 千字
版　　次：2017 年 1 月第 1 版　　**印　次**：2017 年 1 月第 1 次印刷
印　　数：1～3000
定　　价：49.80 元

产品编号：063272-01

前　言

众筹，顾名思义，就是众人集合力量进行筹资。它起源于美国，最近几年才在国内流行起来。通过对众筹的深入了解之后，人们发现其实它能解决中小型企业和创业者们融资难的问题，是当下一种非常好的融资方法。

众筹经过近几年的快速发展，已经在全球成为一项价值数十亿美元的产业。众筹借助社交网络，正以迅雷不及掩耳之势掀起一场全球范围的创业革命，成为未来融资活动的主要方向。

本书重点介绍了 5 种众筹模式，通过 5 个行业进行案例说明和项目实战，用全面、资深、专业的理论知识帮助个人或企业玩转众筹，获得创业的成功。

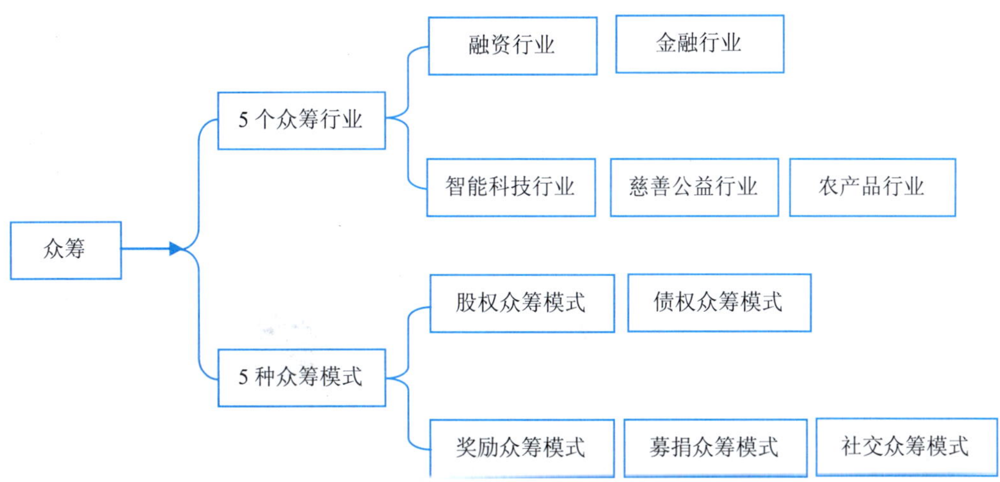

本书侧重于众筹的实际案例与项目实战分析，采取了全图解的方式帮助读者快速掌握重点和了解核心知识，为提高读者的阅读效率做了巨大的努力。但值得注意的是，读者需要在阅读过程中理清逻辑关系，以便更好、更快地理解本书内容，从而感受阅读的知识性和趣味性。

本书由海天电商金融中心编著，参与编写的人员还有易苗、刘胜璋、刘向东、刘松异、刘伟、卢博、周旭阳、袁淑敏、谭中阳、杨端阳、李四华、王力建、柏承能、

刘桂花、柏松、谭贤、谭俊杰、徐茜、刘嫔、苏高、柏慧等人，在此一并表示感谢。

由于作者知识水平有限，书中难免有错误和疏漏之处，恳请广大读者批评、指正。联系邮箱：feilongbook@163.com。

编　者

目 录

目录

第 1 章

初步了解众筹：从多个角度分析认识

学前提示

本章主要讲解众筹的一些基本知识、众筹平台及技巧等方面的内容。通过对本章知识的学习，读者能够对众筹有一个初步的了解。

从当今的社会环境与商业市场发展情况来看，众筹必定会成为未来主流的融资方式，不管你是已经创业还是即将创业，你都应该走进众筹这个行业。

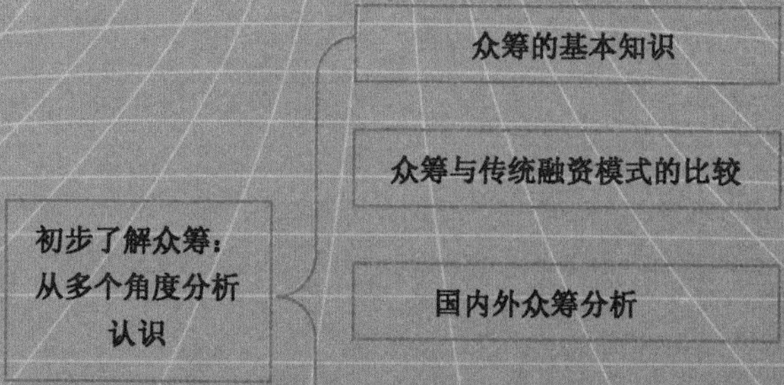

初步了解众筹：从多个角度分析认识

- 众筹的基本知识
- 众筹与传统融资模式的比较
- 国内外众筹分析
- 众筹平台
- 众筹技巧

1.1　众筹的基本知识

2016年2月19日，本是一个平常的日子，却因一部电影的首映而变得不平常，这部电影就是由中美合拍的《功夫熊猫 3》。随着《功夫熊猫 3》的热映，在众筹领域也诞生了一批与之相关的项目。

在淘宝众筹平台上就有20个关于《功夫熊猫3》的项目，且其中有一半已成功筹资，有些还在进行中，相关界面如图1-1所示。

图1-1　淘宝众筹平台上关于《功夫熊猫3》的部分众筹项目

通过这个案例，我们可以看出众筹已经成为一种常见的融资方式。

但并不是所有的人都走在社会最前端，接触最新的内容。尽管当下众筹对我们来说并不陌生，然而却依然有部分人对此闻所未闻、一无所知。曾有人这样点评众筹："众筹是让梦想成真的最快途径之一。"那么，接下来请跟随本书一起了解众筹是如何让梦想成真的吧！

1.1.1　众筹的基本定义

首先，让我们来了解众筹的定义，如图1-2所示。

图1-2　众筹的定义

众筹的大致流程，如图1-3所示。

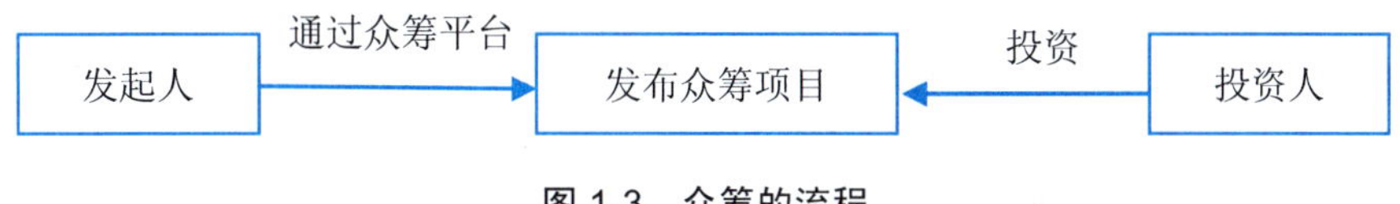

图 1-3　众筹的流程

众筹主要是以资助个人、公益慈善组织或中小型企业为目的的进行的小额资金募集，它是一种全新的互联网金融模式。

1.1.2　众筹的目的

发起人众筹一个项目，从提出项目框架到项目上线的过程较为复杂，且众筹的目的也不是单一的。众筹项目的常见目的，如图 1-4 所示。

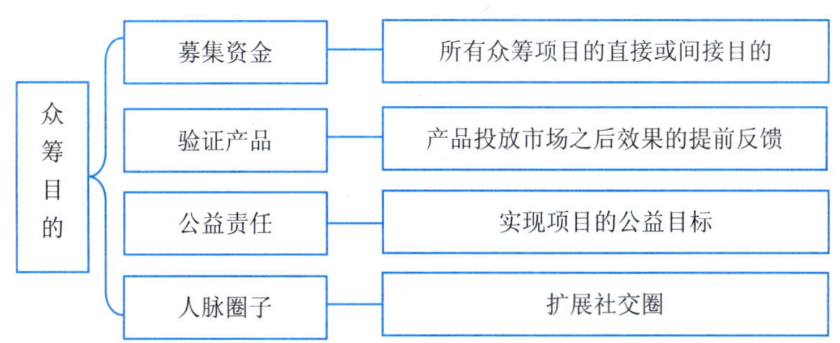

图 1-4　众筹的目的

1.1.3　众筹的常见类型

众筹常见类型的具体划分，如图 1-5 所示。

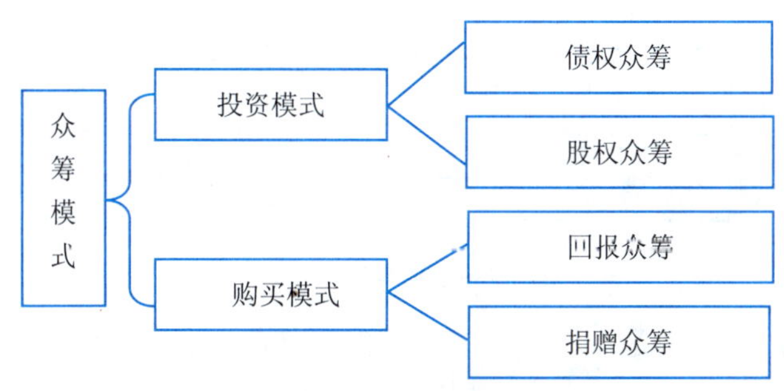

图 1-5　众筹常见类型

由图 1-5 可知，众筹主要分为投资和购买两大模式，在两大模式之下又可再分。其中，投资模式又可根据不同对象细分为债权众筹和股权众筹，购买模式可根据不同购买方式分为回报众筹和捐赠众筹。

除此之外，在当今的互联网金融行业中又出现了一种新的众筹模式——社交众筹，它是基于社交网络来传播项目，从而进行筹资。

1.1.4 众筹项目运作的特点

众筹项目运作的主要特点，如图 1-6 所示。

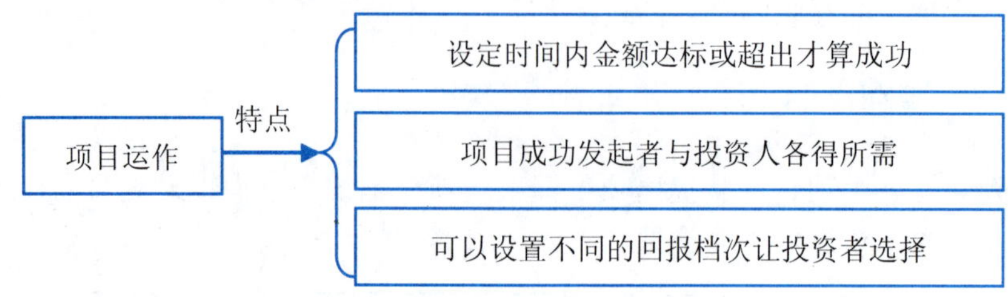

图 1-6 众筹项目运作的主要特点

在众筹项目的运作中，平台资金的管理方式是需要特别注意的，即资金的入账方式，分别是达标入账和当即入账。两者各有优势，但目前行业内是更倾向于达标入账模式。即使有支持者不在乎回报的情况下，当即入账方式还是会让他们有所顾虑。

1.1.5 众筹的构成要素

众筹的构成要素主要有 4 大部分，分别是筹资者、众筹项目、投资者和众筹平台，其关系如图 1-7 所示。

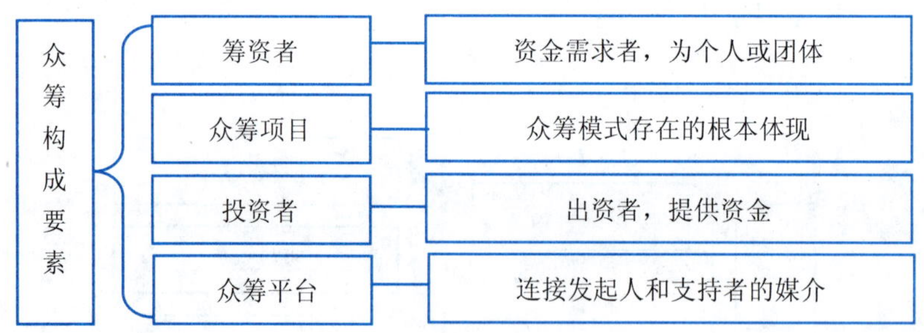

图 1-7 众筹构成要素

筹资者也叫发起者，是众筹过程中的资金需求者。投资者也叫支持者，指对项目感兴趣且有支持能力的人，在众筹过程中为筹资者提供所需资金。而连接发起人和支持者的媒介，就是网络上的众筹平台。

1.2 众筹与传统融资模式的比较

众筹模式的出现，对于互联网金融来说是一种新的融资方式。它的创新性与传统的金融模式是截然不同的。它的出现必然会给互联网领域带来天翻地覆的变化。

众筹与传统金融相比，它可以让普通大众通过众筹模式进行筹资。本节内容主要针对众筹与传统融资模式的比较进行分析，如图 1-8 所示。

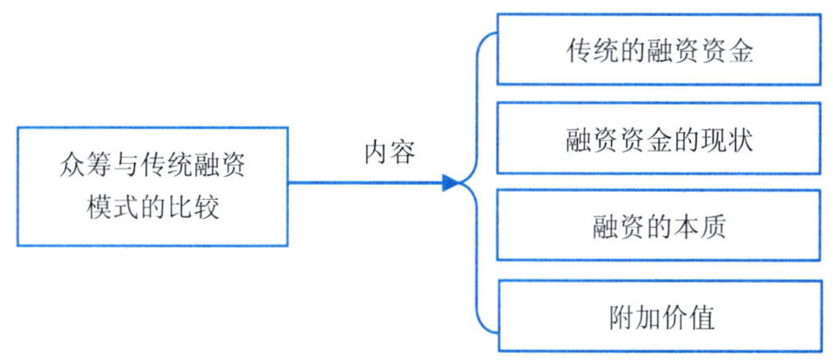

图 1-8　众筹与传统融资模式的比较

1.2.1 传统的融资渠道

传统的融资渠道，如图 1-9 所示。

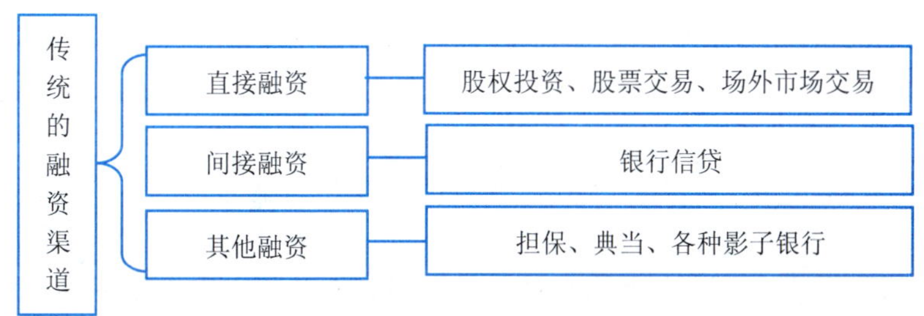

图 1-9　传统的融资渠道

由上可知，传统金融的融资方式较多，相应的规章制度也是日渐完善，渐成体系。但是它的局限性在于对融资成本和门槛都要求较高，对于中小型企业及一腔热血准备创业的年轻人来说无疑是不利的，无法解决他们的资金困难问题。

1.2.2 融资资金的现状

传统融资导致资源错配的问题，使很多资金链出现断裂问题的中小型企业运转困难，更有甚者面临倒闭的风险，而新型的创业者更是举步维艰。加上受 2008 年金融危机的影响，一种面向大众的融资方式——众筹开始在国内受到追捧，这种舶来品从引进的短短几年后就愈演愈烈。

但对于中国而言，融资体系依然是以银行信贷为主，它决定了我国的制造业和基础设施的相对发达。只是相对于高科技行业、服务业及中小企业的资金供给会弱些。目前银行的信贷投放方向，如图 1-10 所示。

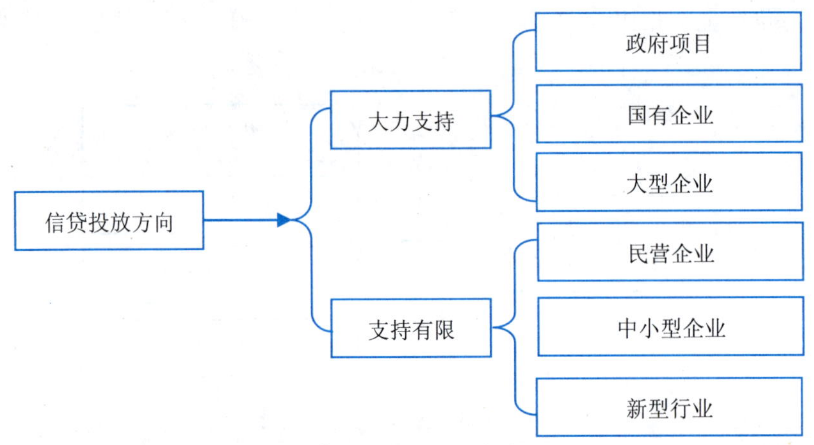

图 1-10　信贷投放的方向

1.2.3　融资的本质

众筹融资模式的出现顺应了互联网的发展需要，它立足于大众，依靠群众的力量去进行筹资，可以说是一种草根级的融资模式，这也是它与其他融资方式的根本区别。

由于此模式的受众都是普通大众，所以他们需要的服务就是简单快捷、方便灵活以及多样化。

众筹模式实质上去掉了传统融资的中间环节，对于提高融资效率和扩大融资范围都起到了良好的作用。如图 1-11 所示，为众筹融资的相关内容。

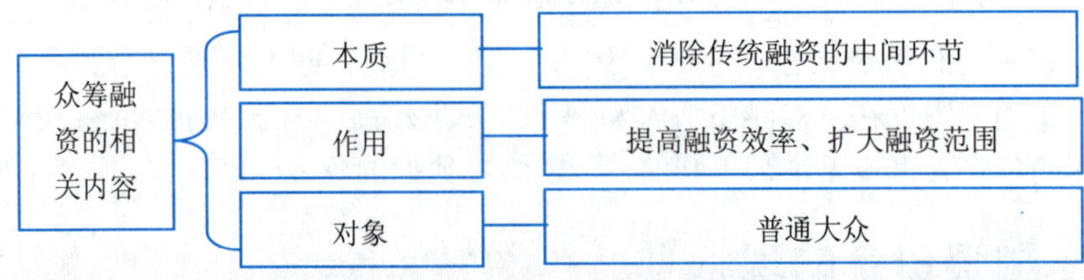

图 1-11　众筹融资的相关内容

1.2.4 附加价值

不可否认，众筹是最接地气的融资模式。其传播范围广、门槛低、为梦想服务的特点都赋予了它亲民的魅力。在众筹融资中发起者不仅可以获得所需资金，还会得到一定的附加价值，如图 1-12 所示。

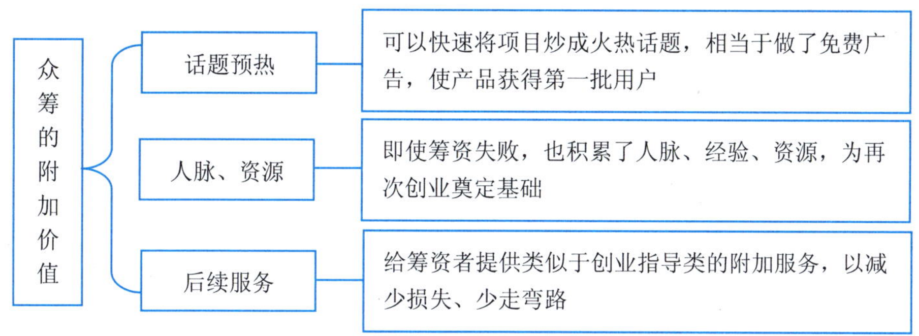

图 1-12 众筹的附加价值

1.3 国内外众筹分析

国内外的众筹环境、众筹特征、众筹条件及众筹在本国的发展都是有差异的。本节内容主要针对国内外众筹情况进行分析。

1.3.1 美国

众筹这个概念始于美国，由于受到大众的认可，所以在世界上迅速传播开来。

在美国，由于市民对于创业的热情和政府的一些支持政策，促进了众筹投资在美国稳定快速的发展。随着创业企业的不断增加，众筹项目也在增加，从而使得众筹的参与者人数随之上升。

股权众筹模式在美国无论是资金还是规模上都胜过其他模式，主要的发行方式有以下 3 种类型，如图 1-13 所示。

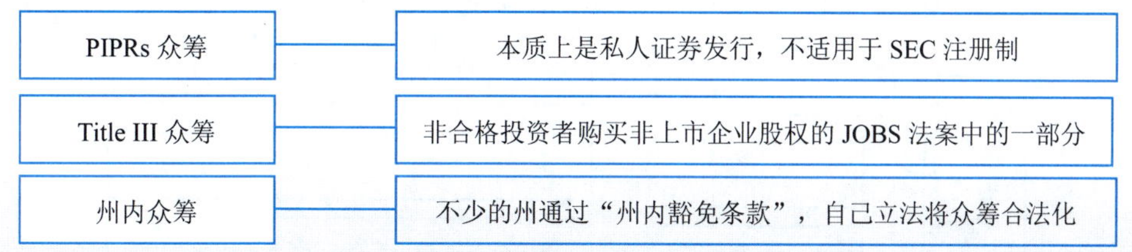

图 1-13 股权众筹模式的发行方式

每种新事物的诞生必然是因为具备了相应的条件，我们都知道美国硅谷所在地旧金山和华尔街总部所在地纽约，是美国的互联网金融中心，具备众筹模式兴起的一切外部条件。

众筹项目的成功需要具备一些条件，如图 1-14 所示。

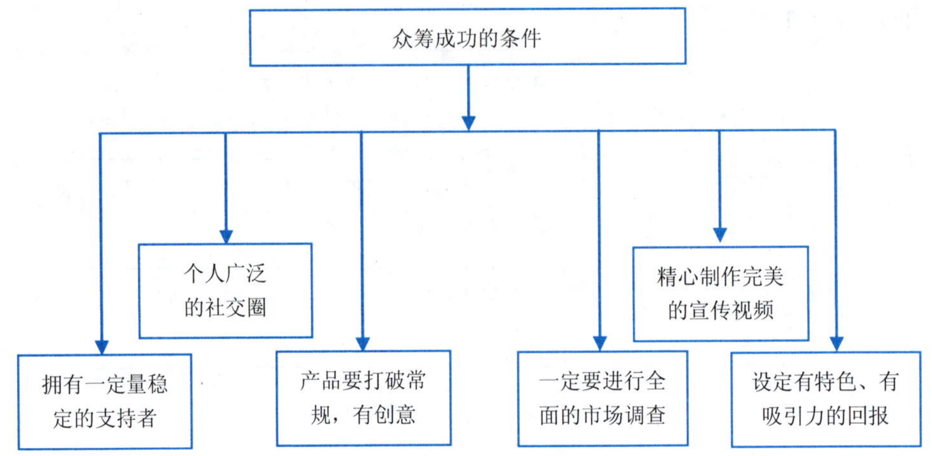

图 1-14　众筹成功的条件

一个众筹项目的成功必然离不开一群坚定的追随者，如果发起人的影响力较大，那么在项目上线的第一时间就会有一群积极响应的人帮你免费宣传，这就是项目成功第一步的表现。

除此之外，成功的项目也离不开产品本身的优越性。对于所有发起者而言，众筹项目一定是要打破常规的，极具创意的产品是很容易受大众青睐的，毕竟大家需要的是创新。

不管是什么产品，在投放市场之前，一定要做足够的市场调研，充分的准备工作是获得产品成功的必要条件。

1.3.2　中国

目前众筹的发展在国内市场中面临着一些挑战，如图 1-15 所示。

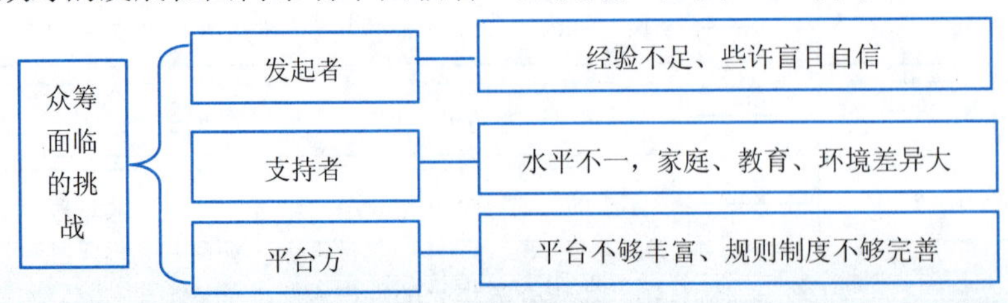

图 1-15　众筹面临的挑战

在国内，由于受社会发展和市场环境的影响，众筹在其发展的过程中有很多方面还需要进行完善，主要方面如图 1-16 所示。

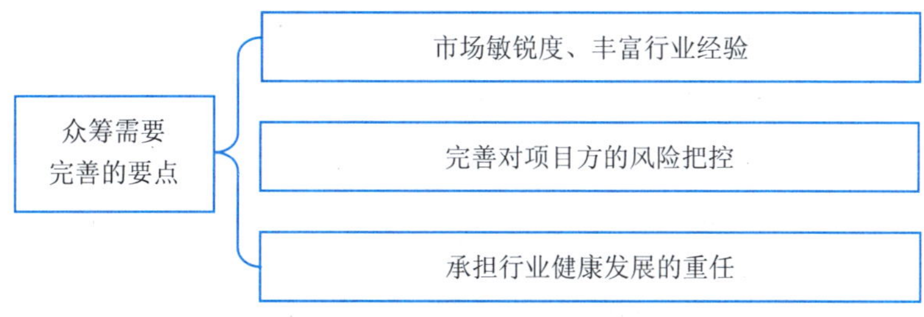

图 1-16 众筹需要完善的要点

众筹模式在中国的发展面临重重挑战，但作为新型金融模式，国内众筹的发展方式和理念与国民进步、经济环境进步、法制法规进步的步调是一致的。不断提升的国民素质、日趋完善的金融市场体系以及社会对创新的包容，都为国内众筹模式的发展提供了强大的宏观环境支撑。

众筹模式在国内的发展市场是不够成熟的，虽发展迅速却还处于初级阶段，因而众筹平台需要有相当的市场敏锐度、丰富的行业经验，能够对不同领域的项目进行筛选调查。

专家提醒

所有的项目的投放都会伴随着风险，对于众筹项目来说，众筹平台本身相关的规则制度还有待健全，所以更要做好风险把控。

1.3.3 中美比较

众筹模式既然是一种舶来品，那么与其在美国的“前身”之间必然存在一定的异同性。目前在中国被大家所熟知的众筹平台主要有众筹网、淘宝众筹、京东众筹等。在这几个平台上都有过比较成功且影响广泛的项目。

首先我们先从平台来对中美众筹进行比较，了解它们在某些运营环节上存在的差异。这些差异分别是投资者审核环节、投资者人数和投资金额限制、“领投+跟投”模式、资金流转环节、投资者冷静期设置。图 1-17 所示为投资者的审核环节。

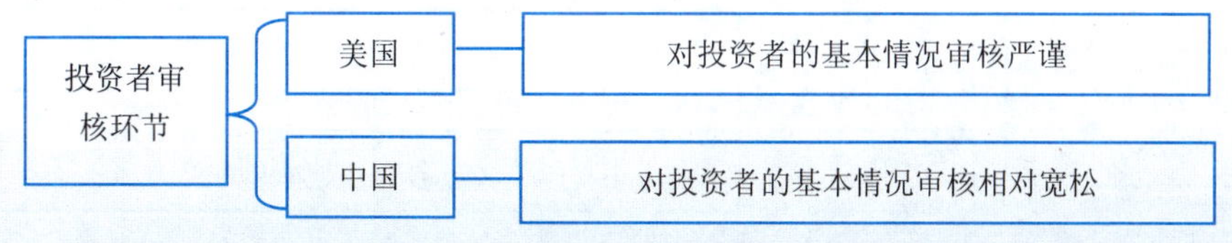

图 1-17 投资者审核环节

在美国 4 大众筹平台中，网站对不同国家的投资者的年龄、信用卡、住所有要求，强调“风险自负”。而在中国整体上要求不严，对投资者没有额外审核。如图 1-18 所示，为中美人数与金额的限制。

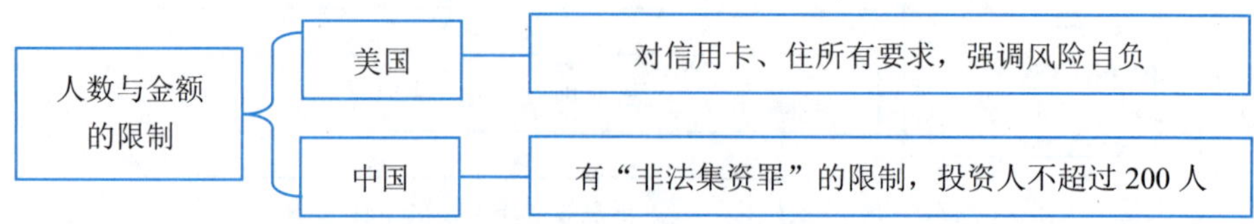

图 1-18　中美人数与金额的限制

对于众筹中领投+跟投模式，美国与中国有着一定的差异，如图 1-19 所示。

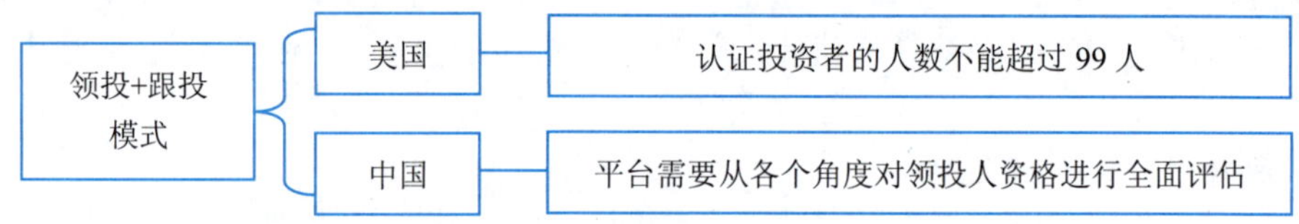

图 1-19　领头+跟投模式

在中国，天使汇与大家投采用相同的模式，通过领投人的经验降低投资中可能出现的风险，同时通过跟投人将部分收益转让给领投人，从而让领投人更愿意分享其经验。

在美国，资金的流转以银行或第三方平台为载体，众筹平台本身只是个中介机构。在中国，天使汇与创投圈等股权平台采用基本一致的模式。平台不经手资金，但大家投平台上存在资金流的二次流转问题，如图 1-20 所示。

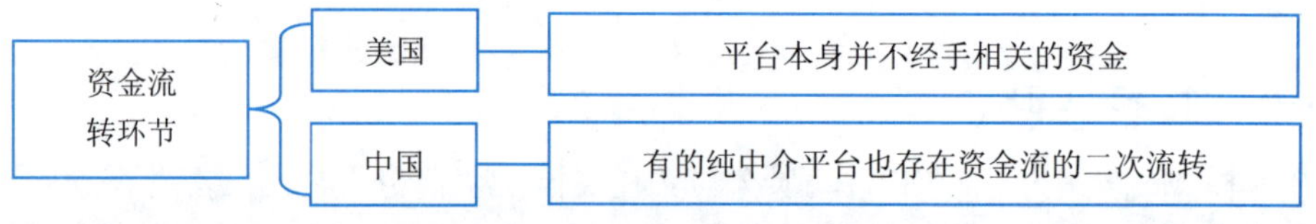

图 1-20　资金流转环节

在美国的 WeFunder 平台上规定了投资者有 7 天“冷静期”。在总的投资金额达到筹资者数额后的 7 天之内，投资者都可以要求资金返还。在中国，由于大部分资金的流转都是在线下进行的，并不存在这种“冷静期”设置，如图 1-21 所示。

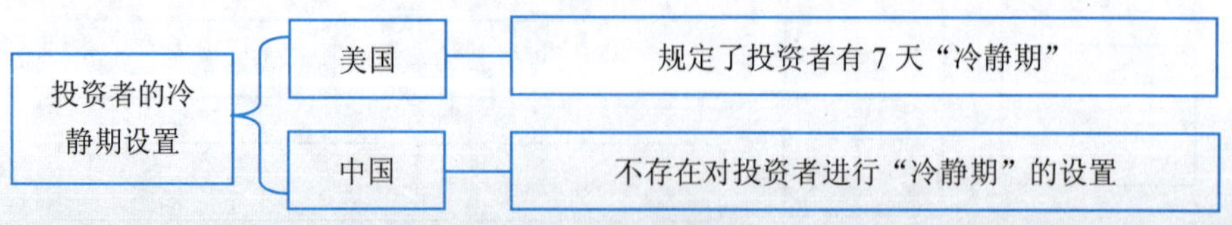

图 1-21　投资者的“冷静期”设置

在中国的金融行业里，由于缺乏强有力的监管，出现了很多跑路的公司。在这个争着做大做强的经济文化背景下，我们更要保持清醒的头脑，毕竟我们不清楚这个行业水有多深，所以必须要保持谨慎。

通过这些对比，我们会发现中美众筹在很多方面还是存在差异的，同时，这些差异影响着它们不同的发展前景。

除此之外，中美众筹在其他方面也存在差别，具体内容如图 1-22 所示。

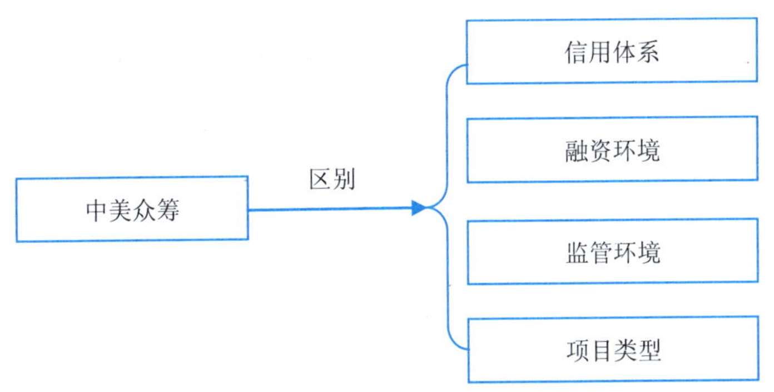

图 1-22　中美众筹的区别

1.4　众筹平台

众筹平台换句话说就是众筹模式的载体，本节将对国内外影响力较大的众筹平台种类进行介绍，如图 1-23 所示。

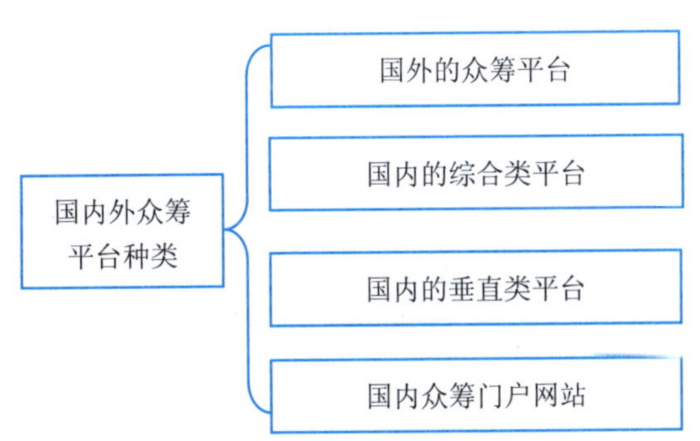

图 1-23　国内外影响力较大的众筹平台种类

1.4.1　国外众筹平台

在前面的内容中，本书已经对多种类型的众筹有所提及，但是还没有对众筹平台做一个系统的整体介绍，尤其是综合众筹平台与垂直众筹平台这两大类型各具特色。

在这一节中将主要针对国外的一部分众筹平台进行详解，如图 1-24 所示。

图 1-24　国外几大众筹平台

Kickstarter 众筹平台在美国成立于 2009 年 4 月，主要是为具有创意的方案提供服务平台。

它致力于鼓励创新性、创造性、创意性的活动，在全球具有广泛的影响力。通过相关的平台可以面向公众群体筹集小额资金，让那些有梦想，想创业的人有可能获得他们所需要的资金。在这个平台上多个行业都曾取得了成功，最成功的三个行业分析如图 1-25 所示。

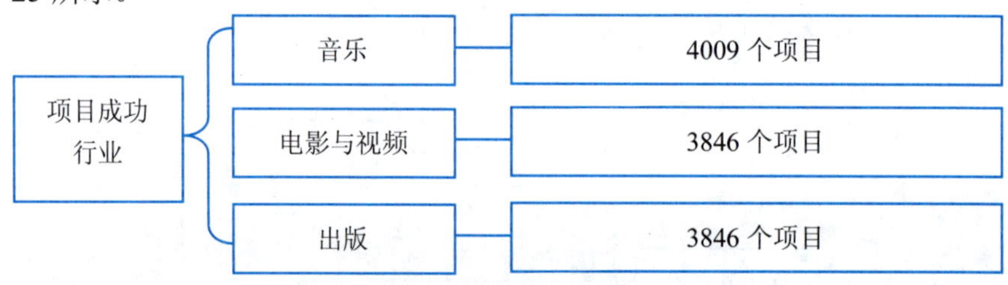

图 1-25　项目成功行业

曾有学者对 Kickstarter 平台的成功模式进行分析，分析的内容主要有 3 个方面，如图 1-26 所示。

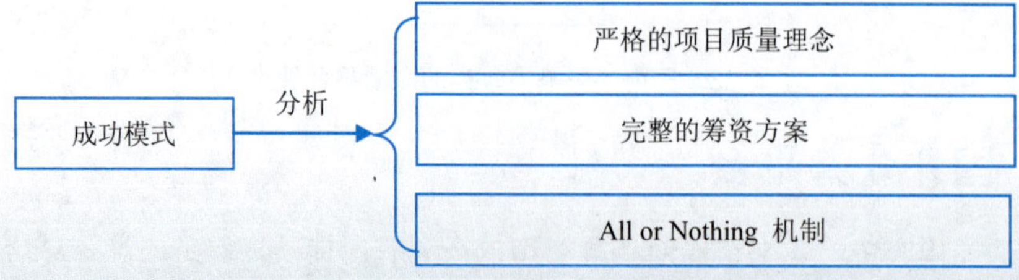

图 1-26　Kickstarter 平台的成功模式

为了提高成功率，众筹项目在 Kickstarter 上发布之前，一定会经过全方位的评估、审核和筛选，进行严格的质量把控。

网站为每一位创业者提供了全方位的筹资方案，从设计理念到视频设计再到创意阐述，面面俱到。

另外，目前美国的第二大众筹平台 IndieGoGo，作为一个影响力广泛的众筹平台，它有两个方面的特色是其他的众筹平台所比不上的，如图 1-27 所示。

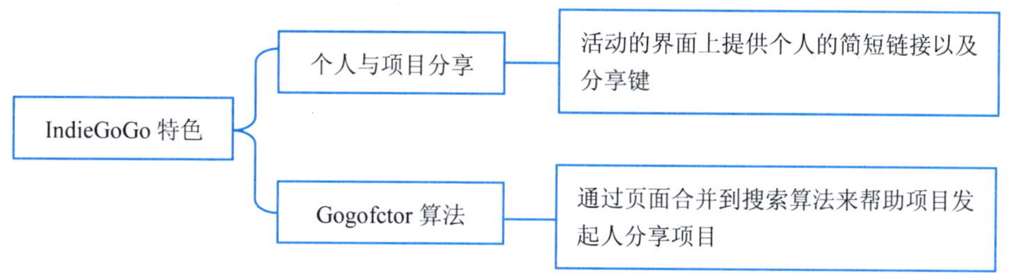

图 1-27　IndieGoGo 的特色

1.4.2　国内综合类平台

在国内，众筹平台的模式主要分为综合类众筹平台与垂直类众筹平台两种类型。在具体的运作中，两者都有成功发展的平台，在国内综合类众筹中较有影响力的几个平台，如图 1-28 所示。

图 1-28　综合类众筹平台

美国有 Kickstarter，中国有点名时间，它们在本国的影响力相当。

点名时间于 2011 年 7 月上线时，就意味着众筹模式正式进入中国。作为中国早期的众筹平台之一，很多项目在这个平台上取得了成功并且产生了深远的影响，如图 1-29 所示。

2013 年 2 月，众筹网正式上线，平台涵盖科技、音乐、影视、出版等多个领域，它在国内有较大的影响力。众筹网的众筹模式主要分为奖励众筹和公益众筹两种，许多项目在此取得了成功且产生了广泛的影响，如图 1-30 所示。

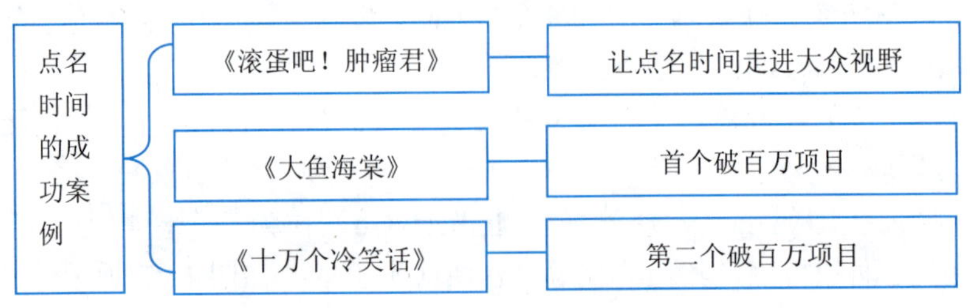

图 1-29　点名时间的成功案例

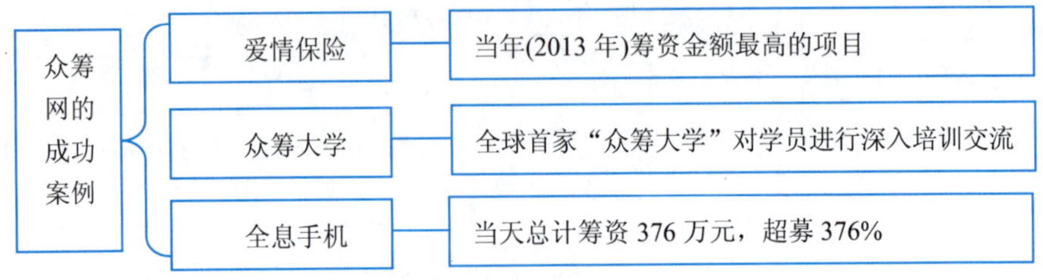

图 1-30　众筹网的成功案例

1.4.3　国内垂直类平台

与综合类众筹平台相比，垂直类众筹平台在数量上要略胜一筹，只是在质量与筹资金额上相对弱于综合类众筹平台，所以在整个众筹行业中占据的份额较少。

2014 年 1 月 1 日于上海正式成立的梦立方，是专注于时尚生活体验的众筹平台。同年 3 月上线的尝鲜众筹网，是专注于现代农业领域的众筹平台。

尝鲜网是东方集团旗下的众筹平台网站，为农业项目的创业发起人提供募资、投资、孵化、运营等各方面的一站式服务。

垂直类众筹平台的发展水平不一，其中较有影响力的有以下 5 个平台，如图 1-31 所示。

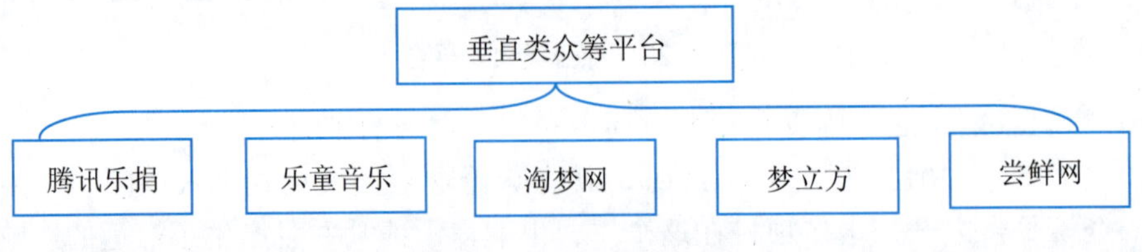

图 1-31　垂直类众筹平台

1. 腾讯乐捐

腾讯乐捐是腾讯基金会推出的针对公益项目众筹的一个自主发布平台，平台对发起人的条件要求相对宽松，但为了确保公益理念不变味，所以对项目的上线设定了严格的审核机制。

2015 年，由腾讯乐捐推出的公益活动——“99 公益日”，是第一个腾讯乐捐公益日的长久项目。此次活动主题为“一起爱”，调动了全国的有爱之士参与公益项目中。

在这个项目中，还有参与宣传的明星，如图 1-32 所示。

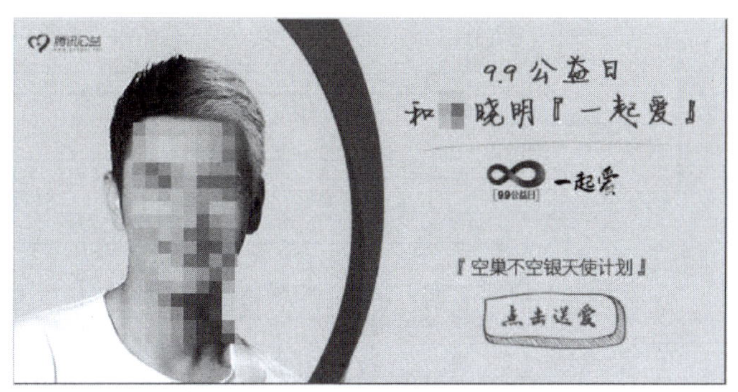

图 1-32 参与“99 公益日”的明星

明星所带来的公益效果是显著的，根据腾讯官方数据显示，截至 9 月底，此筹资总额已经超过 1.3 亿。

2. 乐童音乐

乐童音乐是音乐类垂直众筹网站的代表平台。对于发布的项目有 3 个要求，如图 1-33 所示。

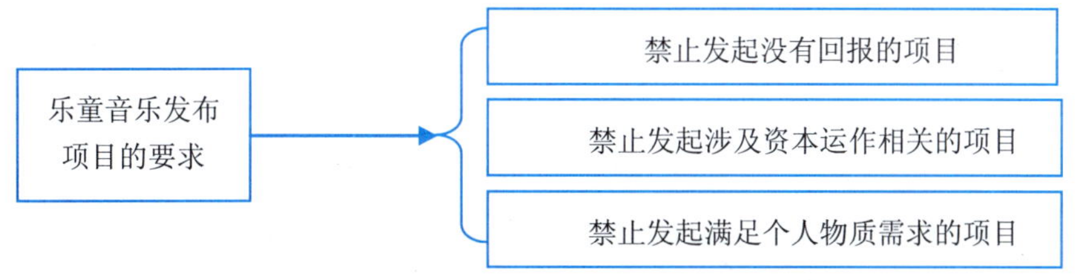

图 1-33 乐童音乐发布项目的要求

乐童音乐除了 3 个禁止要求之外，还有两种筹资模式，如图 1-34 所示。

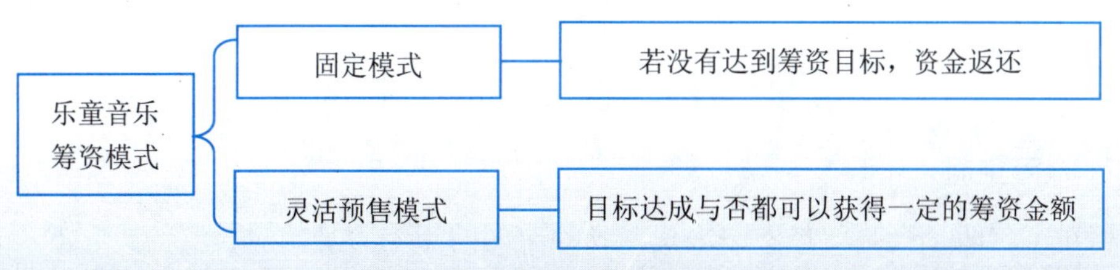

图 1-34 乐童音乐筹资模式

1.4.4　国内众筹门户网站

在众筹的发展中，众筹门户网站的作用不容小觑，它往往是大众最先接触众筹领域的一扇大门。目前国内的众筹门户网站主要有 3 个，如图 1-35 所示。

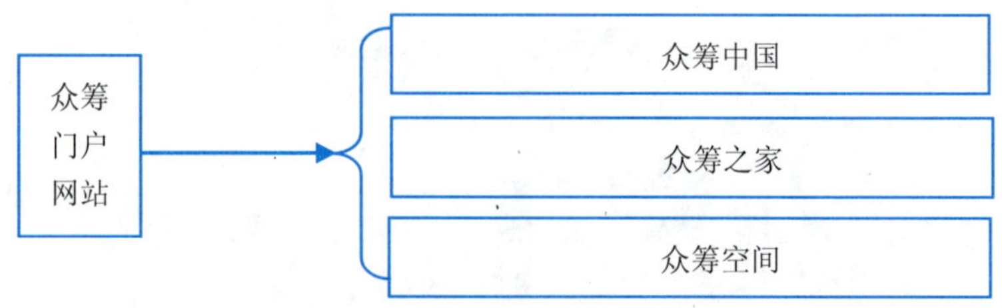

图 1-35　众筹门户网站

1. 众筹中国

从目前的情况来看，众筹中国是影响力较大的一个门户网站。网站关注产品众筹、股权众筹与债权众筹等的最新动态。作为门户网站，主要对以下 8 个方面进行汇总，如图 1-36 所示。

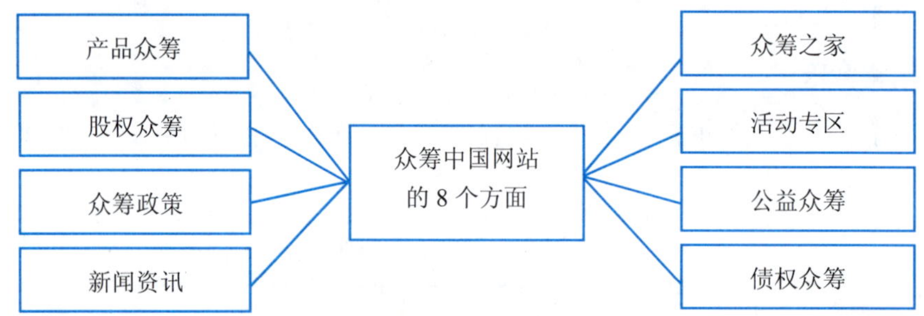

图 1-36　众筹中国网站的 8 个方面

在这个门户网站上会显示其他众筹网站上的优秀项目，浏览者可以选择自己喜欢的项目进行支持，从某种意义上来说这也是对众筹平台的一种额外宣传。

2. 众筹之家

于 2014 年 7 月正式上线的众筹之家，其定位是国内股权众筹门户。它的网站构成与特色，如图 1-37 所示。

截至 2016 年 4 月，众筹之家门户网站共注册用户 14 万。

3. 众筹空间

相对于前两个众筹门户网站来说，众筹空间的影响力是相对较弱的。它的网站界面主要分为 5 大板块，分别是资讯、P2P、项目、导航和论坛。

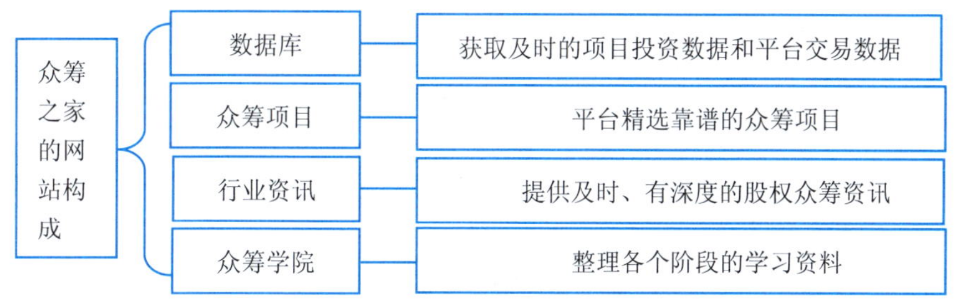

图 1-37 众筹之家的网站构成

1.5 众筹技巧

在众筹实战中，相信所有发起者的目标都希望众筹项目能够成功，但一直以来国内的众筹项目的通过率普遍偏低。

本节将针对众筹项目相关的技巧进行分析，从多个角度去探究一个成功的项目究竟需要注意哪些问题。

众筹的技巧主要有 5 个方面，如图 1-38 所示。如果你对每一个技巧都去探索深究，对每一个技巧都运用自如，相信就离成功更近一步。

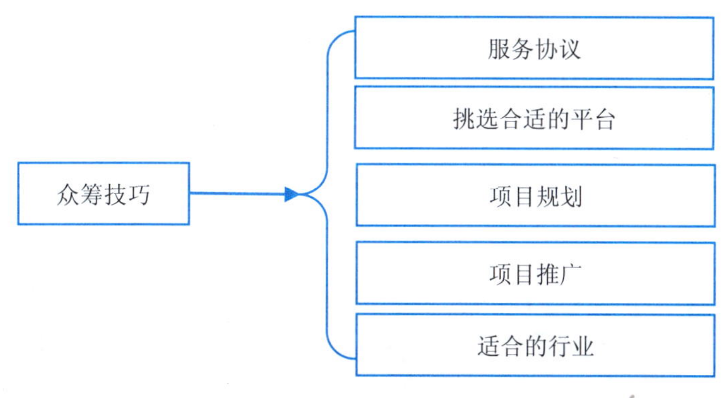

图 1-38 众筹技巧

1.5.1 服务协议

在国内众多的众筹平台中，各个平台的要求都是不尽相同的。对于服务协议来说，不同网站有不同的名称。例如，在众筹网中称项目发起协议，在京东称众筹服务协议。虽然称呼不一，但几乎所有的服务协议都包含以下 3 大内容，如图 1-39 所示。

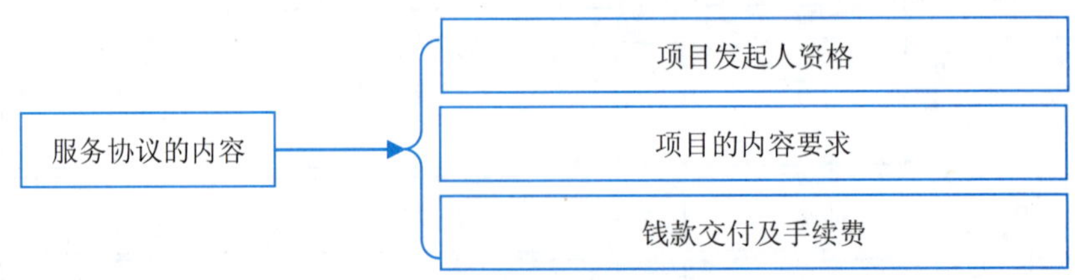

图 1-39　服务协议的内容

众筹平台对发起人的第一个要求就是必须是平台的注册用户，同时对注册时的一些要求协议必须理解并许可。

不同众筹平台对平台所在的领域一般会有不同的要求，项目发起人的资格也细分为多个细节要求，这些要求在不同的众筹平台上有着不同的体现。

从众筹的整体要求而言，项目发起人的资格主要还是集中于 4 个方面，如图 1-40 所示。

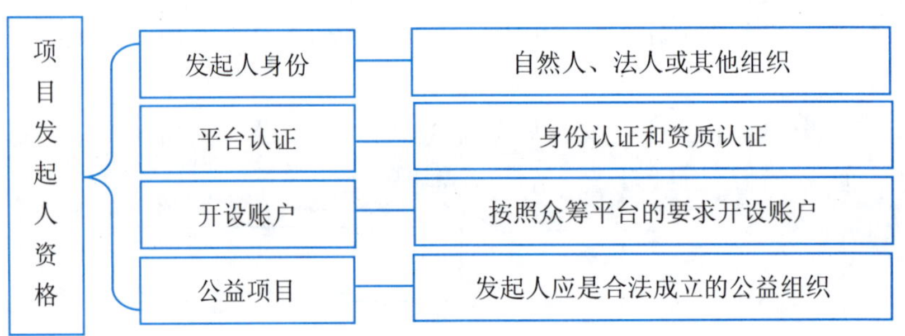

图 1-40　项目发起人资格

另外，众筹平台将根据发起者申请的项目类型不同，对发起人需要满足的其他资格进行限定和要求。

由于众筹项目的内容受相关法律的制约及需要符合大部分众筹平台本身的要求，所以在实际操作中对众筹项目的内容都会有严格的审核。有 3 大类项目是被绝对禁止的，如图 1-41 所示。

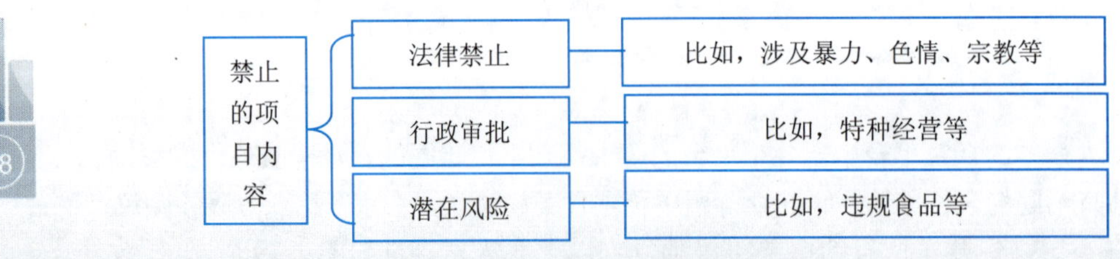

图 1-41　禁止的项目内容

需要特别注意的是，若项目仍在募集期间，发起人不能在其他平台进行销售或发起众筹，否则将对此违约行为进行处罚。这也是为了确保众筹项目的吸引力，同时保障独特性。

·专家提醒

相对于国外的众筹平台，国内的网站手续收费率较低，且有一部分众筹平台为了吸引项目采取永久免费的方式。在众筹平台的服务协议中，对钱款交付及手续费方面的限制本书不做介绍。

1.5.2 挑选适合的平台

优质靠谱的项目是投资成功必不可少的因素，而平台的选择有时也会直接决定项目的成败。对于初入众筹行业的新手来说，即使你的项目吸引力十足，但若在一个影响力很差的众筹平台上，毫无疑问你的项目成功率将小之又小。

通常而言，众筹项目发起者想要选到最适合的众筹平台，可从以下 4 个方面考虑，如图 1-42 所示。

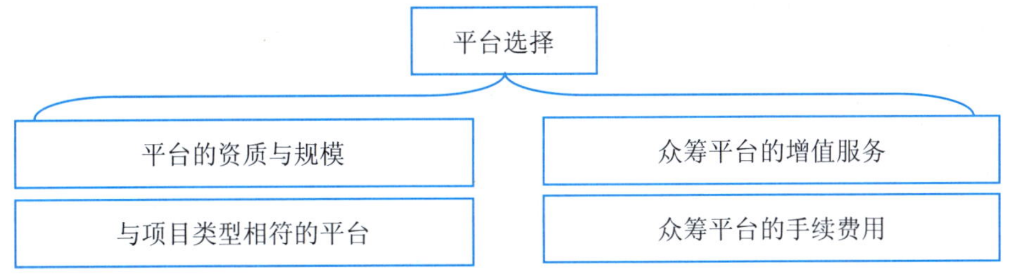

图 1-42 平台选择

1.5.3 项目规划

先谋而后动，方有百战百胜的可能。战争如此，个人目标也同样适用。若没有前期的谋划准备，没有整体规划，项目在中后期就会很难进行下去。

做任何项目，前期的规划设计都是至关重要的。规划一个自己的众筹项目，需要注意以下 6 个方面，如图 1-43 所示。

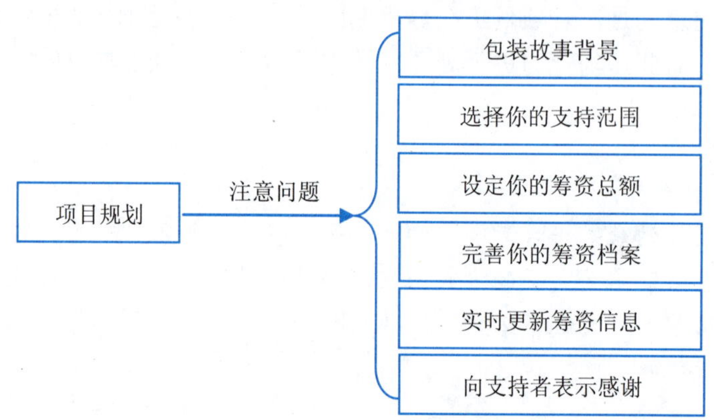

图 1-43　项目规划应该注意的问题

1.5.4　项目推广

在我们迎来机遇的同时也意味着我们将面临挑战，众筹模式对我们来说即是如此，当我们在平台上发布项目之后并不代表我们就可以高枕无忧，若不进行后期的推广，项目很有可能在前期就停滞不前。

我们处于信息爆炸的时代，各种各样的媒介工具为我们的推广带来了便利，丰富了我们的推广方式。众筹项目的推广方式主要有 7 个方面，如图 1-44 所示。

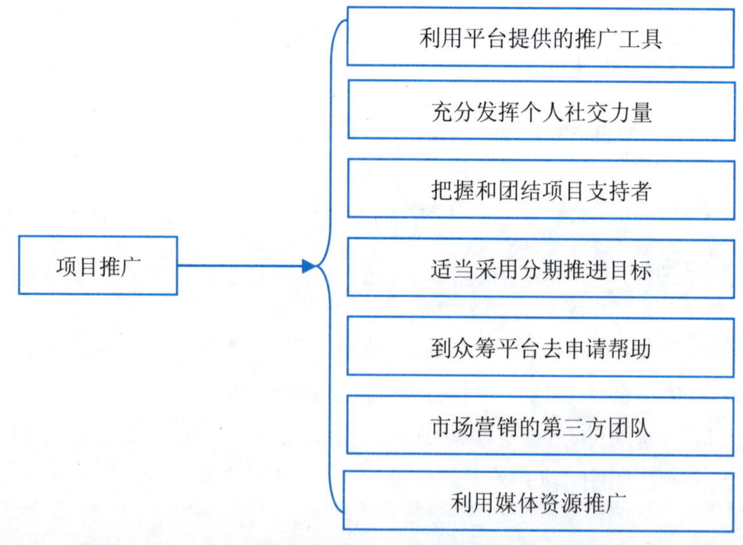

图 1-44　众筹项目推广的 7 个方式

1.5.5 适合的行业

从目前众筹行业的发展趋势来看，众筹在部分行业中的影响力逐渐扩大，在未来的市场发展中，众筹模式将更加青睐以下 6 个行业，如图 1-45 所示。

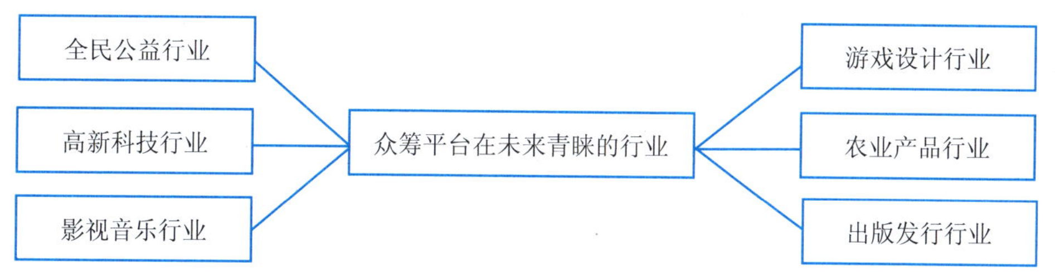

图 1-45 众筹平台在未来青睐的行业

第 2 章
众筹案例分析：国内外最新案例

学前提示

在前面的章节中本书已谈到了各种众筹案例，但是还没有对所有案例进行一个归纳整理并做比较。

本章主要针对国内外的一些影响较大的众筹案例来进行分析对比，通过这些成功的项目来了解如何玩转众筹。

- 众筹案例分析
  - 国内的众筹案例分析
  - 国外的众筹案例分析

2.1 国内的众筹案例分析

与国外成功的众筹案例相比，中国在科技领域的有影响力的众筹项目远不如国外，当然这与我国的创新能力有限有关。

国内众筹项目中影响力较大、传播广泛的项目，基本上就是那些与明星相关的或者一些较大的公益活动。

下面将介绍不同众筹平台的5个典型案例，如图2-1所示。

图2-1 国内的众筹案例

2.1.1 2013快乐男声主题电影

2013年9月27日，“快男”的决战之夜，在粉丝们关注比赛结果时，传来了天娱传媒和众筹网的一个“赌约”。天娱传媒声称只要20天内众筹网筹到500万就让快男电影走进影院。

天娱传媒的这次举动，与其说是众筹不如说是在测试市场，是另一种形式的门票预售。因为它给粉丝带来了特别的体验，因而大家都愿意为此买单。

上线当天，众筹网为此次项目独设一个众筹页面。结果证明，快男电影这个众筹项目成功了。

项目“2013快乐男声主题电影”是迄今为止在影视类“众筹”项目中筹集资金额最大、影响力最广泛的一次。仅仅一个多月，就筹集到了507万元人民币，如图2-2所示。

图 2-2　项目“2013 快乐男声主题电影”

2.1.2　大圣归来官方授权，大公豹钥匙扣公仔挂件

“大圣归来官方授权，大公豹钥匙扣公仔挂件”众筹项目的成功率高达 3794%，项目在刚上线的时候，众筹项目的目标只有 10 万元，但后面经过推迟众筹的时间期限，最后参与者达到 7 万余人，众筹金额约为 380 万元，如图 2-3 所示。

图 2-3　众筹项目“大圣归来官方授权，大公豹钥匙扣公仔挂件”

“大圣归来官方授权，大公豹钥匙扣公仔挂件”项目的发起者团队，为了吸引消费者的投资、购买欲望，对该产品的设计进行了详细的图文介绍与实景拍摄，如图 2-4 所示。

除此之外，项目的发起者团队还对产品的专属包装与细节进行了展示，如图 2-5 所示，让支持者可以具体地了解产品详情，有助于提升其关注度。

图 2-6 所示为发起方对项目“大圣归来官方授权，大公豹钥匙扣公仔挂件”的部分回报设置，涵盖范围比较广，受众面积也非常大。

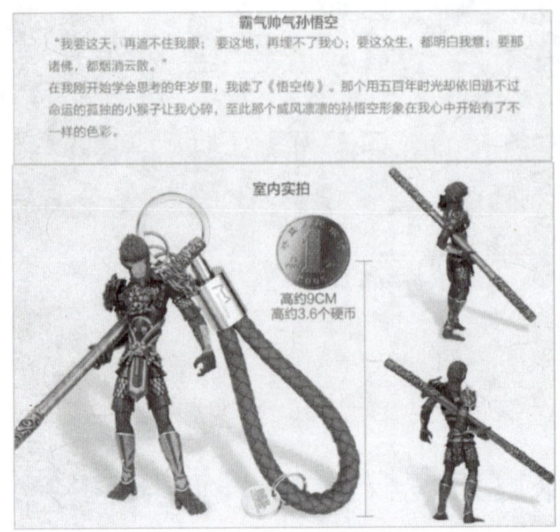

图 2-4　项目产品的图文介绍与实景拍摄

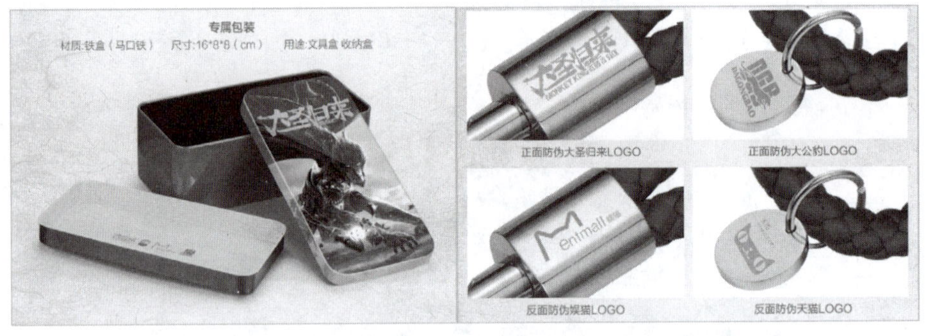

图 2-5　项目产品的专属包装与细节展示

图 2-6　“大圣归来官方授权，大公豹钥匙扣公仔挂件”的部分回报设置

由于支持的人数很多，项目“大圣归来官方授权，大公豹钥匙扣公仔挂件”的发起方在项目首页对该项目的支持者表示了感谢，如图 2-7 所示，以此体现其用心之处。

图 2-7　发起方在项目首页向全体支持者表示感谢

《大圣归来》的成功是国内极其少有的动漫作品获得巨大影响力的特例，周边产品甚至在各种年龄层次都获得了畅销。

其实，《大圣归来》的周边项目都曾在淘宝众筹平台上线，而且各个项目独立进行，最终大获全胜，如图 2-8 所示。由此可见电影效应为众筹项目的成功奠定了一定的基础。

图 2-8　《大圣归来》其他的周边产品众筹项目

2.1.3　360 行车记录仪

2016 年 3 月 21 日，“360 行车记录仪·美猴王版—星光夜视·火眼金睛”在淘宝众筹平台上线，图 2-9 所示为该项目的宣传图片。

图 2-9　项目“360 行车记录仪・美猴王版—星光夜视・火眼金睛”的宣传图片

该项目的原定目标是在 4 月 20 日之前筹资 10 万元，但截至 4 月 9 日，该项目的支持者就已达一万五千余人，所筹得资金已达 500 多万元，远远高于预定目标，如图 2-10 所示。

图 2-10　众筹项目“360 行车记录仪・美猴王版—星光夜视・火眼金睛”筹得资金

此项目能获得如此的成绩离不开产品本身优越的性能。据了解，360 行车记录仪“高清记录，驾驶辅助”二合一，具有众多特点与功能。例如，该项目的特点是“星光夜视成像”，如图 2-11 所示。

在该项目中，项目的发起方还对产品的两个重要功能进行了图文说明，如图 2-12 所示。

由于该众筹项目是一款科技类型的产品，因此，项目中除了对产品的特点、功能进行详细的说明之外，还需要提醒消费者仔细阅读产品的详细参数，以及对配件的需要做简单的说明。

图 2-11　对产品特点的介绍

图 2-12　项目产品的两个重要功能

图 2-13 所示为该众筹项目的产品参数配置，其中对该产品的材质、外观、规格、构造、网络等方面进行了详细的说明。

图 2-14 所示为该产品的配件说明，在该项目中标准的配件有 3 样，分别为行车记录仪、电源线和吸盘支架。消费者也可以选择购买其他配件，如 GPS 模块、蓝牙拍照按键等。

需要注意的是，发起方需要对产品的配件进行说明，是予以赠送，还是需要进行额外购买。

项目的发起人，对于项目回报设置了各种价格档位，如图 2-15 所示。

参数配置

材质	PC+铝材
尺寸	长89*高55*厚28mm（含镜头），不含镜头厚度14mm
重量	记录仪92g
颜色	白金色、黑灰色
固定方式	玻璃吸盘支架
供电方式	车载点烟器 5V/1A
镜头	6片全高清球面玻璃镜头组，F2.0大光圈，1块红外滤光片，165° 超广角
处理器	Ambarella A12A55
图像传感器	全高清图像传感器AR0238，1/2.7英寸CMOS 3um超大像素点 感光度4.0 V/lux-sec
显示屏幕	3.0寸TFT高清液晶显示屏
电池容量	内置耐高温聚合物锂电池，容量500mAh
电源线	3.5米 聚碳酸酯阻燃材料
电源接口	5V 直流输入，micro USB接口
视频编码	H.264编码，MP4格式
支持分辨率	1920X1080P
存储方式	TF(Micro SD)存储卡，支持16GB~128GB,

图 2-13　项目产品参数配置

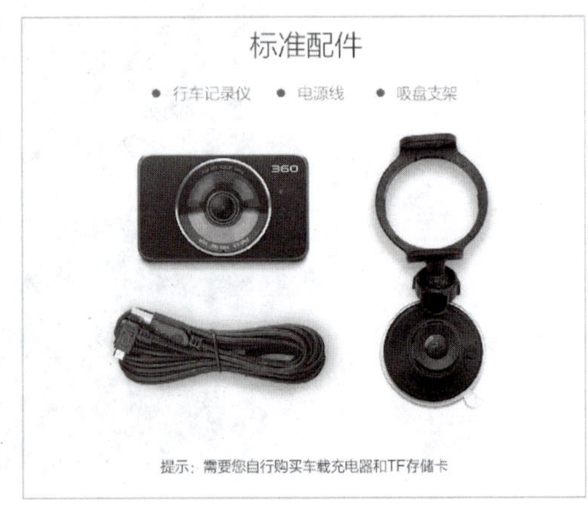

图 2-14　项目产品的配件说明

图 2-15　部分项目的回报设置

在这些项目回报中，对于前 100 名购买产品的消费者，还将为其提供特色、免费的服务，如图 2-16 所示，这样可以吸引用户尽快地支持。

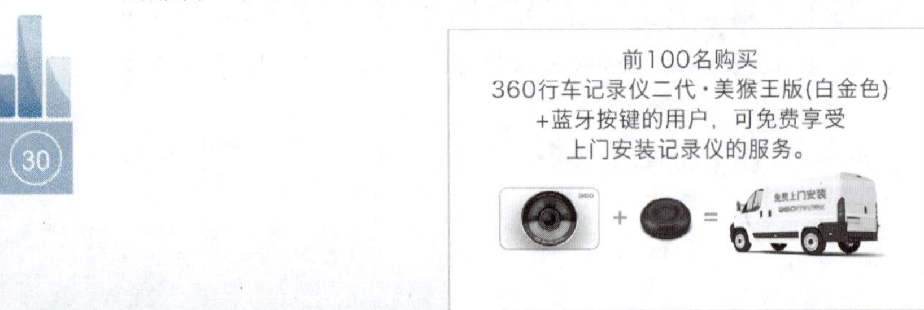

图 2-16　项目回报中的特色服务

2.1.4 科沃斯扫地机

科沃斯扫地机是 2015 年在淘宝众筹上成功筹资的一个项目，活动总的筹资金额为 1 403 439 元，项目达成率 1403%。

图 2-17 所示为淘宝众筹平台上的项目“科沃斯扫地机：真正扫拖一体机器人，有颜值更有实力”。

图 2-17 淘宝众筹平台上的项目“科沃斯扫地机”

“真正扫拖一体机器人，有颜值更有实力”这是众筹项目活动界面上显赫的字眼，与“360 行车记录仪”相同，该项目的发起人对产品的功能与特色进行了介绍，如图 2-18 所示。

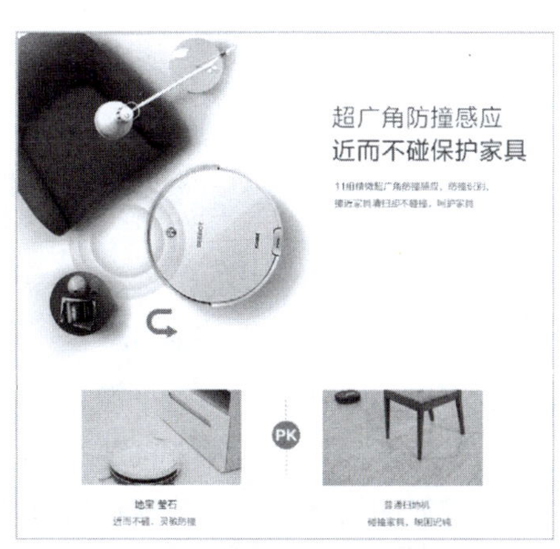

图 2-18 项目产品的部分特色功能

与“360 行车记录仪”不同的是，项目发起人还对产品的细节进行了介绍说明，如图 2-19 所示，可以让用户充分了解产品的详情和细节特色。

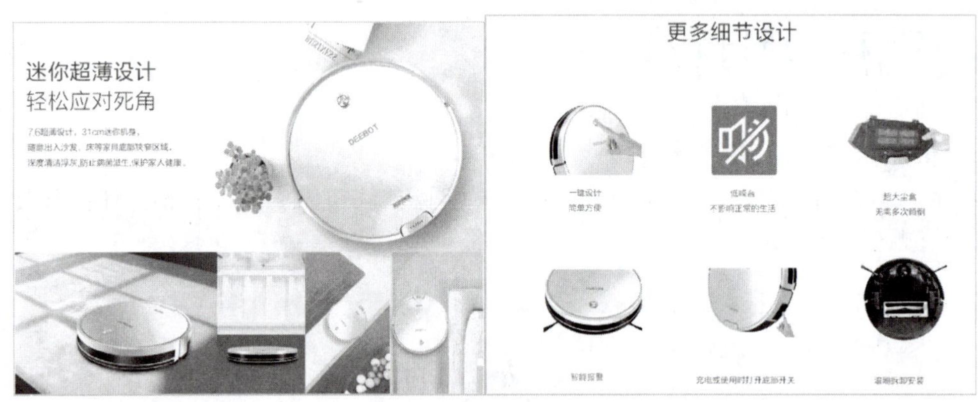

图 2-19　项目产品的细节设置

项目产品由高颜值的明星钟汉良代言，受众即使不看产品也会为“男神”买单。

项目发起人也对该项目的产品参数进行了简单的介绍，其中包括功能、配置等各个方面，如图 2-20 所示。

产品参数

定时模式：定时预约	电　池：2600mAh锂电池
噪　音：约56db	清洁面积：120–150m²
配　置：遥控器、滚刷清理工具	认　证：中国强制性产品3C认证
功　能：自动清扫、自动充电、防跌落防撞	

产品参数和设计图请以实物为主，数据均源于具备国际检测能力并经国家认证的实验室，据具体使用环境略有不同。

图 2-20　项目的产品参数

项目的回报设置对于产品是否众筹成功，有着非常重要的作用。图 2-21 所示为该项目产品的部分回报设置，支持金额不同获得的回报也有所差别。

在淘宝众筹平台上，与此类似的科技创新类的项目也有许多，且多半都取得了成功，有些还在进行中，如图 2-22 所示。

图 2-21　项目产品的部分回报设置

图 2-22　其他科技创新类的项目

2.1.5　蒙马特城市安全防盗背包

“极盗无门——蒙马特城市安全防盗背包”，此项目预定目标是 2016 年 4 月 15 日前筹到 5 万元，但截至 4 月 9 日距项目结束还有 5 天时间的时候，该项目总的筹资金额已达 5 万多，支持者已达一万余人。

图 2-23 所示为在淘宝众筹平台上众筹项目“蒙马特城市安全防盗背包”。

该项目的发起人，还在淘宝众筹平台上面插入了介绍该产品的视频，如图 2-24 所示，以便更好地展示其功能和特点。

图 2-23　众筹项目“蒙马特城市安全防盗背包”

图 2-24　众筹项目“蒙马特城市安全防盗背包”的视频介绍

该项目之所以能取得如此的成功，主要离不开产品本身优越的性能，当然，它也满足了受众的需求。该项目产品主要是针对城市中屡见不鲜的包袋物品的盗窃现象，而专门打造的一款找不到开口的防盗背包。

蒙马特城市安全防盗背包主要拥有以下 4 个特点，如图 2-25 所示。

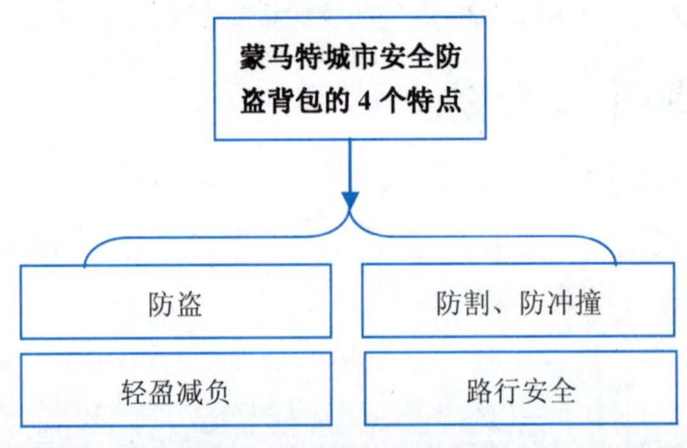

图 2-25　众筹项目“蒙马特城市安全防盗背包”的特点

项目发起人对该产品的特点分别进行了图文描述。图 2-26 所示为该项目产品的防盗特点。图 2-27 所示为该项目产品的防割、防冲撞特点展示。该产品由特殊的材质制成，该材质的耐用程度非常高。

图 2-26　项目产品的防盗特点

图 2-27　项目产品的防割、防冲撞特点

图 2-28 所示为该项目产品的轻盈负重特点。和其他的背包不一样的是，该产品的双肩背带设计更科学。在安全方面，该产品采用了夜光条嵌入式设计。图 2-29 所示为该项目产品的路行安全特点。

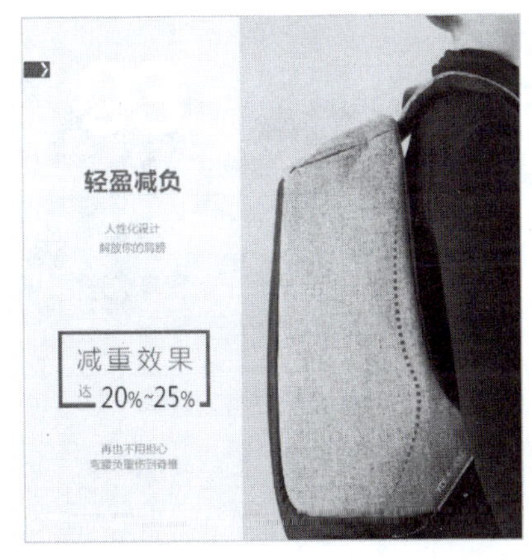

图 2-28　项目产品的轻盈负重特点

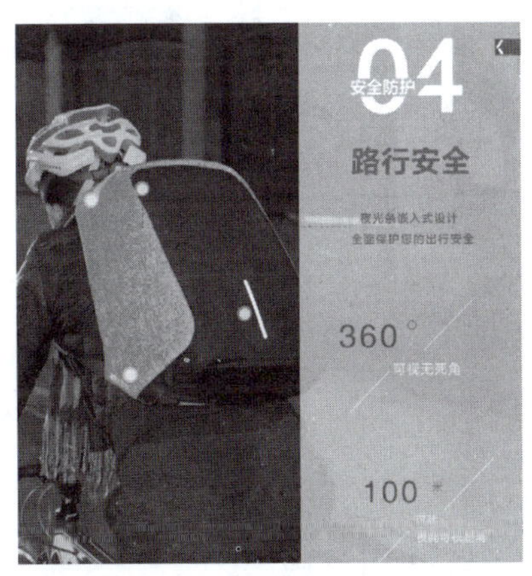

图 2-29　项目产品的路行安全的特点

如图 2-30 所示，项目发起人对该产品的轻盈负重这点还做了详细的介绍。

"蒙马特城市安全防盗背包"除了以上 4 种特点之外，项目发起人为了增加支持者的人数、提高项目的成功率，还介绍了两个与众不同的特色功能——内置电源外充接口和超便捷存取口袋。

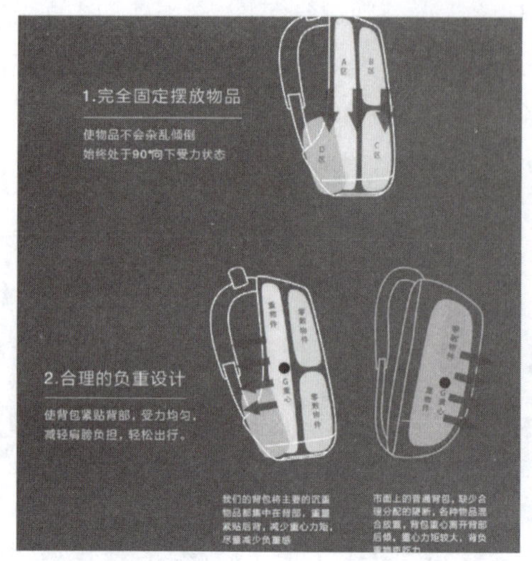

图 2-30　产品轻盈负重特点的详细介绍

图 2-31 所示为该产品的内置电源外充接口，图 2-32 所示为该产品的超便捷存取口袋。

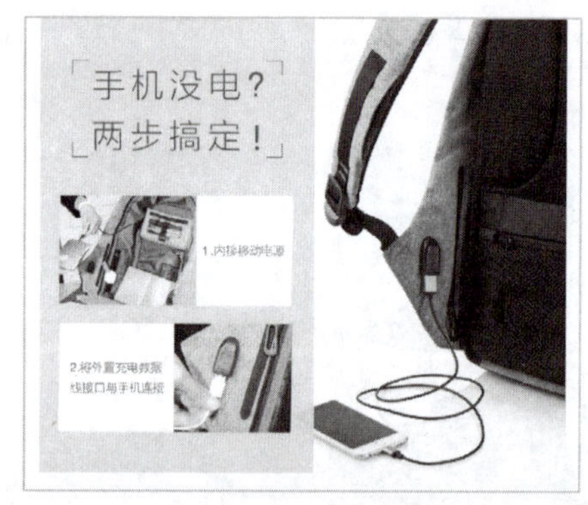

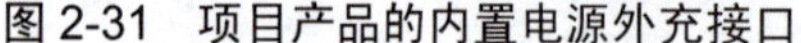
图 2-31　项目产品的内置电源外充接口

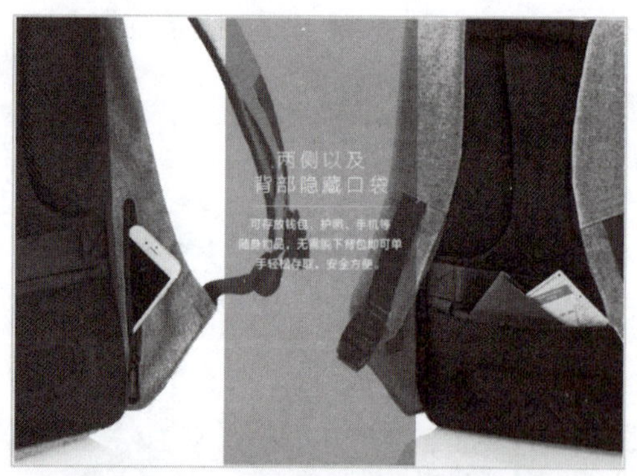

图 2-32　项目产品的超便捷存取口袋

项目“蒙马特城市安全防盗背包”不仅对产品的各个方面进行了介绍，还对其是如何诞生的做了简单的说明。

该产品的“诞生记”包括以下 4 个方面，分别是设计雏形、设计概念、设计完善、设计细节。图 2-33 所示为该产品“诞生记”中的部分图片。

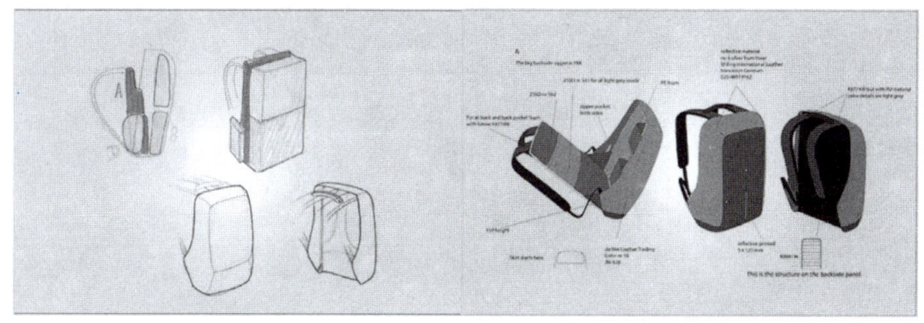

图 2-33 “蒙马特城市安全防盗背包”的设计过程部分图片

2.2 国外的众筹案例分析

毋庸置疑，国外的众筹模式相对于中国要成熟很多，众筹项目的资金额度高且众筹项目的影响力广泛。在这一节中，将对几个有名的众筹案例进行讲述，希望能够通过对国外的众筹案例的认识，来了解众筹成功的因素，如图 2-34 所示。

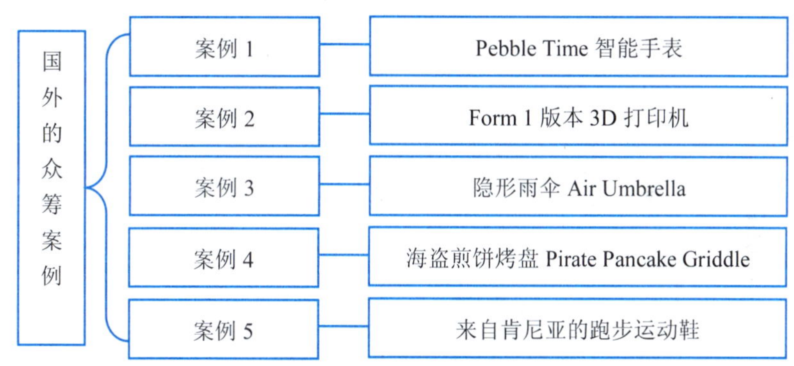

图 2-34 国外的众筹案例

2.2.1 Pebble Time 智能手表

Kickstarter 平台因智能手表 Pebble 这个众筹项目而扩大了影响力，同时这个项目也扩大了同类产品的功能，在平台上短短 28 个小时就筹到了 100 万美元。参与者数量众多，在项目结束时，共筹集到 1026 万美元的资金。

图 2-35 所示为 Pebble 智能手表黑白款的样式。

Pebble 智能手表有以下特点，如图 2-36 所示。

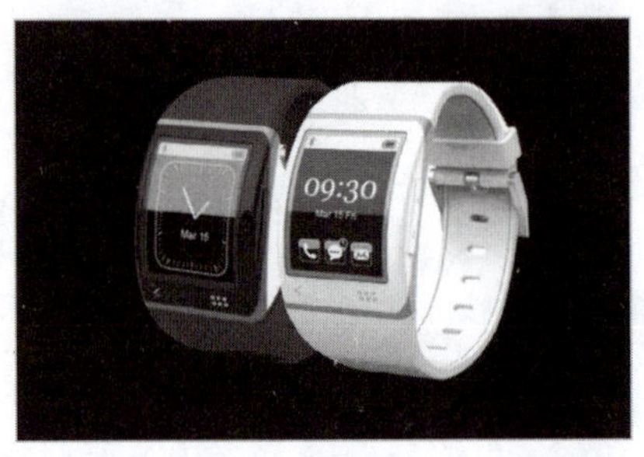

图 2-35　Pebble 智能手表黑白款的样式

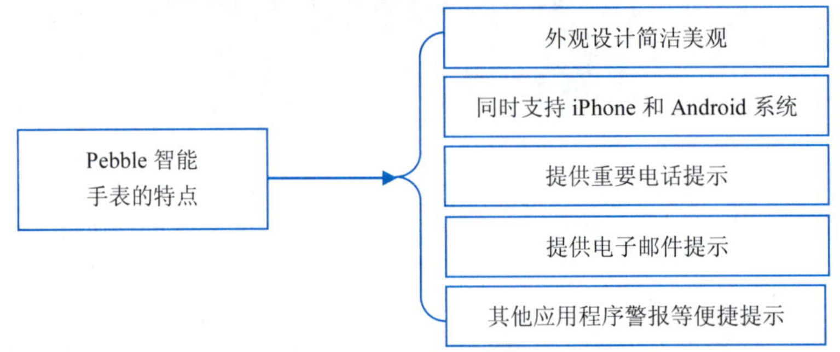

图 2-36　Pebble 智能手表的特点

这个项目在很长一段时间内遥遥领先于其他项目，直至 Ubuntu Edge 手机项目出现之后，才退居后位，并于 2015 年被自家公司出的 Pebble Time 新款智能手表所超越。

图 2-37 所示为 Pebble Time 项目中的新款智能手表。

图 2-37　Pebble Time 项目中的新款智能手表

2015 年 3 月，Pebble Time 智能手表的众筹活动结束，这个仅 1 个月的众筹活动再次刷新了 Kickstarter 平台的历史纪录。

本次众筹活动在启动当天，就以最快速度完成 100 万美元的融资，这是以往的众筹项目中所没有的现象。一个星期之后，Pebble Time 在 Kickstarter 上的融资额再创新高，获得的投资承诺突破 1 330 万美元。

在筹资结束时，Pebble Time 获得了来自 78 471 人的 2 033 万美元的投资，这笔

投资将近1.3亿人民币，如图2-38所示。

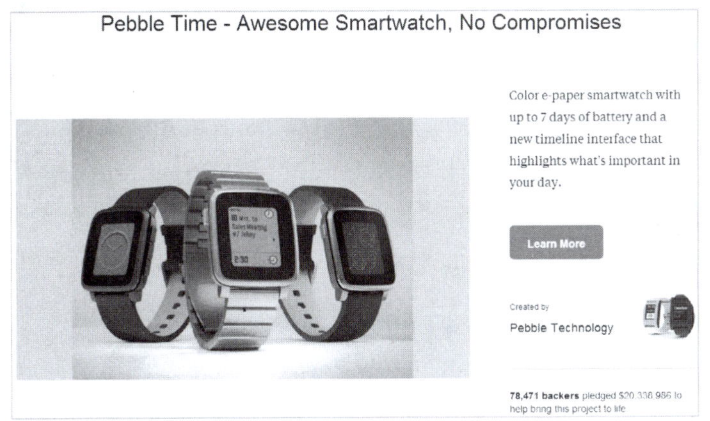

图2-38　众筹项目“Pebble Time”

图2-39所示为该项目的部分回报设置。

图2-39　“Pebble Time”项目的部分回报设置

项目Pebble Time的成功，不仅是由于Kickstarter平台的强大，更多的是来源于该产品的特点。

如图2-40所示，项目发起人在Kickstarter平台上对该产品特点进行描述。

除此之外，发起人还通过视频的方式，在Kickstarter平台上对该产品进行细节的展示，如图2-41所示。

All the features of Pebble Time, dressed up and ready to go.

- CNC-finished 316L stainless steel casing.
- Premium leather and stainless steel strap.
- Up to 10 days of battery life.

图 2-40 “Pebble Time”项目产品的特点

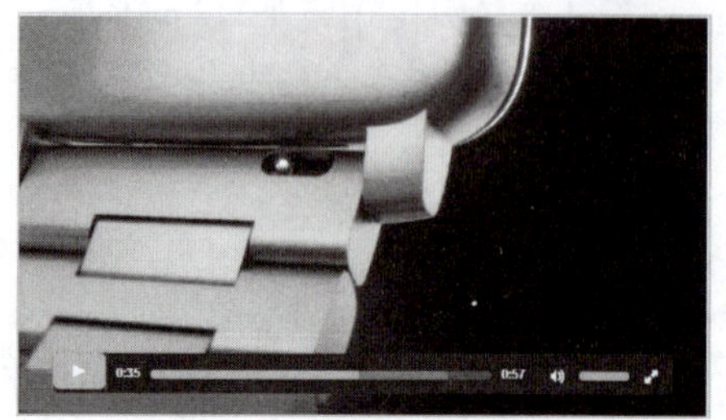

图 2-41 “Pebble Time”项目产品的细节展示

2.2.2 Form 1 版本 3D 打印机

图 2-42 Form 1 版本 3D 打印机

高分辨率的 3D 打印机可不是一个玩具那么简单，相比于行业内的价格，众筹项目上给出的 3 299 美元是一个比较容易接受的价格。图 2-42 所示为 Form 1 版本 3D 打印机。

项目的发起方在一开始对项目的定位就不是那些 3D 打印爱好者，这是一个完全针对实验室、学校以及设计师的项目，Form 1 用技术做保证，向他们提供可以进行更加细致作业的立体原型和模型制作机器。

项目的最初设定筹资目标为 10 万美元，最终的筹资总额高达近 300 万美元，如图 2-43 所示。

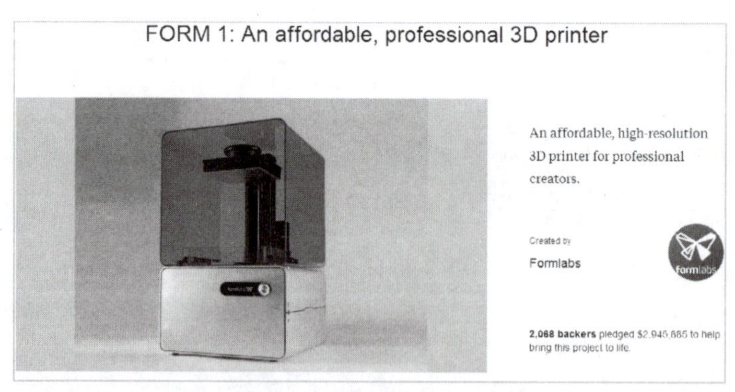

图 2-43 众筹项目“Form 1”

事实上，其他专业的 3D 打印机的价格异常昂贵，因此，该众筹项目的产品还是非常具有吸引力与竞争力的。图 2-44 所示为项目发起人对为什么要众筹 From 1 版本 3D 打印机的阐述，并且还添加了某物品的打印前后的对比图片。

与其他众筹项目不同的是，该项目的发起者展示了廉价的 3D 打印技术与 From 1 打印技术所打印出来的实物对比，如图 2-45 所示。

图 2-44　项目产品的功能展示与发起者对发起项目原因的阐述

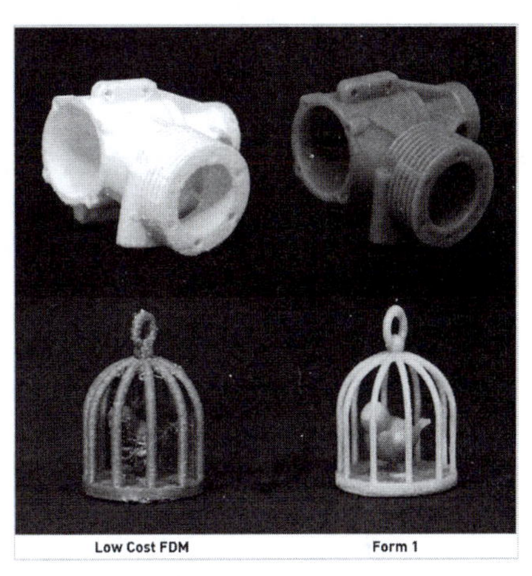

图 2-45　廉价的 3D 打印技术与 From 1 打印技术所打印出来的实物对比

Form 1 版本 3D 打印机设置了多种多样的回报奖励，其中包含有小到产品的模型、纪念 T 恤；大到产品实物、参与产品设计、与项目团队共进晚餐等，如图 2-46 所示。

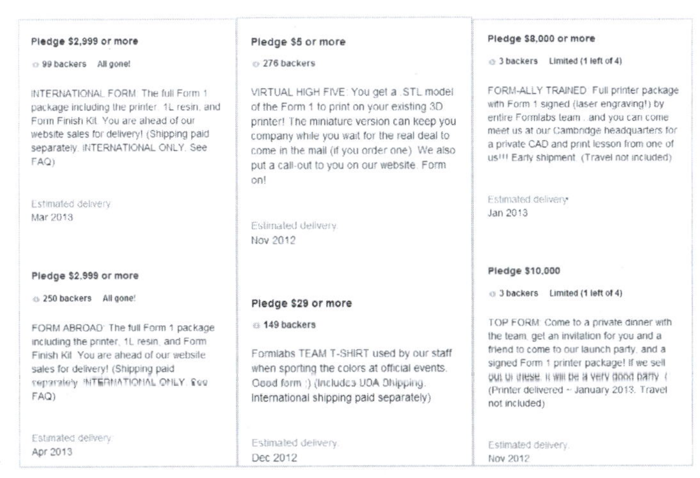

图 2-46　项目的回报设置

该项目的发起团队还分享了在该项目过程中他们遇到的风险与挑战，其中包含 3 点，分别是工程师的问题、供应链与物流的问题、团队的问题，如图 2-47 所示。

Risks and challenges

Similar to many Kickstarter projects, we face several key risks and challenges in sparking this revolution in 3D printing. The primary risks for us include:

ENGINEERING

To achieve the level of simplicity in user experience that we have, we have to design and engineer a very complex system. We have taken two key steps to ensure our engineering success. 1) We have formed an amazing team of engineers and designers, and 2) we test our printers with an obsession for perfection. In the last year, we have built 7 generations of prototypes, a production run of alpha machines, we will have a run of beta machines with significant user testing, and we keep enormous amounts of data to guide our future work.

SUPPLY CHAIN AND LOGISTICS

Many Kickstarter campaigns can encounter problems when taking their prototypes to production. This includes issues finding suppliers and engineering products for mass-production. Smooth execution is absolutely essential to overcoming such risks. We take this lesson seriously and have been working for months negotiating with suppliers, testing component quality, and building a team that can execute on our promises. Our plans are nearly in place, and we now mainly require the resources to execute them.

TEAM

Finding the right people is a challenge for any endeavor. Success in 3D printing requires a team of talented, passionate, and motivated designers, engineers, and entrepreneurs. We have already formed a truly awesome (and fun!) team, but we will have to bring in more Formlings to realize this dream. In fact, we are actively looking for new members to join Formlabs and hit the ground running! Check out our website for more information.

图 2-47　项目过程的风险与挑战

2.2.3　隐形雨伞 Air Umbrella

当然，国外的众筹项目是多种多样的，例如 Air Umbrella 项目出现在 Kickstarter 平台上之后，就立刻引起大众的广泛关注，尤其是获得了女性群体的喜爱，如图 2-48 所示。

Air Umbrella 实际上没有任何伞布，图 2-49 所示为 Air Umbrella 的产品实物图。

图 2-48　众筹项目 Air Umbrella

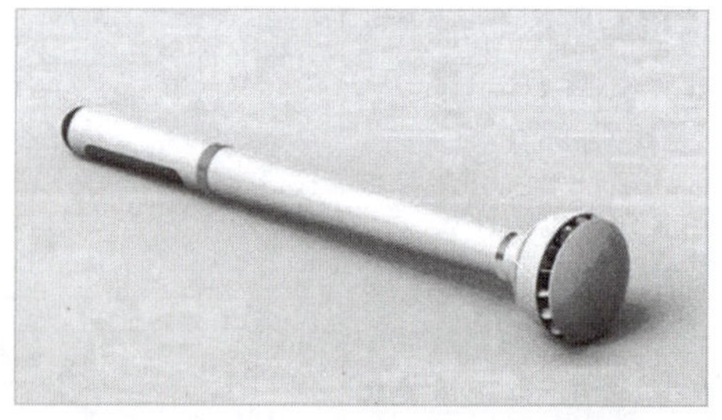

图 2-49　Air Umbrella 的产品实物图

由于 Air Umbrella 在雨天使用具有美感的这种特点，使项目获得了巨大的成功，最终的筹资总额是预定筹资总额的 10 倍，如图 2-50 所示。目前，该项目的创意已经在世界各地被广泛应用，并且提前出现了实际商品进行销售。

图 2-51 所示为项目发起人对该项目过程中常见问题的解答，项目产品的消费者和投资者可以直接找到常见问题的答案，这样一来也节省了联系项目发起团队的时间。当然，用户也可以通过在线留言的方式咨询想要了解的问题。

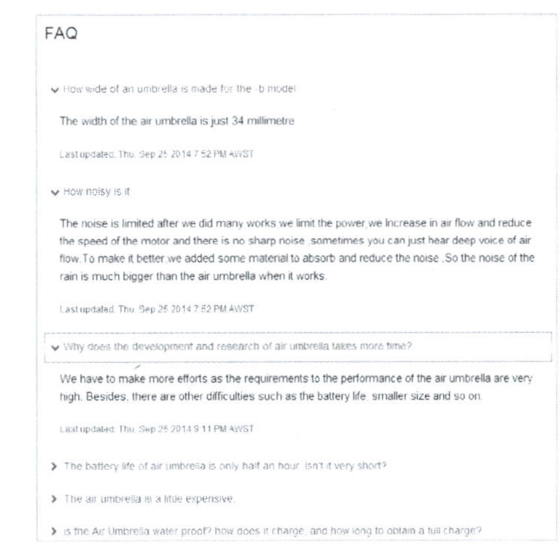

图 2-50　项目最终的筹资是预定筹资的 10 倍　图 2-51　众筹项目 Air Umbrella 的常见问题解答

对于该项目的回报，项目的发起人设置了大量的价位档次，图 2-52 所示为该项目的部分回报设置。对于低价位的回报，发起方提供不同系列的 Air Umbrella；对于较高价位的回报，发起方提供不同数量与种类的 Air Umbrella。

图 2-52　众筹项目 Air Umbrella 的回报设置

2.2.4　海盗煎饼烤盘

相比之前的项目，这个名为“海盗煎饼烤盘”(Pirate Pancake Griddle)的项目更加有实际的创新意义，其成品如图 2-53 所示。

这个项目成功募集了 18 633 美元，每个烤盘的价格最低为 93 美元。图 2-54 所示为众筹项目 Pirate Pancake Griddle。

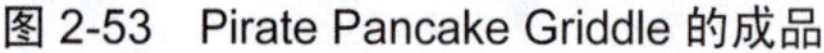
图 2-53　Pirate Pancake Griddle 的成品

图 2-54　众筹项目 Pirate Pancake Griddle

该项目产品最受欢迎的原因在于，用户不仅仅可以选择海盗煎饼这种烤盘类型，还可以上传自己喜欢的 3D 矢量图，然后打印出自己喜欢的煎饼图案。DIY 的方式使项目获得了极大的成功，在项目结束之后仍然引领着潮流。

所有对该项目有兴趣的人，还能在 Kickstarter 平台上表达自己的看法、提供自己的意见，如图 2-55 所示。

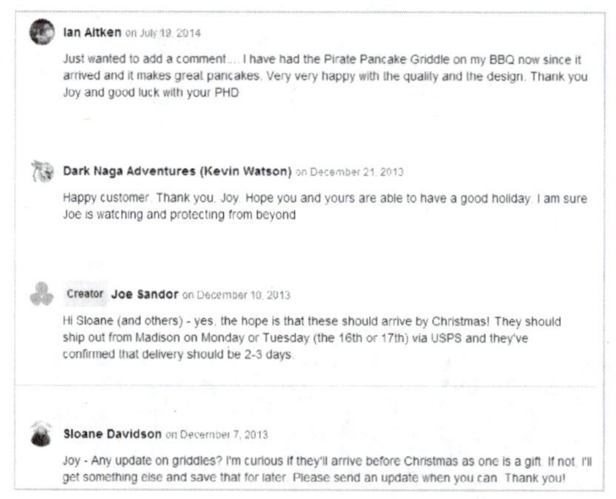

图 2-55　对该项目产品的看法与意见

图 2-56 所示为该项目发起人为项目产品的部分回报设置，从中可以看出，低价位的回报设置，一般是不同数量的项目产品；在价位高达 1 850 美元或以上时，项目发起团队会帮助消费者设计自己想要的烤盘形状，还会提供一些额外的与项目产品相关的铸件等。

在项目完成的时候，发起团队还提供了支持者的数据，如图 2-57 所示，其中包括支持者来自的国家和城市等信息。

Pledge $1 or more

17 backers

The Pirate Pancakes Will Visit Your Dreams

Estimated delivery:
Jun 2013

Pledge $13 or more

5 backers

Skull And Crossbones Vector File (PDF) Download. Original Artist Designed Vector can be used freely (Creative Commons License NFP) Make a t-shirt, cut a stencil, have fun with it.

Estimated delivery:
Jun 2013

Pledge $113 or more

6 backers

One Pirate Pancake Griddle. Makes Three 5 inch round Pirate Pancakes with embossed Skull & Crossbones design. Second Production Run

ADD $30 for pre-seasoning.... BONUS Pirate Pancake Griddle 3D File (.STL) Backers at this level with 3D Printers or CNC machines can print their own version in any material available ((Creative Commons License NFP)

Plus The Skull and Crossbones Vector (PDF)

CANADA shipping is $45

Estimated delivery: Feb 2014
Ships to: Ships anywhere in the world

Pledge $1,850 or more

0 backers Limited (3 left of 3)

Create your own design griddle. I will help you design whatever you would like to be embossed on your casting. I will CNC mill that design onto a pattern for sand casting and cast it in iron. Design your company logo, a personal message, your favorite pattern or your own creative design. Designs are subject to production limitations and designer approval (i.e-designs must meet certain criteria to achieve success). You will get two castings. Additional castings may be available at an additional cost. Plus you'll get the Pirate Pancake Griddle. Shipping Calculated Upon Completion

Estimated delivery:
Mar 2014

图 2-56 部分项目的回报设置

Where Backers Come From Top Cities			Where Backers Come From Top Countries	
Chicago	United States	11 backers	United States	170 backers
San Francisco	United States	7 backers	Canada	6 backers
Los Angeles	United States	6 backers	Australia	6 backers
Houston	United States	6 backers	Japan	3 backers
New York	United States	4 backers	Singapore	2 backers
Portland	United States	4 backers	China	1 backer
Seattle	United States	4 backers	Ireland	1 backer
Bellevue	United States	3 backers	France	1 backer
Dallas	United States	3 backers	Germany	1 backer
Las Vegas	United States	3 backers	Mexico	1 backer

图 2-57 项目支持者数据

2.2.5 来自肯尼亚的跑步运动鞋

同样属于 Kickstarter 平台上的项目，项目 The First Kenyan Running Shoe 正在众筹中。通过发起者的介绍，该项目的产品是一双来自肯尼亚的跑步运动鞋。

该项目的发起时间是 2016 年 5 月 24 日，截止时间是 2016 年 6 月 30 日，从项目发起至今，不到 10 天的时间，已经获得了 650 位支持者 81 316 美元的筹资，如图 2-58 所示。

从图中还可以看出，该项目可以由 Kickstarter 平台分享到国外一些有名的社交平台，如 Twitter、Facebook 等。

对于该款项目产品，项目发起方还展示了它的细节特征，如图 2-59 所示。

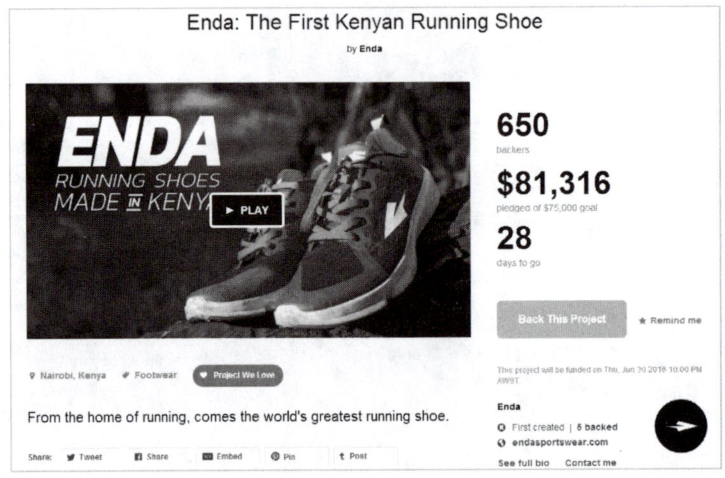

图 2-58 众筹项目 The First Kenyan Running Shoe

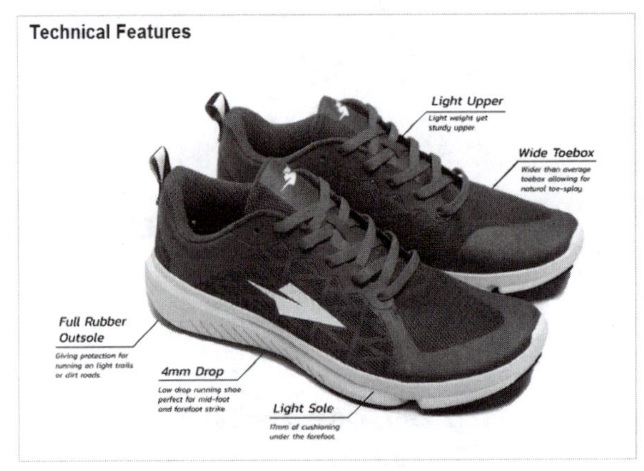

图 2-59 项目产品的细节特征展示

通过项目发起人对该产品的介绍，用户可以了解到该款跑步鞋的一些特点，如可以容纳较宽的脚掌、重量大约只有 224g 等。

对于该产品给肯尼亚带来的社会影响，项目的发起人主要提到了以下 3 点，如图 2-60 所示。

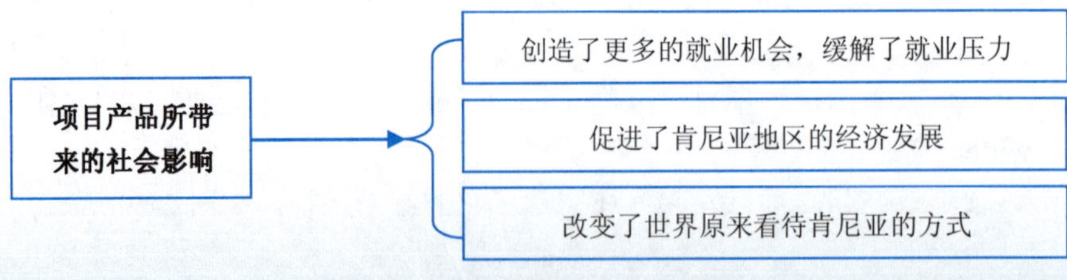

图 2-60 项目产品产生的影响

除此之外，项目发起人还表明了项目产品的生产和配送的时间线，如图 2-61 所示，该项目对产品的设定和生产，计划了 5 个月时间，对配送设置了大约 3 个星期的时间。

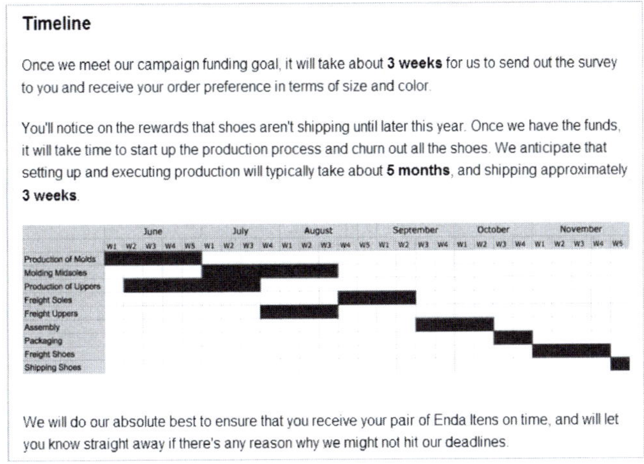

Timeline

Once we meet our campaign funding goal, it will take about **3 weeks** for us to send out the survey to you and receive your order preference in terms of size and color.

You'll notice on the rewards that shoes aren't shipping until later this year. Once we have the funds, it will take time to start up the production process and churn out all the shoes. We anticipate that setting up and executing production will typically take about **5 months**, and shipping approximately **3 weeks**.

We will do our absolute best to ensure that you receive your pair of Enda Itens on time, and will let you know straight away if there's any reason why we might not hit our deadlines.

图 2-61　项目产品生产和配送的时间线

第3章

奖励众筹模式：回馈产品或服务

学前提示

本章将详细介绍并分析奖励式众筹，尤其是对在实际应用中可能面临的问题进行说明。

目前，奖励众筹模式在国内市场中是应用最为广泛的众筹模式，也是颇受欢迎的模式之一。相信通过对本章的学习，读者能对奖励众筹模式有一个全面系统的了解，运用起来将更加得心应手。

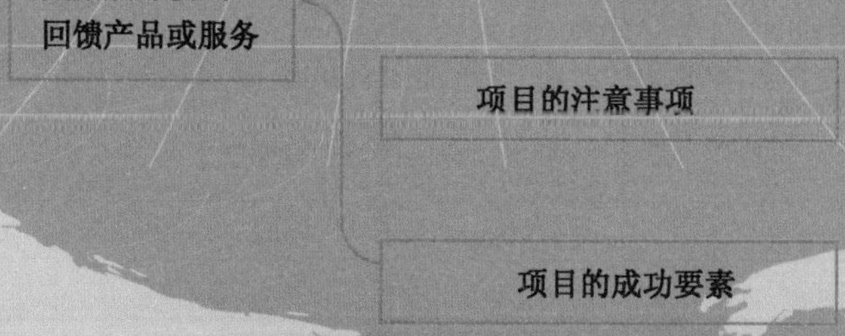

奖励众筹模式：回馈产品或服务

- 项目的合适领域
- 项目的包装设计
- 项目的注意事项
- 项目的成功要素

3.1 项目的合适领域

奖励式众筹相比其他众筹形式而言，更具有适应性，其所适合的领域广泛，分布的行业也较为分散。

奖励式众筹在实际运作中所呈现出的特点，如图 3-1 所示。

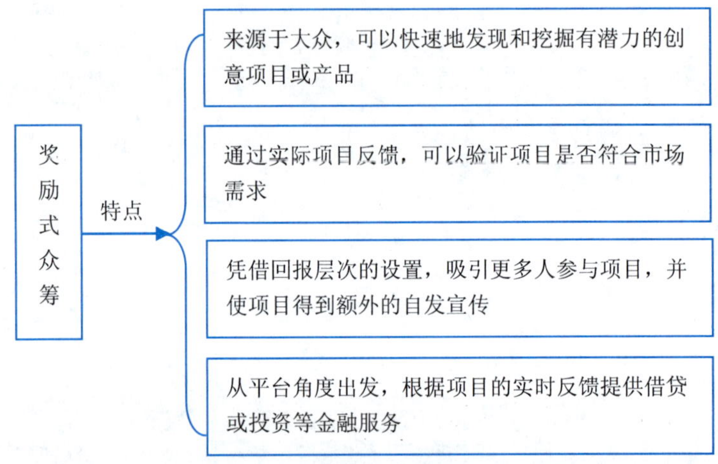

图 3-1　奖励式众筹的特点

需要注意的是，国内的奖励式众筹在表现形式上虽类似团购，但从本质上而言，二者有本质的区别。团购是面向已有的成熟产品，而众筹是面向尚未面世的全新产品；团购是以低价购买商品来获取利润，而众筹却不一定以盈利为最终目的。

3.1.1 百花齐放的项目

在综合类众筹平台上，奖励式众筹一般占据着 80%以上的内容，内容涉及各行业，称之为百花齐放也不为过。

目前，奖励式众筹项目在各行业的分布比例，如表 3-1 所示。

表 3-1　奖励式众筹的行业分布比例

类别	艺术类	社会事件类	商业和企业类	其他类
比例	29%	18%	16%	37%

由表 3-1 可知，在奖励式众筹的分布行业中，艺术类相关项目所占比例最大也最受大众支持。

3.1.2 艺术领域独占鳌头

在奖励式众筹中，艺术领域可谓独占鳌头。无论是实际的项目分布比例，还是大众的参与程度，艺术类奖励式众筹的优越性都十分突出。

无论是喜爱跳广场舞的大妈还是喜爱在 KTV 欢唱的年轻人，无论是琴棋书画的爱好者还是旅游摄影的爱好者，他们所接触到的大部分行业都与艺术相关，但每一个行业的参与者都很多，他们作为千千万万参与者中的一员要想从中脱颖而出并非易事。奖励式众筹能在艺术领域得到良好应用的原因如图 3-2 所示。

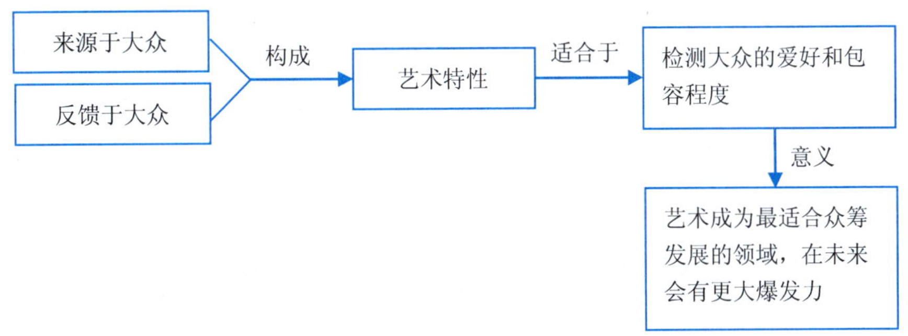

图 3-2 奖励式众筹广泛应用于艺术领域的原因

3.2 项目的包装设计

奖励式众筹与募捐式众筹类似，但其不仅仅以成功地募集到预期资金为目的，虽然作为众筹方式的一种，募集到资金也是其重要方面之一。

为了成功筹集到资金，在众筹过程中对项目进行包装是不可或缺的，优秀的包装效果能够更好地吸引支持者。

图 3-3 所示为奖励式众筹项目包装的 4 个方面。

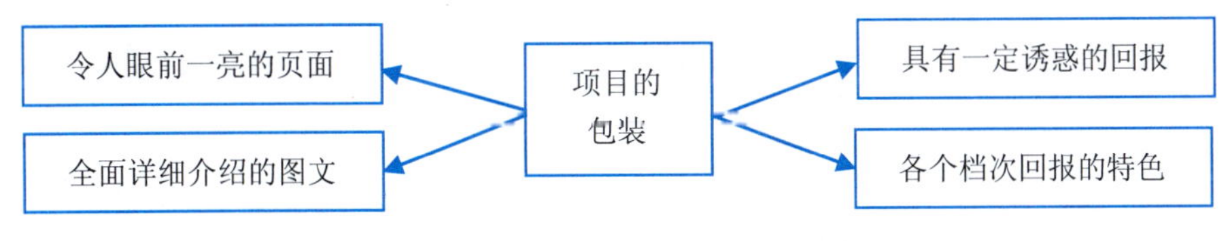

图 3-3 奖励式众筹项目的包装

3.2.1 视觉冲击

不同于募捐式众筹的项目要求，奖励式众筹并不需要煽情式的公益造势，项目与产品本身才是支持者最关注的。

例如，淘宝网上的众筹项目“曼申云智能锁”，单击页面进入之后呈现的首先是介绍项目的动画版视频，以供参与者第一时间了解项目。图 3-4 所示为曼申云智能锁项目的主页。

在对宣传图片进行展示之后，便是对项目更为详细的说明，而在此项目中发起者以项目的进展图来证明项目的无穷潜力，如图 3-5 所示。

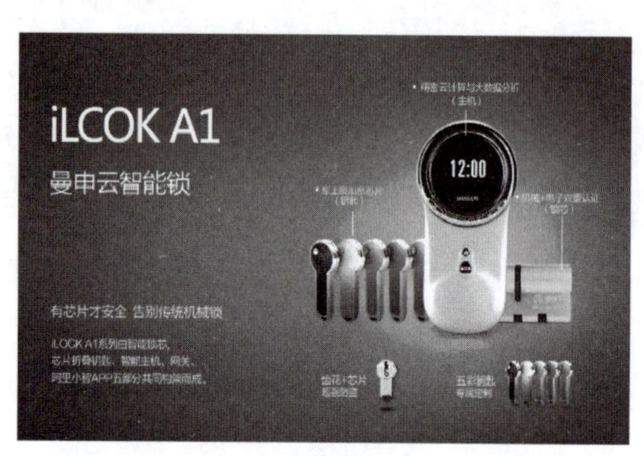

图 3-4　曼申云智能锁项目的主页

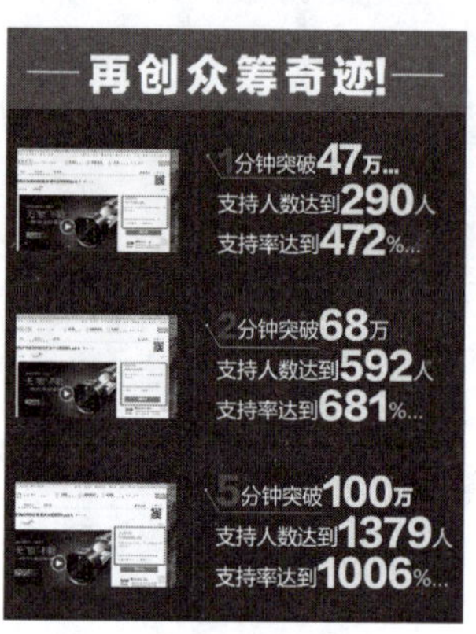

图 3-5　项目的进展图

3.2.2　图文装饰

大多数筹资上百万的众筹项目，其在介绍时往往采用视频的宣传方式，如图 3-6 所示，为视频的宣传效果。

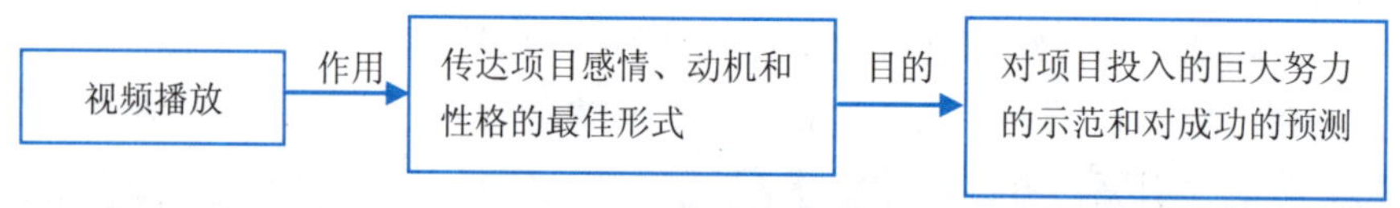

图 3-6　视频的宣传效果

除了视频之外，一个好的众筹项目还常采用全图文的方式来达到宣传效果，如图 3-7 所示。

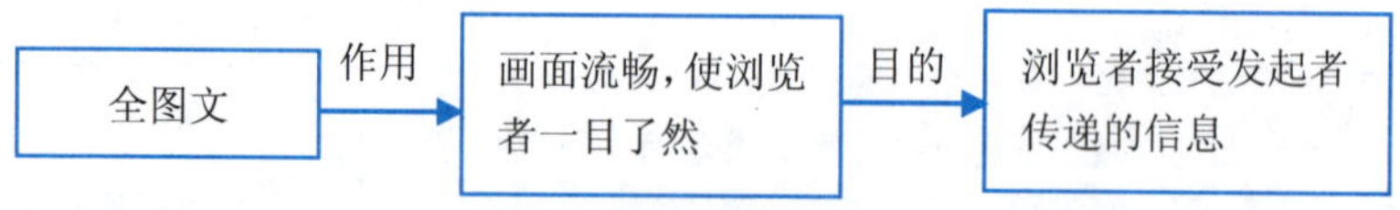

图 3-7　全图文的宣传效果

“良好的开端，成功的一半”，宣传是将众筹项目推向大众的第一步，因此做好

项目宣传会让项目最后的成功率大大提高。

抓住项目重点是选择图文介绍的主要原因。“曼申云智能锁”的图文介绍采取分层次展开项目方式，如图 3-8 所示。

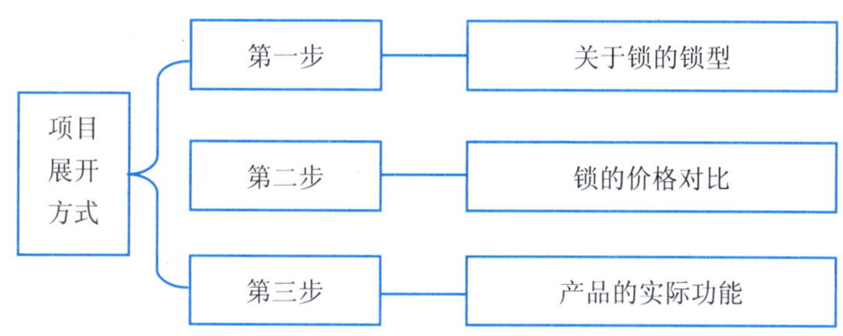

图 3-8 “曼申云智能锁”的项目展开方式

3.2.3 诱惑回报

回报设置是奖励众筹成功的根本，所有的参与者都是为了得到应得的回报而进行投资支持的。

在进行回报设置时，发起人只有做到回报设置的内容与众不同，才能最大限度地筹集到资金。

图 3-9 所示即为“曼申云智能锁”项目中 299 元的回报档次宣传图。

图 3-9 “曼申云智能锁”项目中 299 元的回报档次宣传图

“曼申云智能锁”项目的回报设置主要是以产品本身以及配套的服务为卖点，以吸引大众参与众筹。

3.3 项目的注意事项

在众多的众筹模式中，奖励式众筹是最常见并且影响力最广泛的一种，在实际应用尤其是策划项目和上线时需要注意的方面较多，下面将详细介绍奖励式众筹需要注

意的事项。

3.3.1 平台选择

在发起一个众筹项目之前，需要进行平台选择，其原因如图 3-10 所示。

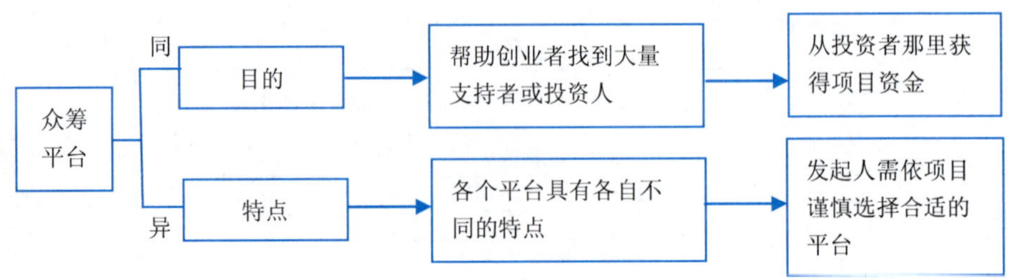

图 3-10 众筹平台的选择

因此，在进行一个众筹项目之前，发起者应尽可能对同类型众筹平台进行不同方面的比较和研究，分析异同，找出最适合项目的那一个。

3.3.2 成功概率

目前国内众筹项目在成功率上相差无几，每一种众筹模式的整体成功概率都不超过 50%。

任何一个项目都不可能有百分之百的成功率，因此即使是优秀的团队也需要对众筹项目的可能失败做好充分的心理准备。图 3-11 向我们展示了如何利用营销策略来宣传项目。

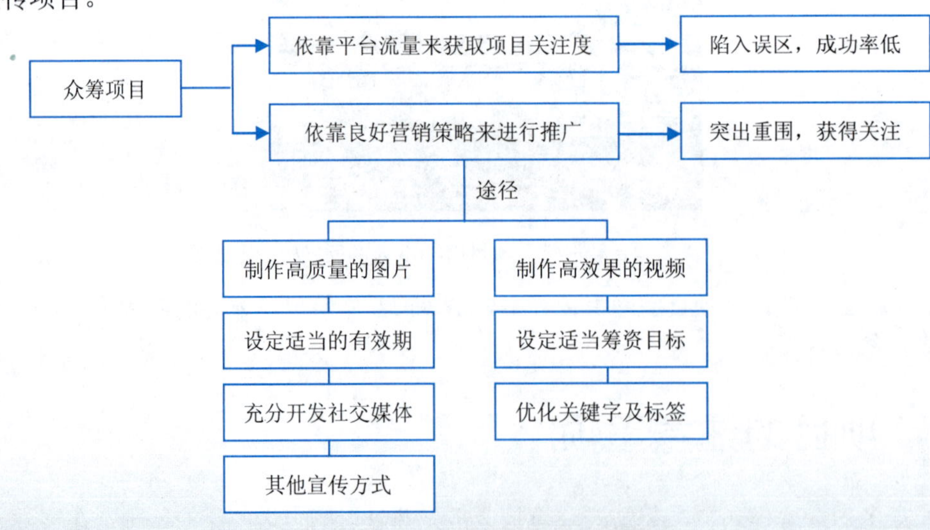

图 3-11 利用营销策略宣传项目

3.3.3 设定有效期

根据以往经验，众筹项目的有效期设置为相对较短的时间为宜。那么，怎样预估理想的众筹有效期呢？

一般来说，众筹的目标决定众筹的有效期，如图 3-12 所示。

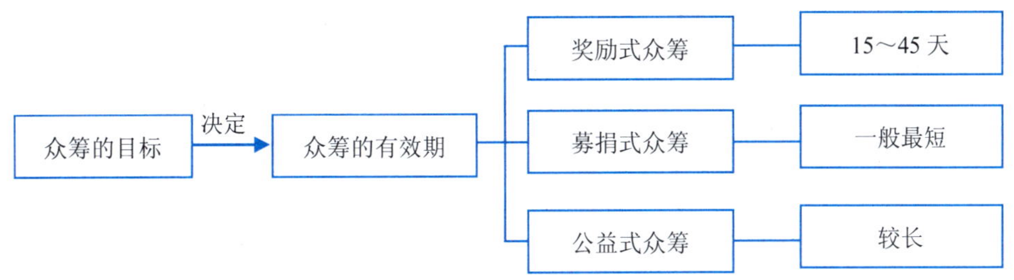

图 3-12 众筹的目标决定众筹的有效期

3.3.4 设定目标

众筹项目的发起者在发布项目时，往往会尽可能多地提供详细信息。图 3-13 所示为发起人在发布项目时所提供的信息。

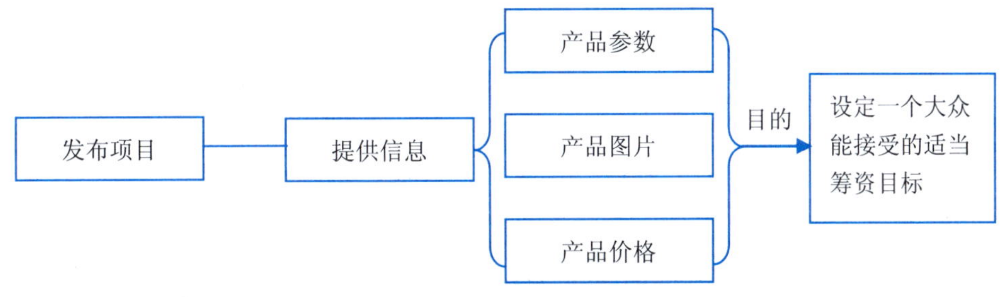

图 3-13 发起人在发布项目时所提供的信息

除了在发起项目时要为设定适当的筹资目标做准备，在项目的策划中依然要考虑到筹资目标，如图 3-14 所示，展示了策划项目时在设定目标方面需要考虑的因素。

在最初设定筹资目标时，发起人就需要考虑到可能出现的意外情况，以确保项目能成功运行。

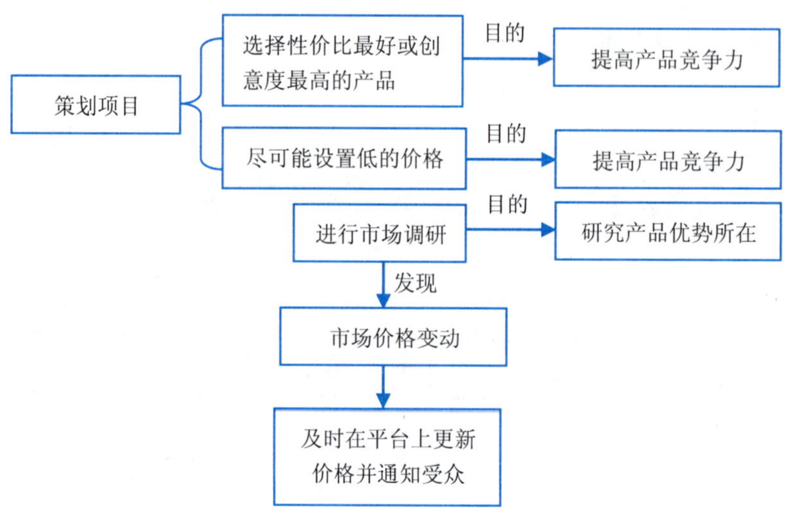

图 3-14　策划项目时在设定目标方面需要考虑的因素

3.3.5　开发社交

从目标用户的角度出发，选择适合营销推广的社交平台来宣传项目，并及时与受众分享项目进展情况，让一些社交粉丝较多的用户帮助分享项目，可以让众筹项目得到更多人的了解。图 3-15 所示为众筹项目的社交宣传渠道分析。

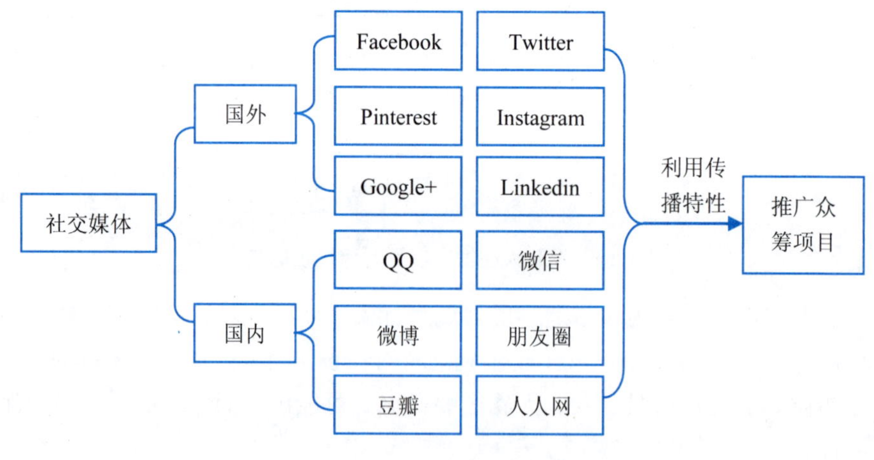

图 3-15　众筹项目的社交宣传渠道

3.3.6　提防被盗

一般情况下，众筹平台会采取一些措施保护项目发起者的知识产权，但这种保护措施是有局限性的。图 3-16 所示为创意项目的题材被盗的主要原因。

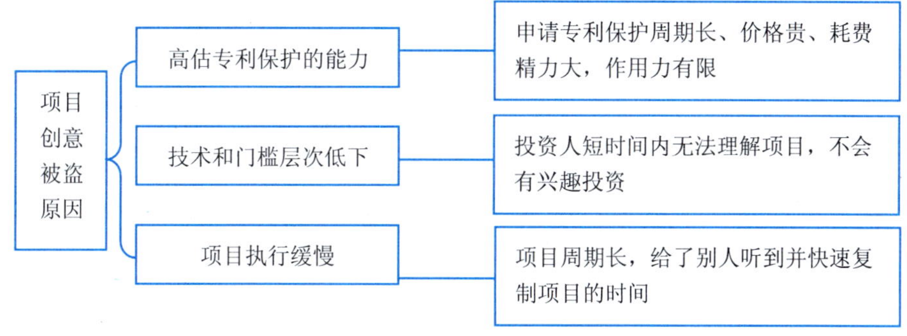

图 3-16 项目创意被盗原因

3.4 项目的成功要素

一个众筹项目要么成功，要么失败，无论哪种结果都有其原因。下面以图解的形式分析项目成败的原因，如图 3-17 所示。

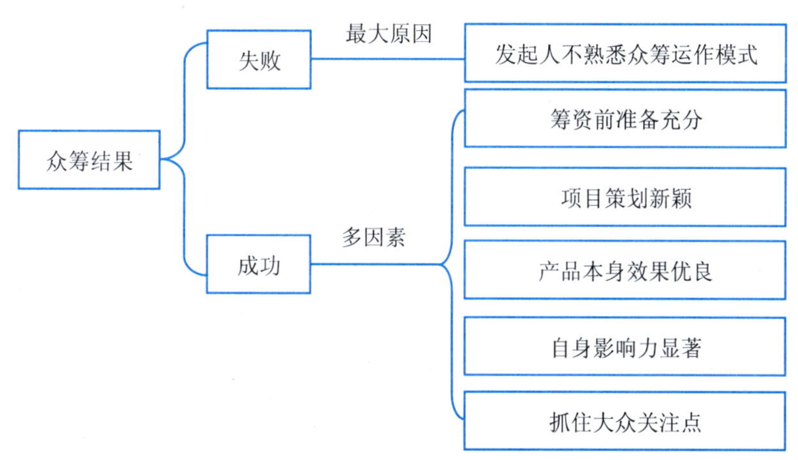

图 3-17 众筹项目成败原因

3.4.1 筹资前做好准备工作

任何一个项目发起之前，发起人要做的第一步便是明确自己的项目内容，做到目标精准化。

拥有一个明确的目标对项目的发起人和支持者都非常有用。图 3-18 所示为明确目标的意义分析。

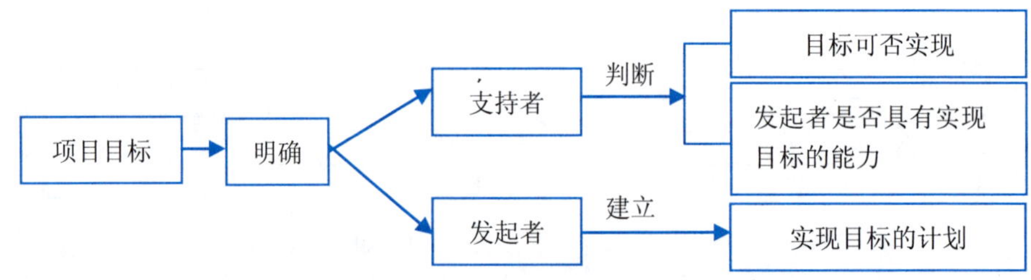

图 3-18　明确目标的意义分析

项目的回报也需要提前设置好，下面以图解的形式说明在设置回报时需要注意的问题，如图 3-19 所示。

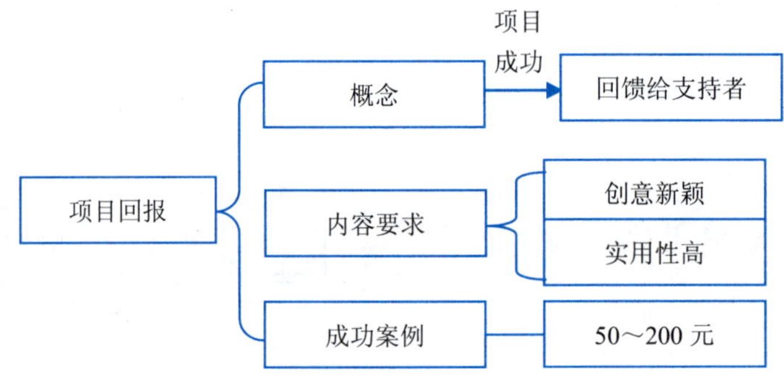

图 3-19　项目回报设置需要注意的问题

项目的价格也需要依据商品的不同来设定，如图 3-20 所示。

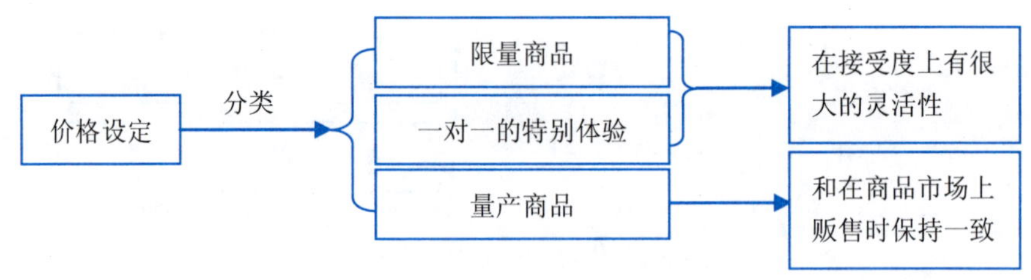

图 3-20　商品价格的设定

3.4.2　富有创新的策划方案

下面以图解形式分析如何做好一个创新性项目的策划，如图 3-21 所示。

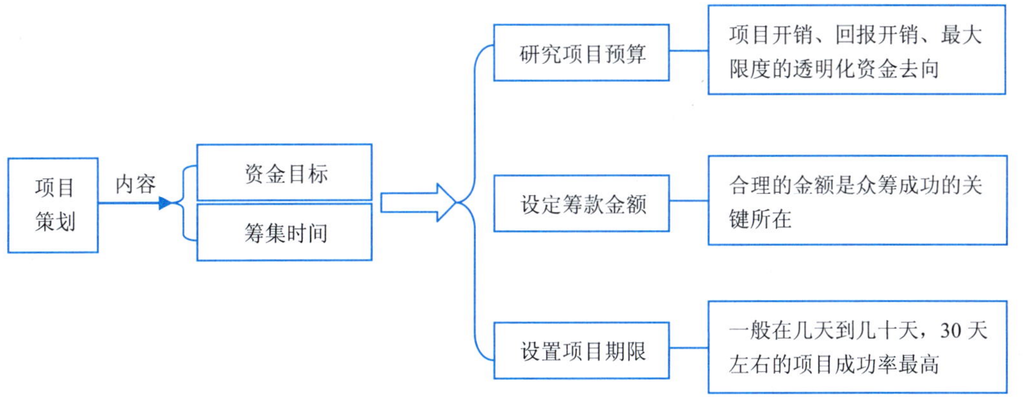

图 3-21 创新性项目的策划

在完成一个创新性的项目策划方案后，发起者就可到众筹平台创建、发布自己的项目。创新项目的信息内容同样需要创新，具体来说包括以下 4 个方面，如图 3-22 所示。

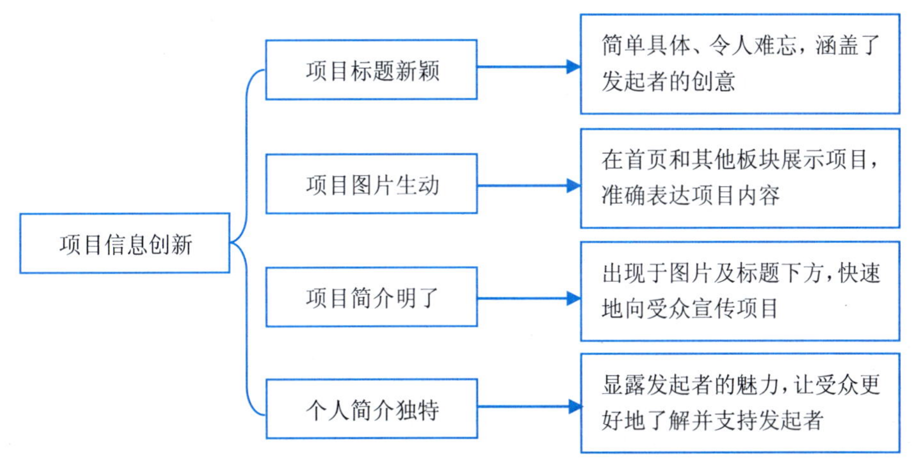

图 3-22 项目信息创新

3.4.3 极佳的项目自身效果

在众筹项目中，最受欢迎的是那些打破常规的产品。项目本身具有突破性，才能成功地吸引到投资者。图 3-23 展示了众筹成功项目的共性。

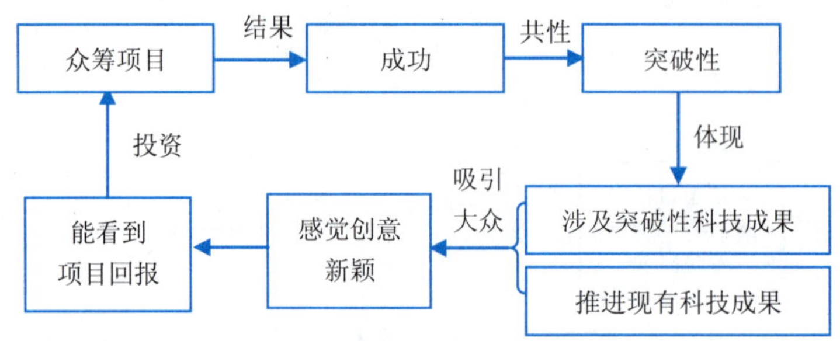

图 3-23　众筹成功项目的共性

3.4.4　一定的影响力度

一个新颖特别的项目，会吸引网络上来自不同地方的支持者。但大多数项目的第一批支持者多来自于现有的网络圈。如何加大自己项目的影响力度，让更多人了解自己的项目呢？一般通过两种渠道，如图 3-24 所示。

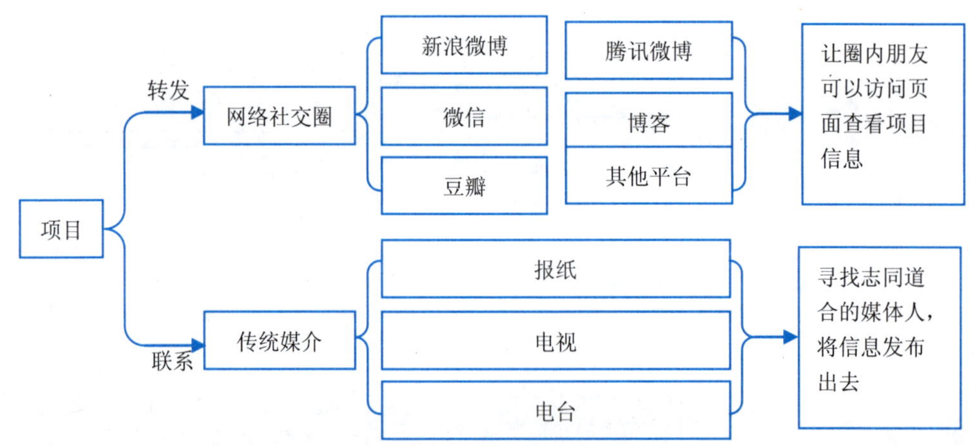

图 3-24　扩大项目影响力度的渠道

3.4.5　把控大众关注热点

众筹并不是一步到位的快餐式活动，完善的市场调研在项目发起之前是必不可少的，其意义与实际价值如图 3-25 所示。

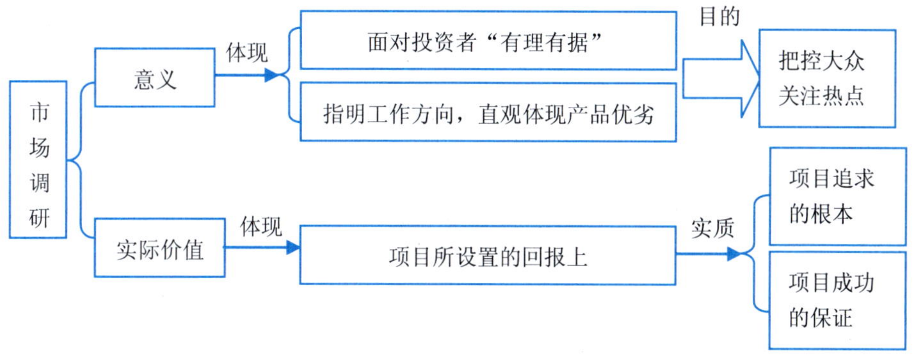

图 3-25 市场调研的意义与实际价值

众筹项目要想获得成功，对众筹的投资者们给予可观回报是重要手段之一。在发起项目之前，发起者就需要充分考虑项目对投资者的回报内容，只有那些能为投资者带来真正有价值的回报产品的项目才能吸引投资者的支持，项目也才能取得真正的成功。

第 4 章 智能科技行业的奖励众筹案例

学前提示

智能科技在众筹领域是一直被大众青睐，并且影响力广泛的众筹类型。支持创新者思想，是智能科技类之所以迅速发展的核心理念。

本章主要以实际的智能科技类项目作为案例，对整个众筹过程进行细节分析和介绍，展示这种模式是怎样让一个想法逐步变成现实的。

- 智能科技行业的奖励众筹案例
  - 相关的科技类项目
  - 项目实战篇

4.1 相关的科技类项目

奖励式众筹又称回报式众筹，是指项目发起人在筹集款项时，投资人可获得非金融性奖励作为回报。

对于任何一个产品的出现，都需要经过从创意到生产再到销售的过程，尤其对于科技类的产品而言，更是一个较为漫长的时期。

科技类众筹的项目相关主要分为概念相关、设计相关和销售相关，其具体方面如图 4-1 所示。

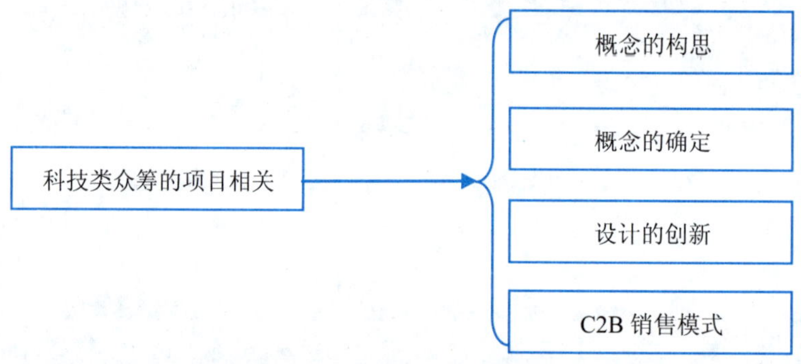

图 4-1　科技类众筹的项目相关

4.1.1　概念的构思

对于产品概念的构思，主要是从产品本身的根本作用入手。新的产品往往会有特别的地方，这也是产品上市后的优势所在。

设计者体验到的感受，会帮助自己明确设计思路和思考方向，通过不同途径和方法，将这些内容转化为产品的设计概念。在众筹项目中，完整的产品概念也是支持者所关心的，通常情况下产品概念由 3 个部分组成，如图 4-2 所示。

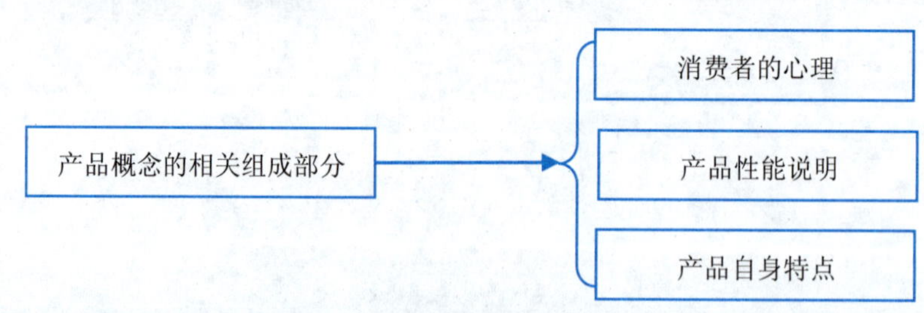

图 4-2　产品概念的相关组成部分

对产品概念的3个部分的具体分析，如图4-3所示。

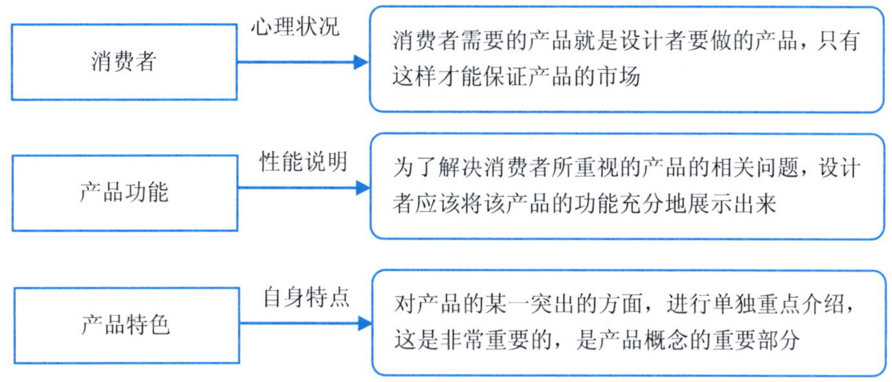

图4-3 对产品概念3个组成部分的具体分析

随着时代的发展，尤其是在这个快节奏的信息化社会中，现代产品的概念已经不仅仅只是产品的功能相关，而是对多个方面进行整理、多个部门综合完成的一项产品相关活动。图4-4所示为设计者需要注意的事项。

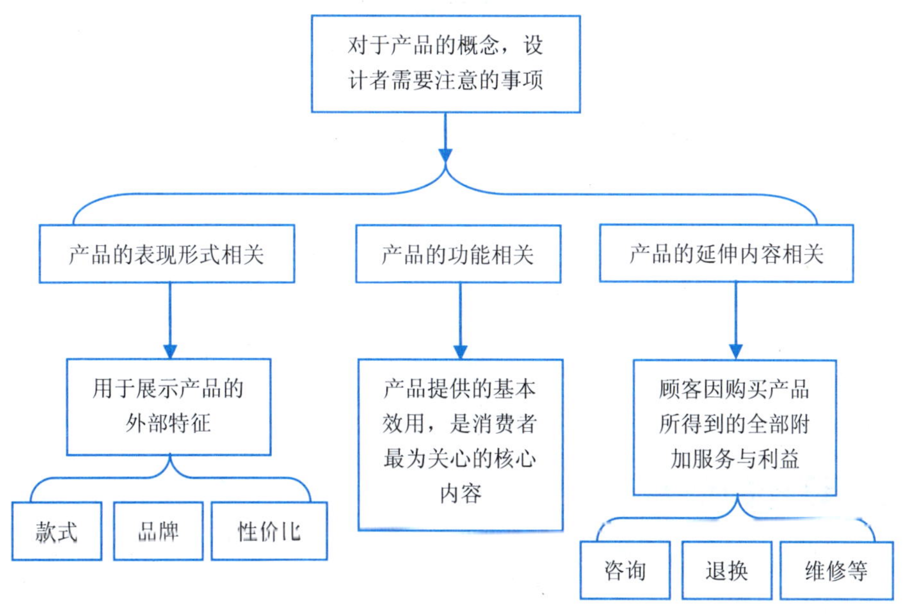

图4-4 设计者需要注意的事项

4.1.2 概念的确定

一个产品从概念到立项，其中最为重要的部分在于对产品的市场调查。如果市场调查显示产品生产之后的销售空间较大，那么产品立项就可以直接根据产品的概念进行确认。

图 4-5 所示为市场调查的流程。

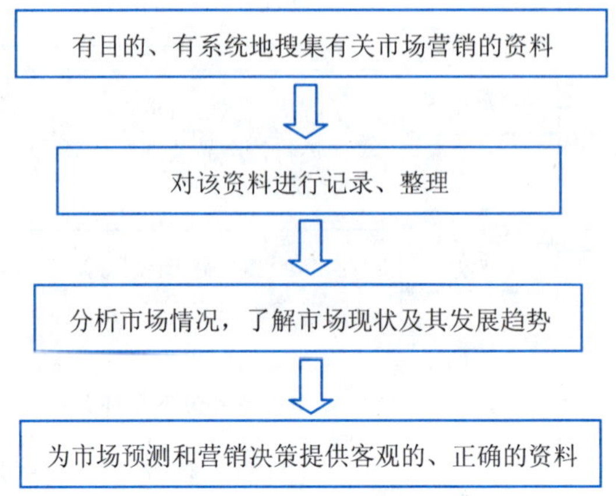

图 4-5　对产品市场调查的流程

市场调查的内容包括图 4-6 所示的 3 个主要方面。

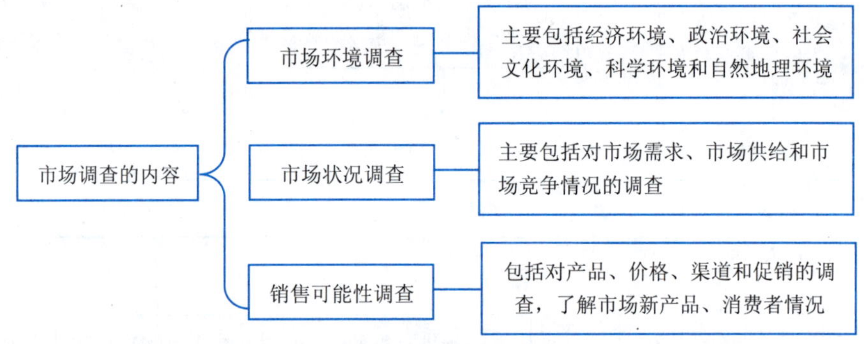

图 4-6　对产品市场调查的内容

4.1.3　设计的创新

对于产品的创新方法而言，一般分为两种，如图 4-7 所示。

内部创新的工作一般是由公司的研发部门来完成的。目前创新的方式有 4 种，如图 4-8 所示。

对于外部引进，公司本身不进行研究和开发，一般形式分为以下 3 种，如图 4-9 所示。

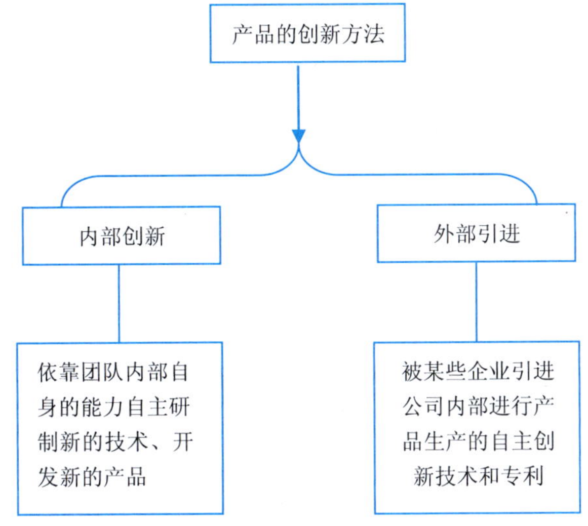

图 4-7　产品的创新方法

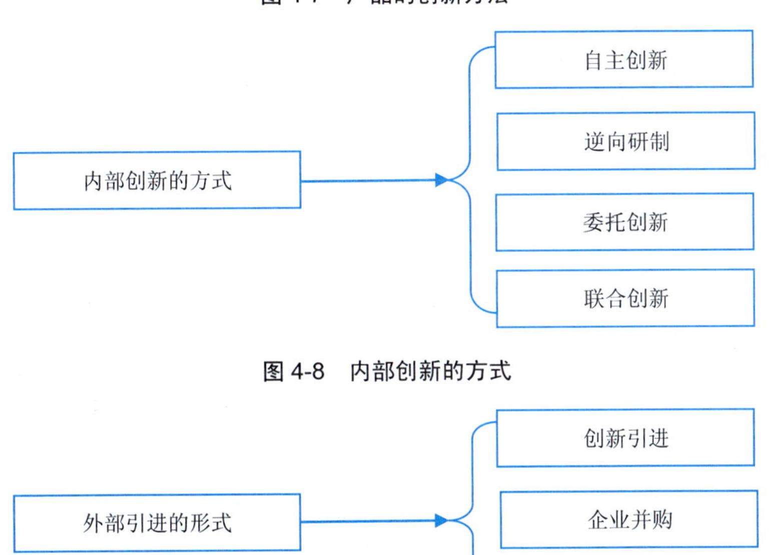

图 4-8　内部创新的方式

图 4-9　外部引进的形式

对于具体的表现形式，产品的创新设计主要是从以下 5 个方面来进行，如图 4-10 所示。

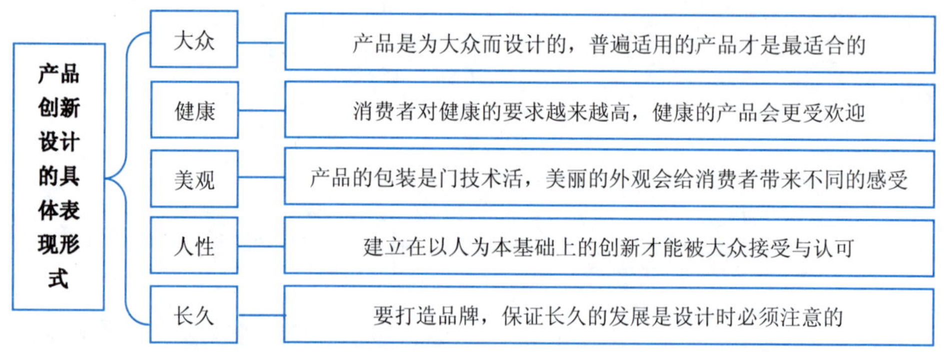

图 4-10　产品创新设计的具体表现形式

4.1.4　C2B 销售模式

C2B 的全新形式是随着众筹的出现而产生的，它是一种“消费者对企业”的电子营销模式。C2B 模式以消费者为主导，通过 C2B 网站作为交易平台，采用互联网聚合技术，聚集大量消费者和用户的需求信息，为消费者提供服务。

C2B 销售的模式省掉了中间商，直接由生产企业供货，它的产品价格结构合理，渠道透明。作为一种全新的电子商务形式，C2B 模式具有 4 个主要的特点，如图 4-11 所示。

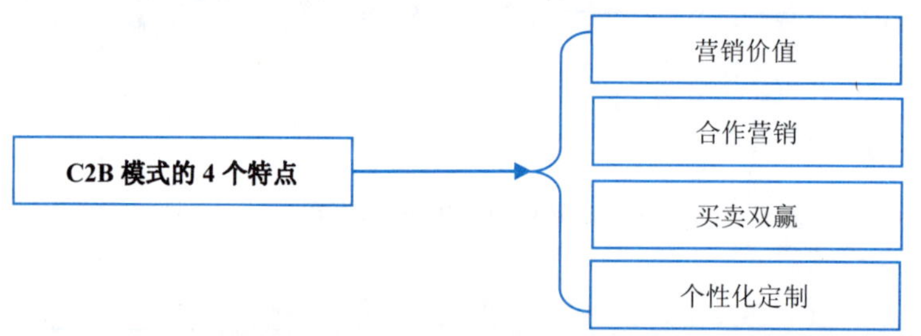

图 4-11　C2B 模式的 4 个特点

C2B 模式 4 个特点的具体体现，如图 4-12 所示。

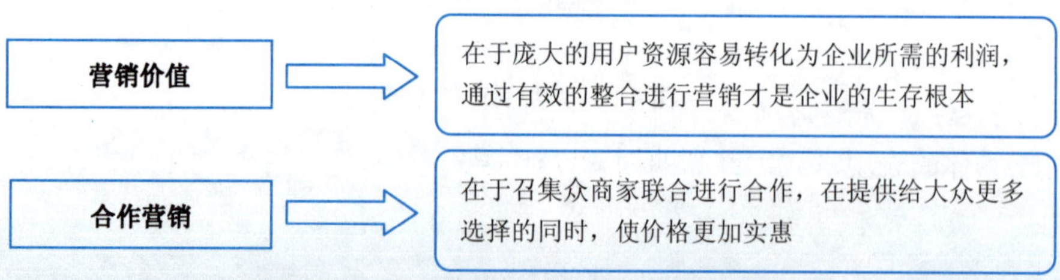

图 4-12　C2B 模式 4 个特点的具体表现

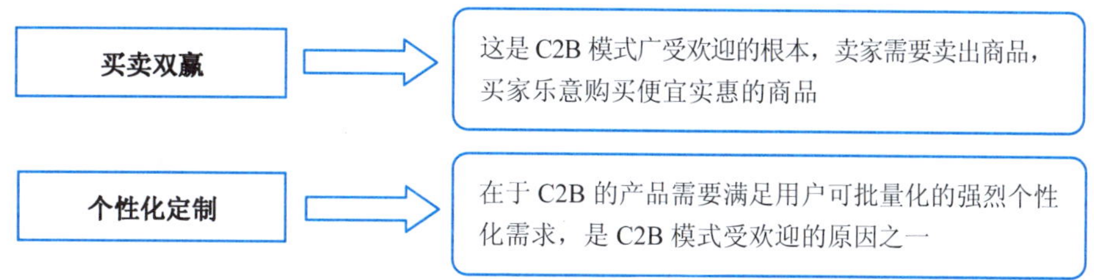

图 4-12　C2B 模式 4 个特点的具体表现(续)

4.2　项目实战篇

智能科技产品的众筹项目属于在模式上最成功的奖励式众筹项目，整个项目的策划和上线后的整体感都是围绕广告进行的，打动大众，并且让大众愿意出钱支持，是项目的唯一目标。

智能科技产品的众筹项目在策划上有与众不同的侧重点，其项目的具体流程分为两部分，如图 4-13 和图 4-14 所示。

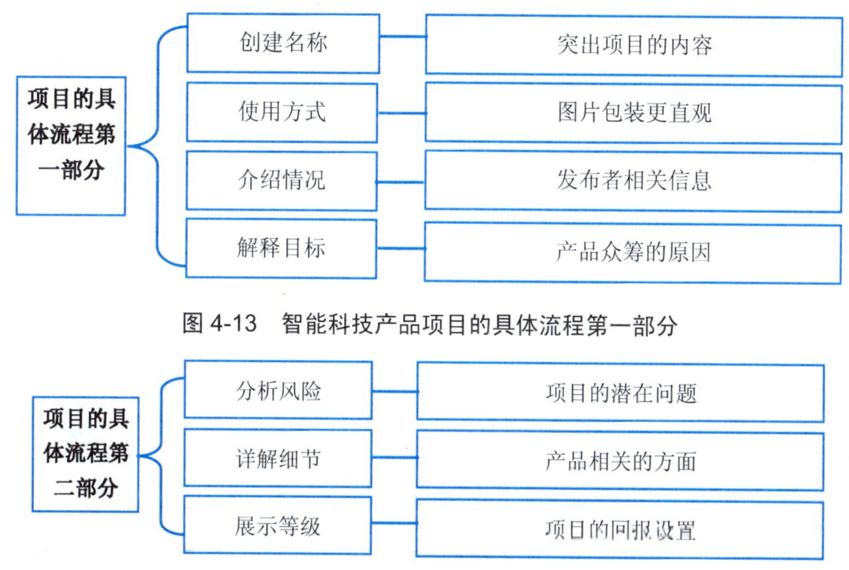

图 4-13　智能科技产品项目的具体流程第一部分

图 4-14　智能科技产品项目的具体流程第二部分

下面以京东众筹平台上的“乐橙育儿机器人”为例来进行实际分析，使读者明确智能科技众筹项目与其他类型项目的不同点，以及项目本身想要打造的亮点和在项目众筹过程中可能出现的问题。

4.2.1 项目名称确定

任何众筹项目都是一样的，都是需要对项目进行命名。名称的吸引力是使大众进入项目页面、了解项目的根本动力。

智能科技类众筹项目在名称上的要求与公益众筹项目是恰好相反的。现在先来看看已经上线的众筹项目是如何取名的，以京东众筹智能硬件类别的众筹项目为例，如图 4-15 所示。

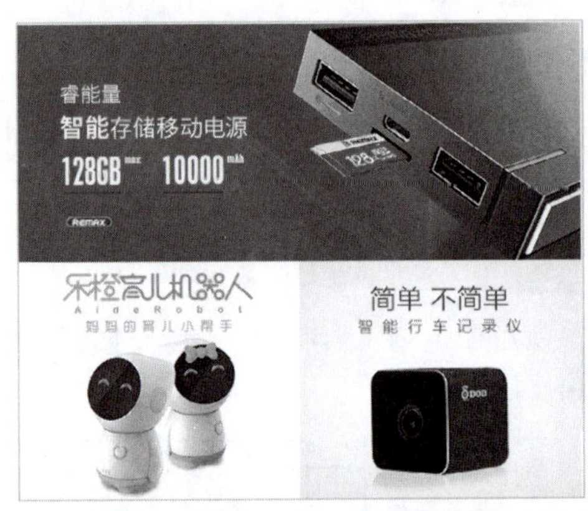

图 4-15 智能硬件类别的众筹项目

因为智能科技的产品往往不是几个字就可以说清楚的，所以一般情况下除了标题之外，还会在类别界面的单个项目中标题以下进行简单的进一步说明。

将所有有关项目名称的相关信息整理为表格，如表 4-1 所示。

表 4-1 智能科技产品的项目名称

项目名称	睿能量，智能存储移动电源	乐橙育儿机器人，妈妈的育儿小助手	简单，不简单，智能行车记录仪
名称字数	11 个	15 个	12 个
项目中心内容	智能移动电源	育儿小助手	智能行车记录仪
项目实质形式	数码周边	智能家居	车品

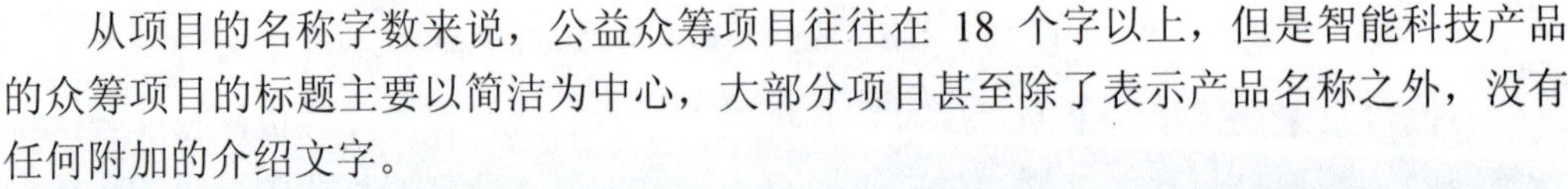

从项目的名称字数来说，公益众筹项目往往在 18 个字以上，但是智能科技产品的众筹项目的标题主要以简洁为中心，大部分项目甚至除了表示产品名称之外，没有任何附加的介绍文字。

以上的三个案例都在 15 个字以下，科技产品不依靠项目的标题来吸引人眼球，突出内容才是使用标题的根本原因。从项目本身而言，科技产品涉及的方面太广泛，所以项目核心在于项目众筹页面的实际介绍和性价比的体现。

从图 4-15 中我们可以看出，项目标题几乎就是项目的中心点，所以想要发起一个新的科技类众筹项目，必须在标题方面一针见血地点明项目内容。

在国内，智能科技类众筹项目主要是由一些已经有所发展的科技公司发起的，其成熟度远比初创企业要靠谱，尽管众筹为初创企业和个人带来了机会，但是在国内的竞争环境下，一般在平台上很难看到纯粹由草根阶层发起的智能科技项目。

4.2.2 完美的包装

智能科技产品的众筹有一个明显的特色，就是在项目的首页最显眼的位置一般不是发布者的介绍，而是对产品的图片包装。

华丽和创新的图片几乎是科技产品一贯的包装方式，在商品经济下，这也是相当有效的方式之一。

一般情况下，发起方会创建一个关于产品介绍的视频，通过优酷等平台进行链接，使大众在众筹平台上可以直接观看到产品相关信息，如图 4-16 所示。但是也并不是每一个项目都有介绍视频，发布者可以根据实际需求来考虑。

图 4-16　众筹项目的介绍视频

图 4-17 所示为“乐橙育儿机器人”中的一部分内容介绍时所采用的图片。本款产品的定位是成为陪伴孩子们的玩伴，也就是说面向的受众是广大的儿童，所以在项目的图文介绍中，策划方花费了极大的精力用于体现该产品的灵性，以及它的智能功能。

图片包装对于项目的成功是起决定性作用的，所以发起方要极其注意这部分的表现效果。与其他众筹项目的表现方式明显不同，如果这部分采用文字表现，那么将很难引起大众的关注。

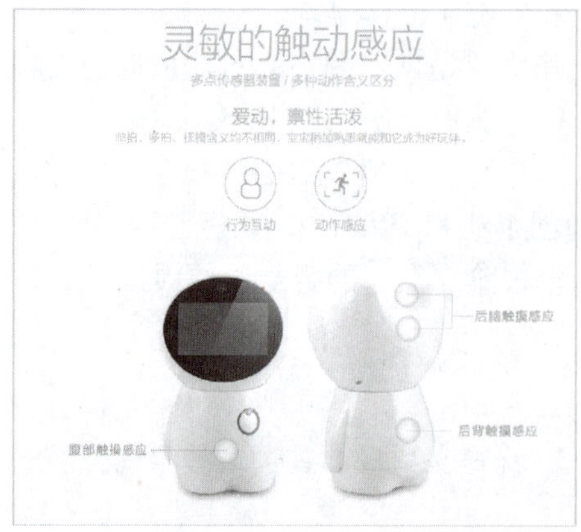

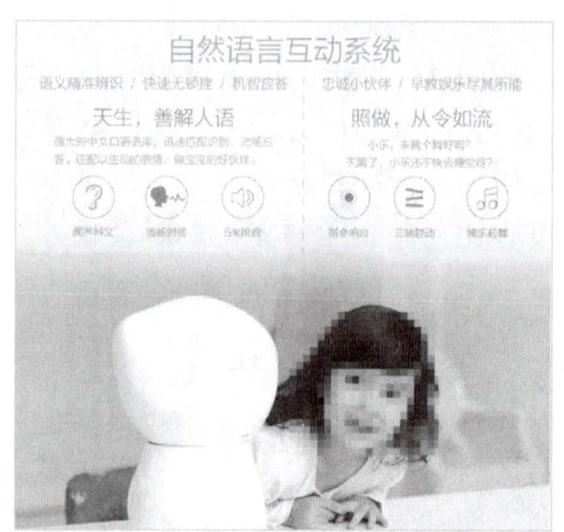

图 4-17　项目中采用图文相关的介绍方式

4.2.3　发起人介绍

项目的发起者是谁，这个问题对于智能科技产品而言，是体现发起者公司是否具备影响力的直接方式。

不同的公司，在介绍方面的侧重点是不同的，有的侧重于公司的影响力，有的侧重于公司的创新力，有的侧重于未来的发展前景。图 4-18 所示为“乐橙育儿机器人”的发起人对产品的介绍。

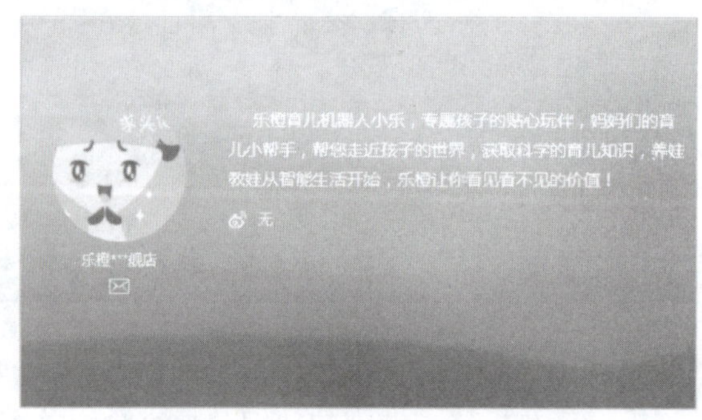

图 4-18　众筹项目的发起人介绍

图 4-19 所示为项目发起人的企业介绍。

在实际的众筹项目中，如果是初创企业的项目，那么一定要突出企业在未来的发展方面的潜力，以及目前取得的成果，这是获得支持者信任的重要环节。

无论如何，发起者在介绍时一定要以对项目有利的方面为核心，确定一个或多个中心点，根据中心点去用文字说服大众对项目进行支持。

图 4-19　项目发起人的企业介绍

4.2.4　阐明众筹目标

科技类众筹项目一般都带有预售的意味，很少会有需要大众参与其中、提供创意与想法的智能项目。

但是在对于为什么需要众筹这部分，企业对利润的追求不会直接体现出来，而是采用其他方式进行说明。

案例“乐橙育儿机器人”中对“为什么众筹”这一部分，发起方的解释内容如图 4-20 所示。

为什么要众筹

忙碌的职场生活，造就了越来越多的“周末爸爸”和“周末妈妈”。平日里片段式、照面式的相处，让陪伴成为孩子成长过程中稀缺的奢侈品。

陪伴的重要性不言而喻，但在无法兼顾养家、驻家的前提下，很多父母随便用诸如电脑、手机、iPad之类的科技产品去“敷衍”孩子。然而，科技取代不了父母，尤其是这种基于成人设计研发的数码产品。

为什么没有一种以儿童为中心的智能科技产品，既能弥补有时候父母无法陪伴孩子的缺憾，又能解决育儿难题？乐橙育儿机器人便应此需求而生。

有人说，机器人带来的陪伴冷漠，但小乐是有温度、有灵性的。从勾勒图到真实呈现，儿童育儿型智能机器人“小乐”的诞生经历了不计其数的打磨和试验。已经整装待发的它正在向天下父母致意：让我来当你们的小帮手。

图 4-20　项目中的“为什么众筹”环节

为消费者考虑，这是经常使用的一个商业销售噱头，在实际的应用中起着万金油的作用，用于掩盖商家实际的利润追求。图 4-21 所示为该环节的特点。

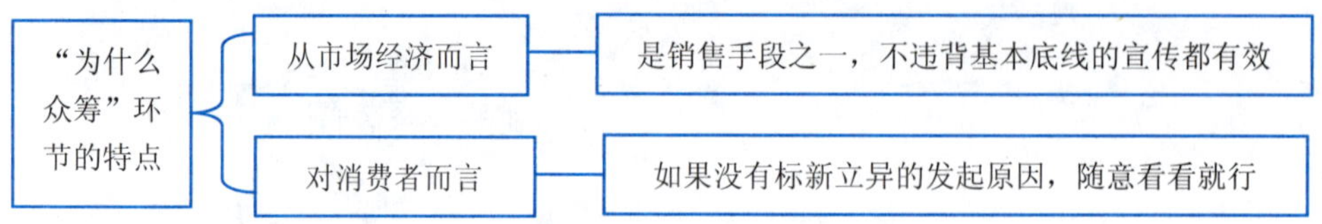

图 4-21 "为什么众筹"环节的特点

4.2.5 分析风险

众筹平台对于科技类众筹项目的审核极为严格，要求在产品方面提供足够的信息以证明产品的性能与实际效果确实达到项目的广告效果，如图 4-22 所示。

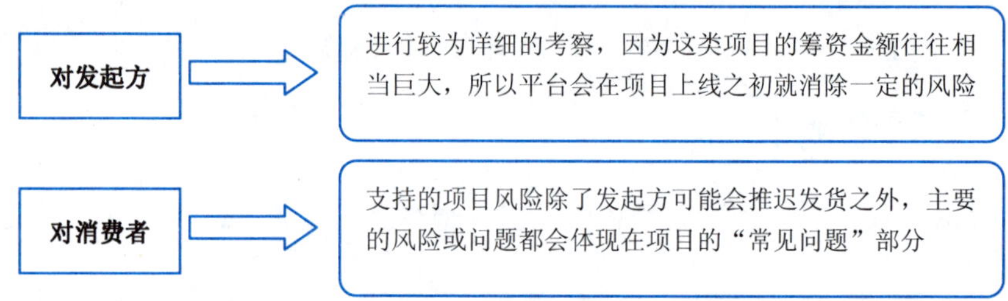

图 4-22 众筹平台对于科技类众筹项目的风险分析

图 4-23 所示为案例"乐橙育儿机器人"中的"常见问题"解答部分。

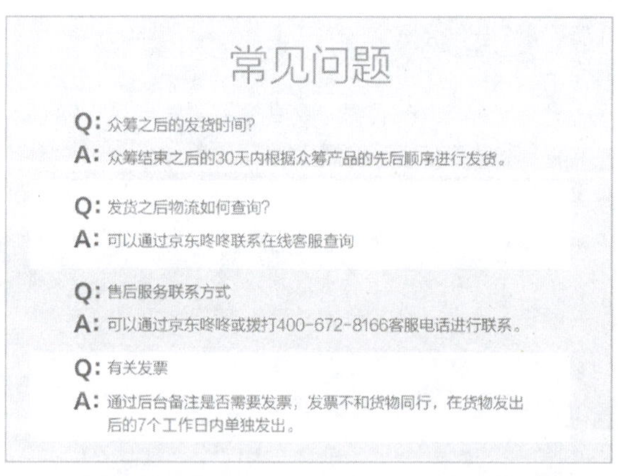

图 4-23 发起方对项目中的常见问题的解答

需要注意的是，尽管发起方会尽可能解决支持者的问题，但是在实际的众筹项目执行中，还是会出现发货延迟的问题。发起方一般会在后期执行中再进行解释，所以支持者要有一定的心理准备。

4.2.6 详细细节

产品细化可以让产品更受欢迎，对高科技产品而言，详解产品相关的细节可以从多个方面进行，如图 4-24 所示。

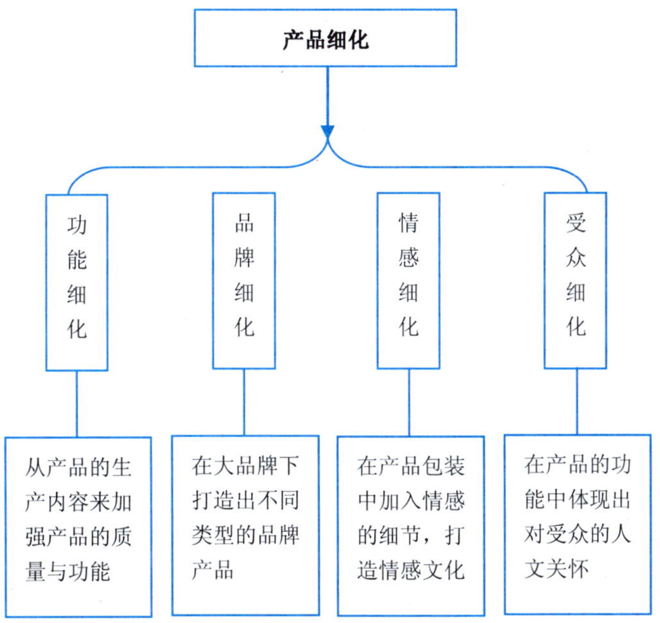

图 4-24 项目产品的细化

与图片包装的方式类似，产品细节的介绍一般也采用数据图等直观表现的方式进行。案例“乐橙育儿机器人”的细节介绍如图 4-25 所示。

产品参数

系统参数	主处理器	Intel CherryTail Z8350-T3 CPU：1.92GHz * 4 GPU：12EU 500MHz Gen8-LP
	内存	2GB
	存储容量	32GB
图像参数	传感器类型	SONY 星光级 1080P 背照式 CMOS
	尺寸	1/2.8'
镜头参数	镜头焦距	3.6 mm
	镜头接口	M12
	镜头光圈	F1.8
	变焦类型	定焦
	镜片组成	5G3P（G：glass，P：Plastic）
	视场角	对角:91°，水平：78°
音频参数	音频输入	6MIC 阵列
	音频输出	5W高保真扬声器*2
	远场识别	1米96%，3米94%，5米92%
	声源定位（DOA）	360度环形定位，±10°
	回声消除（AEC）	支持
	语音增强（SE）	支持
	快速唤醒	5米唤醒识别率 95%
	语义理解	支持
视频参数	视频压缩标准	H.264
	人脸检测	支持
	人脸识别	支持
	人脸追踪	支持
显示参数	规格	5.5寸 高清电容式触摸屏
	分辨率	720P
传感器参数	PIR	支持，3米
	温度传感器	支持，精确度±3℃

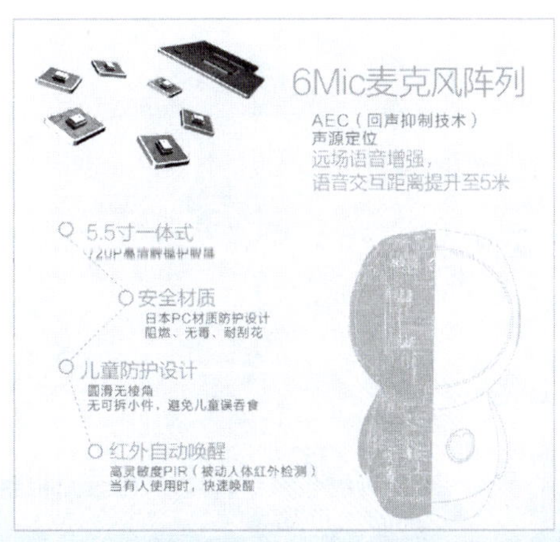

图 4-25 “乐橙育儿机器人”的细节介绍

与图片包装注重对产品效果的宣传不同，细节介绍侧重的是具体的数据，是体现产品性能的根本步骤。

在平台审核阶段，这部分内容是被重点考察的，毕竟对于效果的宣传，对自己产品夸夸其谈的商家太多了，他们所提供的广告效应不一定可行，如果项目是虚假的，那么给平台造成的损失将是难以承受的。

另外，如果项目在同类型的商品中不能突出，或者特色不够鲜明，那么项目的成功率就将大打折扣，因此，实际产品的参数表显得尤为重要。图 4-26 所示为实际产品参数表的作用。

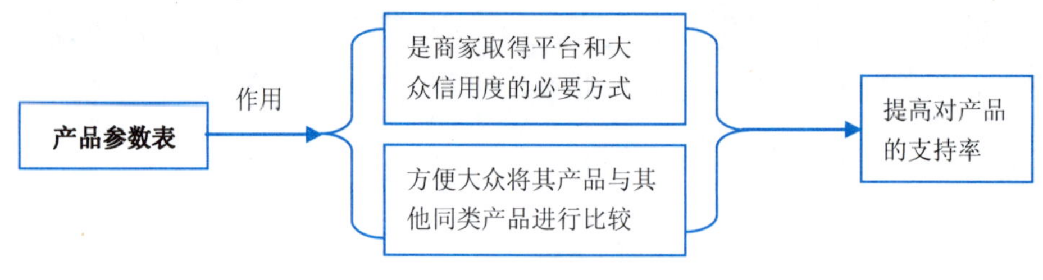

图 4-26　产品参数表的作用

4.2.7　承诺与回报

科技类众筹项目在介绍中要特别突出项目的回报内容，这也是项目更直观吸引大众的方式之一。由于文字突出与图文突出的区别是有目共睹的，在可行的情况下，项目策划中必须包括回报等级的图文表示。

图 4-27 所示为案例“乐橙育儿机器人”的部分支持回报等级。

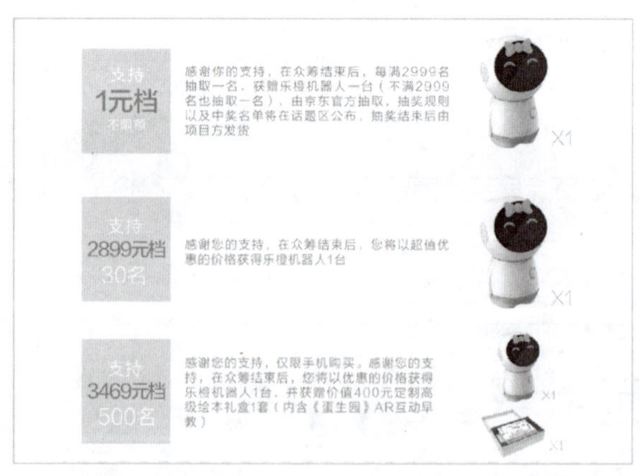

图 4-27　“乐橙育儿机器人”的部分支持回报等级

在众筹支持界面中，会有供大众选择的各种支持回报档次，项目的图文表示中的内容必须与此是保持一致的，只是在表现方式上会稍有不同。

4.2.8 产品的生产流程

在每一个智能科技众筹项目中，产品本身的项目进展是必然要有的。“乐橙育儿机器人”的进度展示如图 4-28 所示。

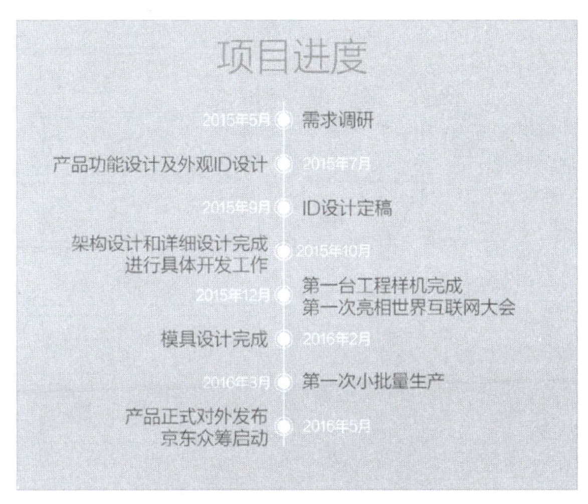

图 4-28 项目的进度展示

在实际的操作中，产品的小批量生产与众筹成功之后的正式生产，在流程上是一样的，需要经过 3 个过程，如图 4-29 所示。

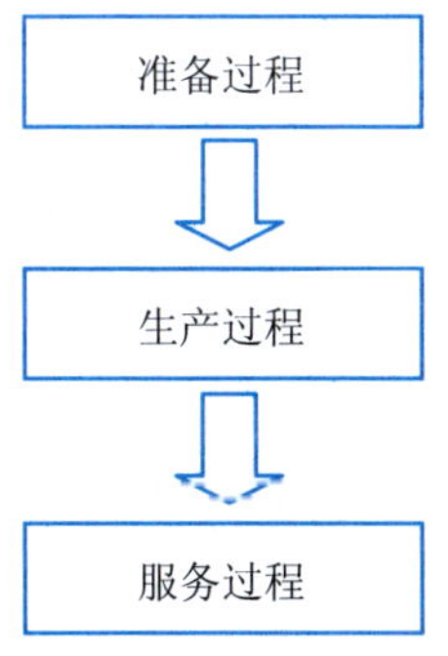

图 4-29 产品的生产流程

1. 准备过程

要想生产一个创新的产品，或者是把一个想法投入实际的生产中变成产品，都是

存在一定难度的。

因此，众筹平台要求项目必须先有一定量的试产成功，才可以策划众筹项目，并最终让项目上线向大众筹资。

在技术准备过程中需要完成的内容比较多，主要分为 8 个方面，如图 4-30 所示。

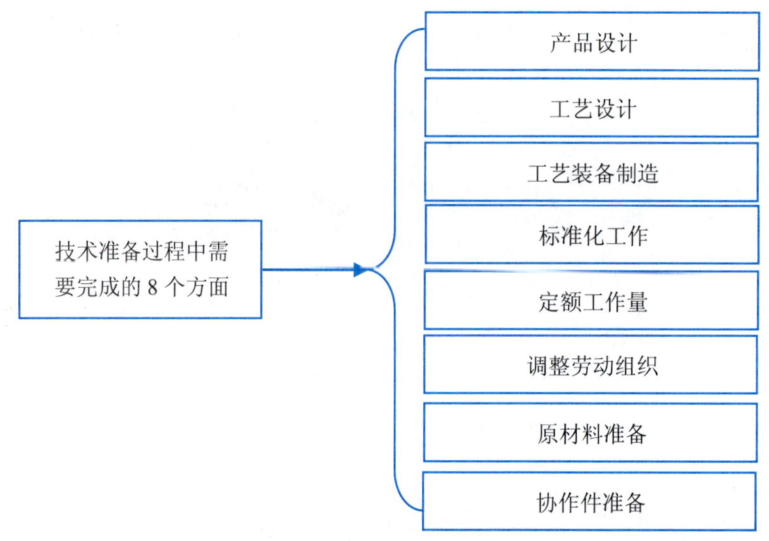

图 4-30　技术准备过程中需要完成的 8 个方面

2. 生产过程

对于普通大众而言，科技类产品的基本生产过程是相当复杂的，与众筹的直接关系不大，但是科技类众筹项目一般也不是由普通大众发起的。

众筹项目中基本生产部分的内容，主要是针对承担生产任务的工厂或者大型企业内部的分工。

关于项目产品基本生产流程，如图 4-31 所示。

在这个过程中，最为重要的环节就是保证生产的质量。众筹模式一方面是产品的销售渠道，能够通过众筹销售一部分产品；另外一方面也是一种宣传渠道，对于产品在进入市场后的评价，众筹项目的支持者们有绝对的发言权。

如果产品的质量没有跟项目在众筹时保证的质量一样，那么在市场上是无法打开局面，进行大规模销售的。同时，为了保证项目在时间上的准时，生产厂家要在计划时做好万全的准备工作。

3. 服务过程

生产服务主要是在项目生产结束的后期需要注意的，包括两个方面的内容，如图 4-32 所示。

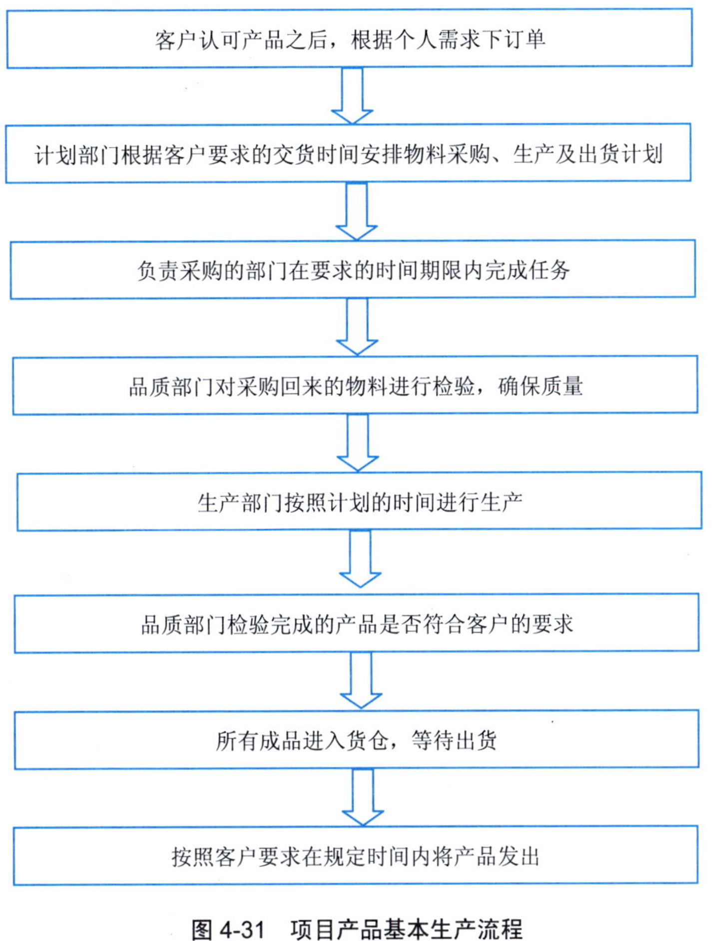

图 4-31　项目产品基本生产流程

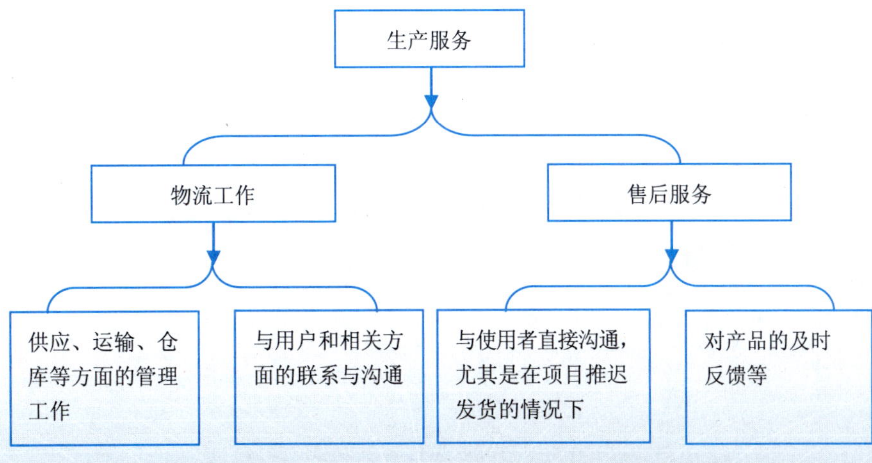

图 4-32　项目生产结束的后期需要注意的内容

在生产服务方面给予用户良好的体验，则整个众筹项目就更容易得到大众的喜爱。同时，由于有了前一次的经历，对于以后的众筹项目，用户也会更加愿意支持。

4.2.9 回报的兑现

众筹项目的产品在生产完成之后，就要履行相关的回报，不同的支持有着不同的回报方式。

对于智能科技类的众筹项目而言，项目后期的问题主要集中在 4 个方面，如图 4-33 所示。

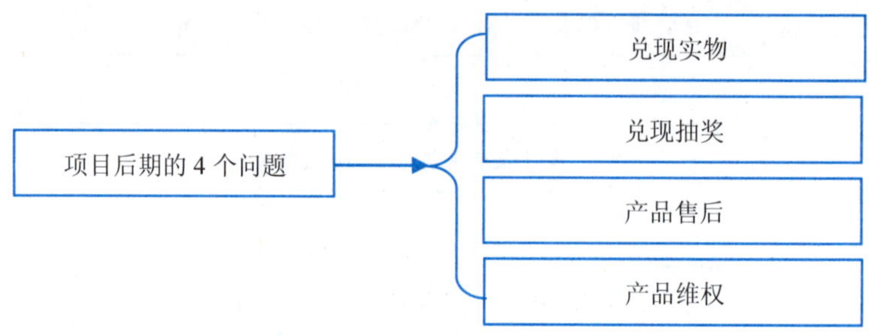

图 4-33　项目后期的 4 个问题

1. 兑现实物

科技类产品是以实物回报的方式吸引大众的，项目发起方需要在预定的回报时间内将产品送到支持者手中。

以京东金融众筹成功的项目“乐橙育儿机器人”为例，其后期执行阶段的信息披露如图 4-34 所示。

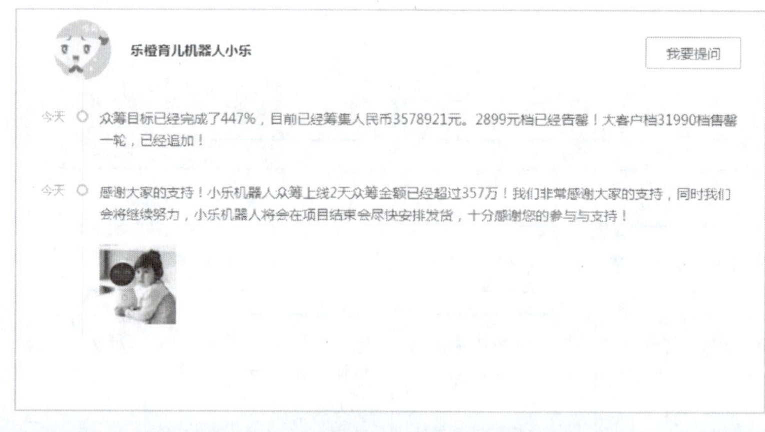

图 4-34　项目后期执行阶段信息的披露

2. 兑现抽奖

几乎所有的智能科技类产品都会设置一个最低档次，一般是 1 元，从数量不定的参与者中抽取几名幸运者，赠送最终项目的成品一件。

这个环节的主要作用就是扩大宣传面，在项目后期，一般情况下是由平台随机抽取参与者的 ID 名字，在少数情况下是由发起方按照某种方式进行抽取。

3. 产品售后

科技产品履行众筹回报中最重要的就是售后，但是对于众筹项目而言，产品售后并不简单，它包括售后服务与延伸服务两个方面，如图 4-35 所示。

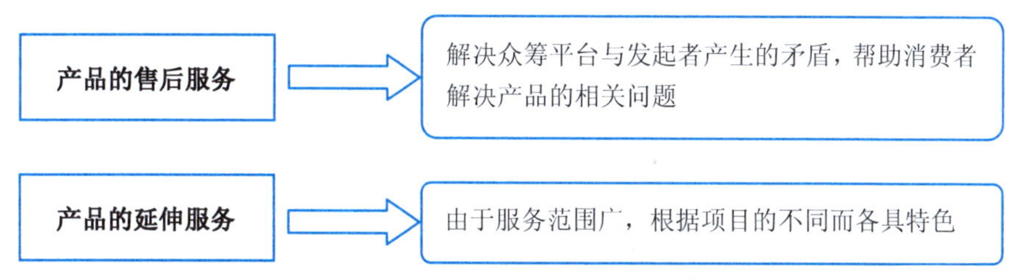

图 4-35　产品的售后

科技类众筹项目往往会在众筹档次中增加一个金额较高的档次，回报是数十件或百件的产品，这实质上就是通过支持资金，成为该产品的代理商。

除此之外，延伸服务的类型还包括以下 4 个方面，如图 4-36 所示。

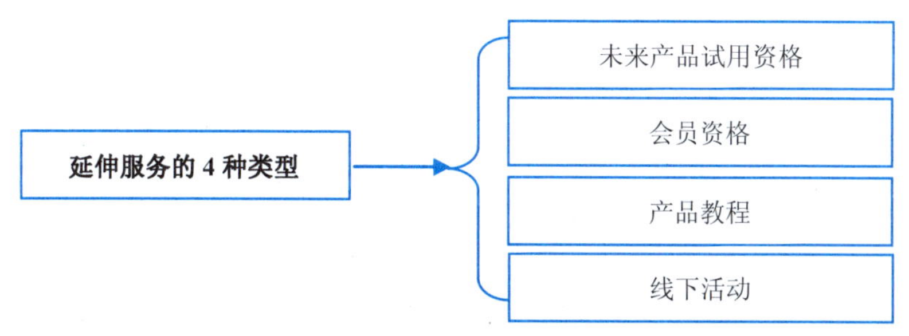

图 4-36　延伸服务的 4 种类型

延伸服务的具体内容主要是由项目发起者自行约定并公布的，在回报阶段就会有所提及，有些服务则是作为后期网友参与众筹的奖励，用于激励未参与众筹的用户对项目进行支持。

4. 产品维权

在众筹项目中，产品的维权分为 3 个方面，如图 4-37 所示。

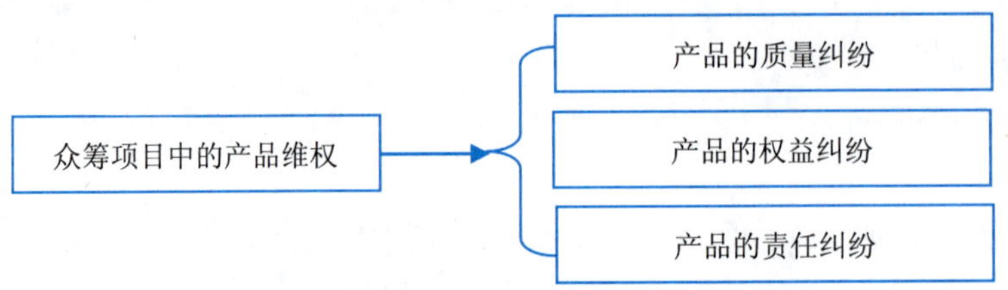

图 4-37　在众筹项目中产品维权的 3 个方面

为了避免可能存在的维权纠纷，支持者在选择众筹项目时要尽量选择具有广泛可信度的企业或项目，以避免因为维权纠纷而导致的利益损失。

第 5 章

股权众筹模式：给予投资人股份的筹资

学前提示

目前，股权式众筹在国内是应用极为广泛的模式之一，在该模式下筹集的资金甚至要超过奖励众筹。但由于目前我国众筹方面的法律保护与约束还不够完善，因此国内股权众筹的发展还不是非常稳定。

本章将详细介绍股权式众筹，尤其是对与其模式相关的问题进行分析。

股权众筹模式：给予投资人股份的筹资

- 发起人需要具备的条件
- 投资人调查项目
- 风险把控

5.1 发起人需要具备的条件

股权众筹主要指较早期利用网络私募股权的投资方式，目前股权众筹市场主要是针对机构的投资人或天使投资人。股权众筹的定义如图 5-1 所示。

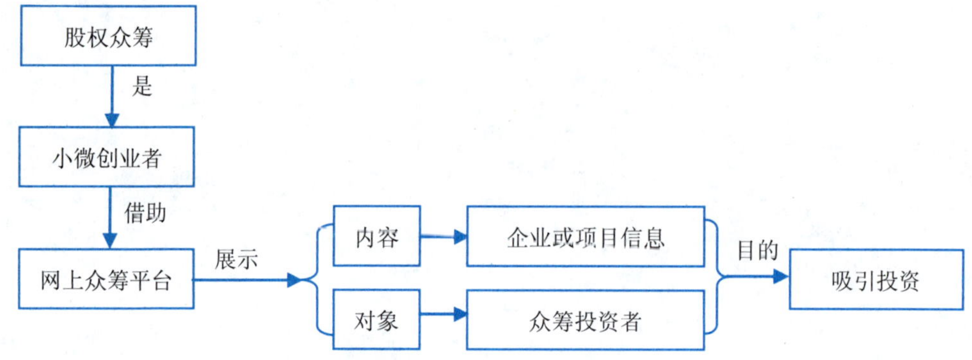

图 5-1 股权众筹的定义

股权众筹采用的是互联网融资模式，与传统互联网融资模式的不同点在于股权众筹是以股权形式进行回馈。众筹创业者通过互联网出让一定比例的股份，而投资者通过投资入股，可以在未来获得回报。图 5-2 所示为股权众筹模式下不同等级的回报标准。

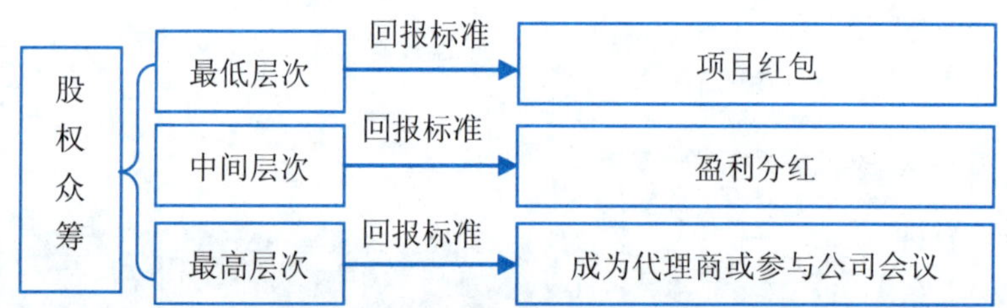

图 5-2 股权众筹不同等级的回报标准

表 5-1 所示为股权众筹项目在各行业的分布比例。

表 5-1 股权众筹项目在各行业的分布比例

类 别	商业和企业类	社会事件类	艺术类	其他类
比 例	29%	23%	25%	23%

图 5-3 所示为股权众筹项目发起人所需具备的条件。

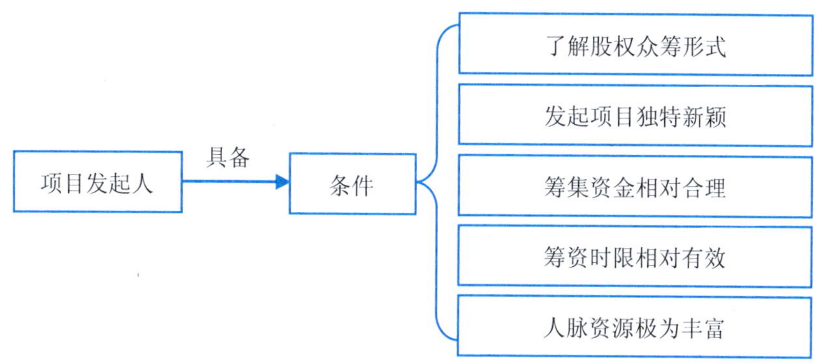

图 5-3 股权众筹项目发起人应具备的条件

5.1.1 对形式的了解

目前，股权众筹市场有两种最常见的形式，一是直接股权投资，二是借助企业间接投资，如图 5-4 所示。

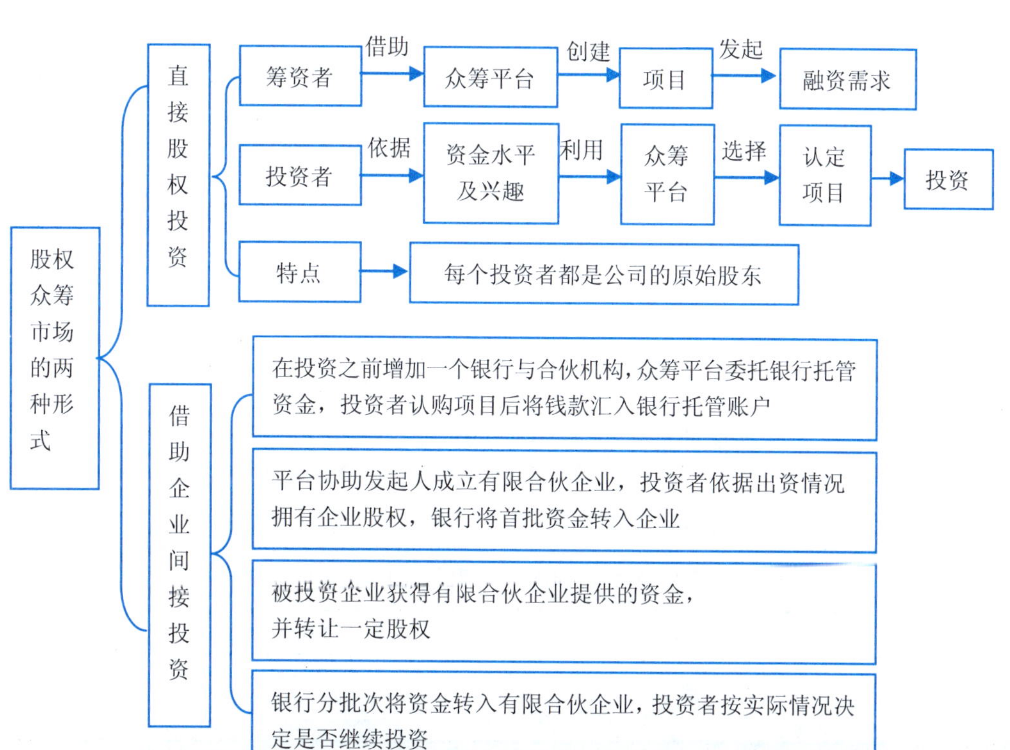

图 5-4 股权众筹市场的两种常见形式

5.1.2 有吸引力的特色

在平台的审核中，如果一个项目既有吸引大众眼球的宣传视频，又有相对完善的奖励回报，并且发展潜力巨大，那么平台是没有理由不让其通过的，甚至还会尽可能地帮助这些项目取得成功。

总的来说，股权众筹的投资者会投资某个项目，是由这个项目本身的特色与吸引力决定的。图 5-5 所示为项目的特色对筹资的意义。

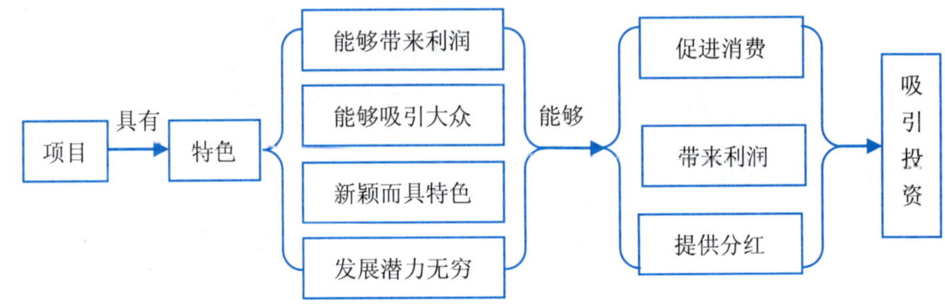

图 5-5　项目的特色对筹资的意义

一个项目优秀与否是直接决定一个股权众筹项目能否成功的关键，只有项目本身足够优秀才能吸引到更多更强大的投资者，甚至是吸引到天使投资人，从而有效且快速地达到预期的筹资目的。

5.1.3 有效的筹资时限

奖励众筹的项目期限一般为 1～3 个月，但项目前期的潜力便决定了项目 90%的成功率，在项目中期想完成较多的金额筹集几乎是不可能的，所以把握前期的时间尤为关键。

同样，股权众筹的前期决定着项目的成功概率，因此项目刚一上线发起者就应动用自己的一切人脉资源，以期项目获得成功。如表 5-2 所示，显示的是一个目标金额 1 万美元的项目在不同期限的成功概率。

表 5-2　一个目标金额 1 万美元的项目在不同期限的成功概率

项目期限/天	成功概率/%
30	35
60	29

由表 5-2 可知，项目的时间越长，成功率反而越低。

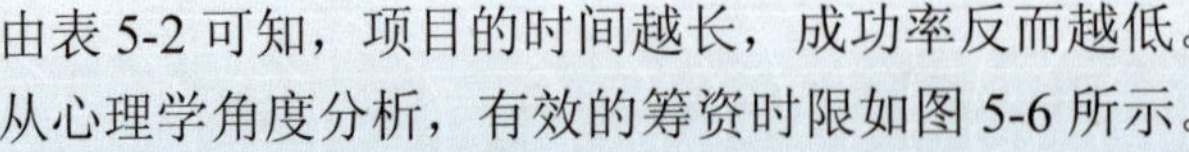
从心理学角度分析，有效的筹资时限如图 5-6 所示。

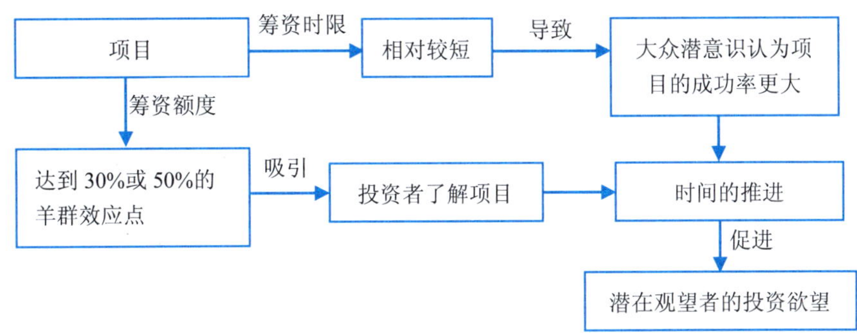

图 5-6　有效的筹资时限

5.1.4　广大的社交圈

在奖励众筹中，社交圈仅仅能提供 10%～20%的起始资金，而在股权众筹中，人脉资源几乎直接决定了项目能否取得成功。

股权众筹的筹集金额不是小数目，单靠朋友的友情赞助是根本无法成功筹资的。在这一模式的项目中，至少有 50%的资金依赖于朋友入股与出资。因此，项目本身就不是一个人的项目，而是发起者与朋友们的一次集资创业。

以一个目标金额 1 万元以上的众筹项目为例，发起者社交的广泛程度与项目成功率之间的数据关系如表 5-3 所示。

表 5-3　发起者社交的广泛程度与项目成功率之间的数据关系

社交网站好友/名	项目成功概率/%
10	9
100	20
1000	40

5.2　投资人调查项目

平台作为股权众筹中不可缺少的一部分，必须要有投资人的资金支持，否则就会失去存在的意义。

图 5-7 所示为投资人调查项目的原因与相关方面。

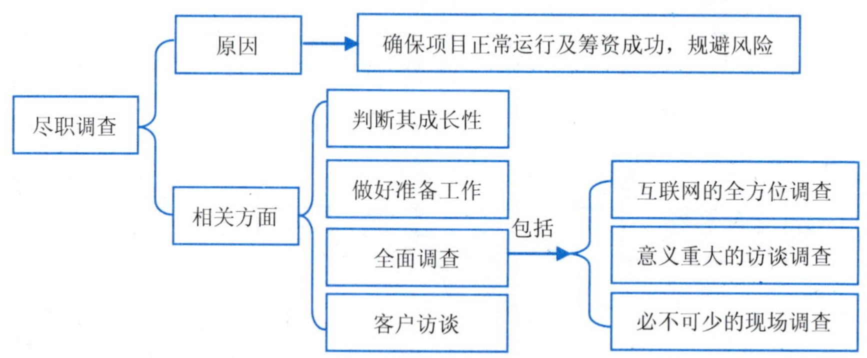

图 5-7　投资人调查项目的原因与相关方面

5.2.1　判断其成长性

天使投资人所投的项目是依个人眼光而定的，尽管有些成熟的天使投资人也会在选择上出现错误，但总体而言他们比其他投资人的眼光更为长远，因此选择项目时也会快人一步。

无论是创业投资还是众筹投资，对于投资人而言，判断将要投资的项目未来的成长潜力都是极其重要的，行业的发展前景广阔才能使企业长期发展、持续稳定地创造利润。

图 5-8 所示为判断行业与企业成长性的 8 个方面。

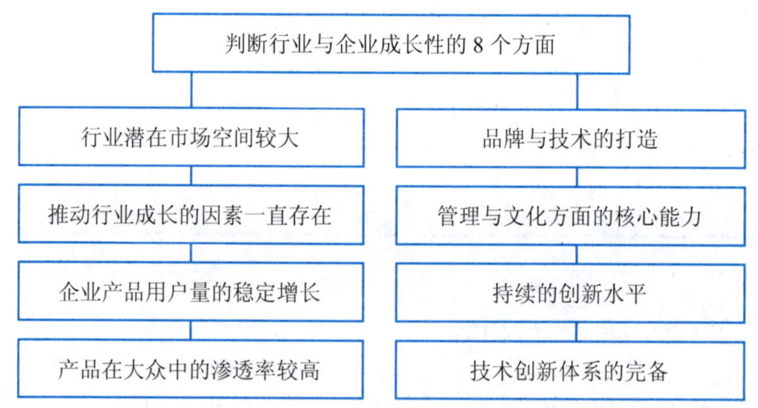

图 5-8　判断行业与企业成长性的 8 个方面

5.2.2　做好准备工作

尽职调查是指投资者与目标创业企业达成初步合作意向之后，投资者对合作企业中所有与项目有关的方面开展深入调研的行为。调查内容集中于对细节的了解，具体内容如图 5-9 所示。

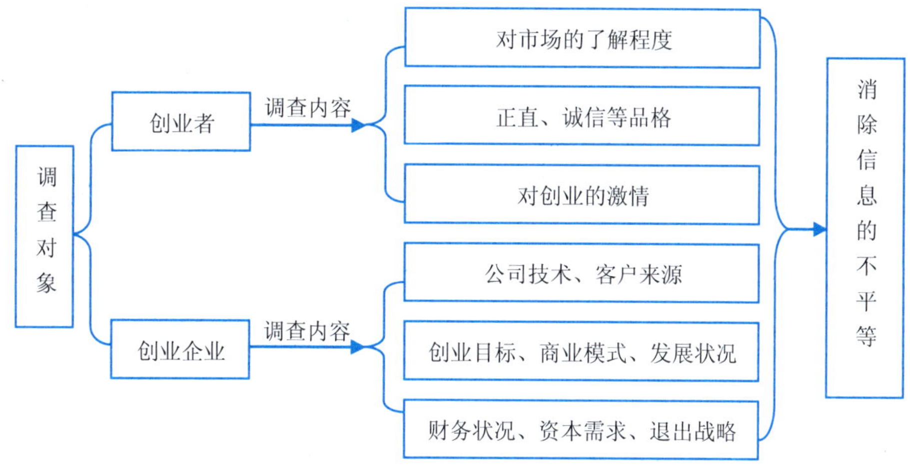

图 5-9　尽职调查中需要调查的方面

尽职调查的任务主要由平台及领投人来完成，由于众筹模式的不同，在开展调查之前，负责调查的人员需要依据不同项目做好充分的准备工作。

调查者可以利用网络搜集项目相关人员或公司的新闻报道、研究报告及专业论文等，通过这些资料提前了解情况，并列出需要进行调查的方面或进行咨询的问题。一般来说，股权众筹公司的页面是一个很好的信息来源，调查者可以在公司页面了解到公司的整体运营状况，也可以通过奖惩措施、企业事件等细节来判断公司运营中是否存在不合理的现象。

图 5-10 所示为在开展尽职调查之前，调查者必须明确的调查目的。

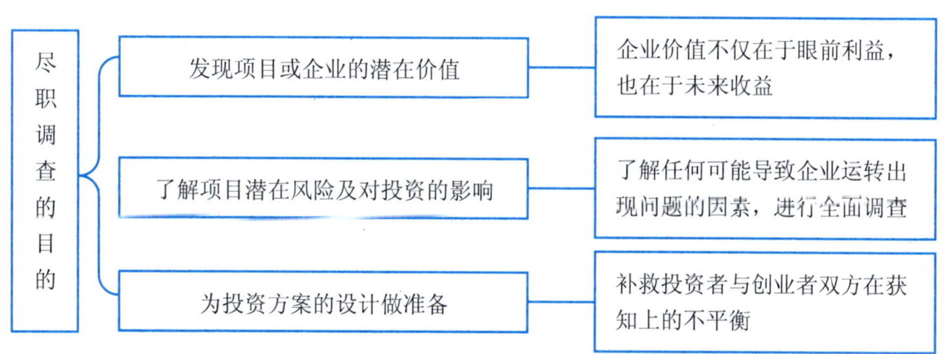

图 5-10　尽职调查的目的

5.2.3 全面调查

全面调查包括互联网的全面调查、意义重大的访谈调查和必不可少的现场调查，下面就以图解形式分析 3 种调查方式的内容。图 5-11 所示为互联网的全面调查方式。

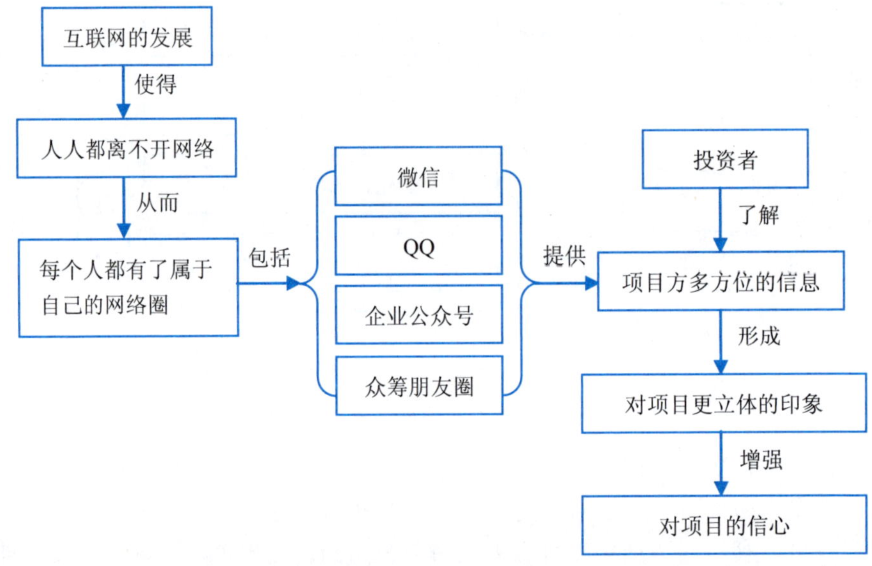

图 5-11 互联网的全面调查方式

图 5-12 所示为意义重大的访谈调查方式。

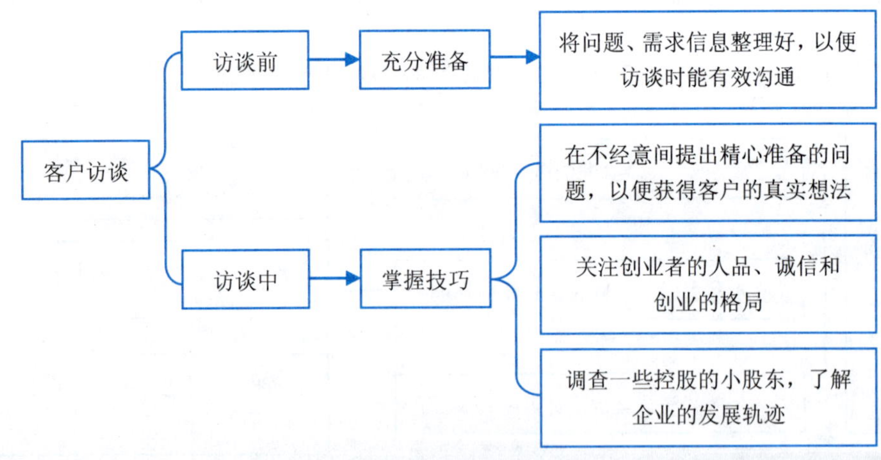

图 5-12 意义重大的访谈调查方式

图 5-13 所示为现场调查的相关内容。调查对象是影响企业成长最关键的要素。

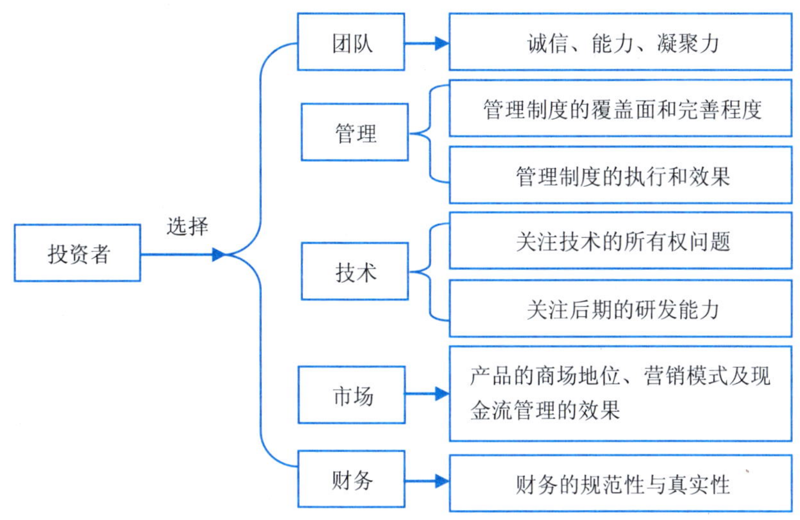

图 5-13 现场调查的相关内容

5.2.4 客户访谈

客户访谈的对象越是地位层次高或有影响力的客户，反馈结果就越有价值。图 5-14 所示为进行客户访谈的意义。

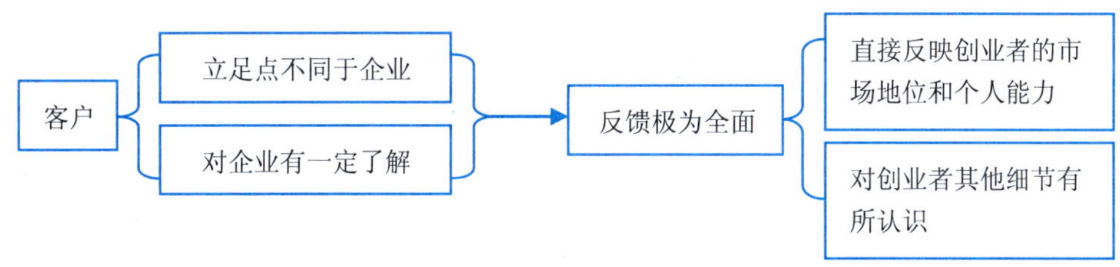

图 5-14 进行客户访谈的意义

5.3 风险把控

承担风险对于股权众筹的参与者来说是必然的，尽职调查也是为了尽可能将风险降到最低，但这并不是唯一的方式。

图 5-15 所示为投资者进行风险把控的预防措施，这些措施能够有效地降低项目的风险程度。

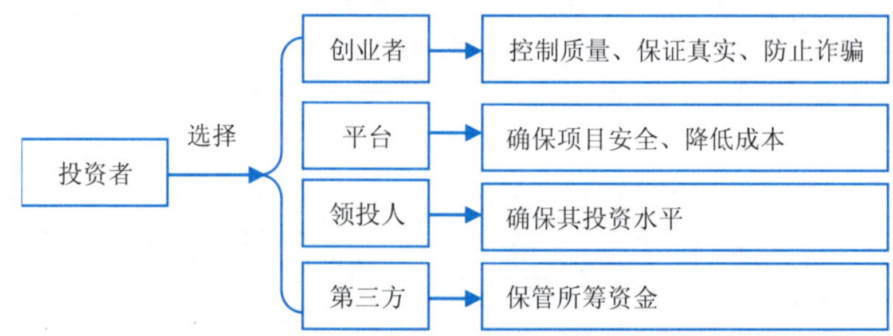

图 5-15　投资者进行风险把控的预防措施

从平台的角度而言，构建一个整体的风险把控体系对于投资者和创业者来说都是基本的保证，在这个风险体系中，平台会对投资者和融资者进行对应的风险设定和后台管理。

因此，平台不仅仅只是一个中介，更是确保项目成功的一把保护伞。

5.3.1　对投资人进行设限

大部分投资者都不是专业的天使投资人，他们只从个人角度去考虑能得到的高收益，而缺乏对风险的认识，这就会导致在项目出现问题时风险指数成倍增加。因此在整体的风险把控上，首先就要对投资人进行设限。

图 5-16 所示为项目对投资人的要求。

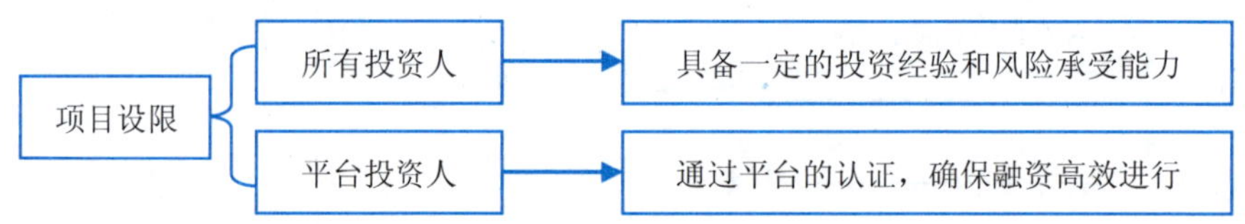

图 5-16　对投资人的要求

众筹在不断地发展过程中也在不断地完善自身，例如，对投资者的保护体制便是众筹发展到一定阶段后顺应发展变化而出现的。

对一段时间内的投资进行最高额度控制，可以使缺少经验和技巧的投资者免遭因盲目投资而带来的重大损失。

5.3.2　“领投与跟投”的定义与要求

在一个项目中，一般出钱最多的是领头者，其余的是跟投者。图 5-17 所示为“领投”与“跟投”的具体定义。

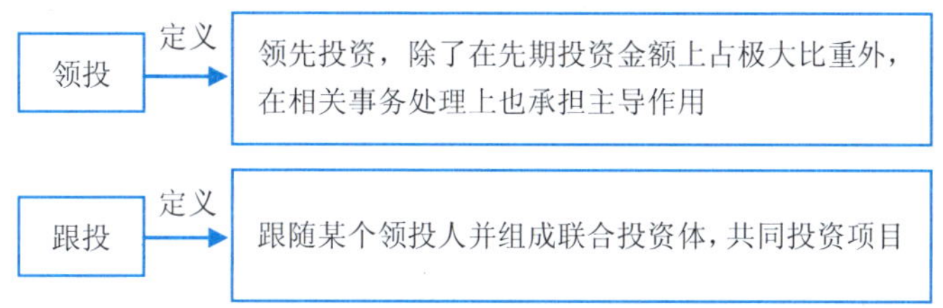

图 5-17　领投与跟投的定义

图 5-18 所示为平台对领头人与跟投人的具体要求。

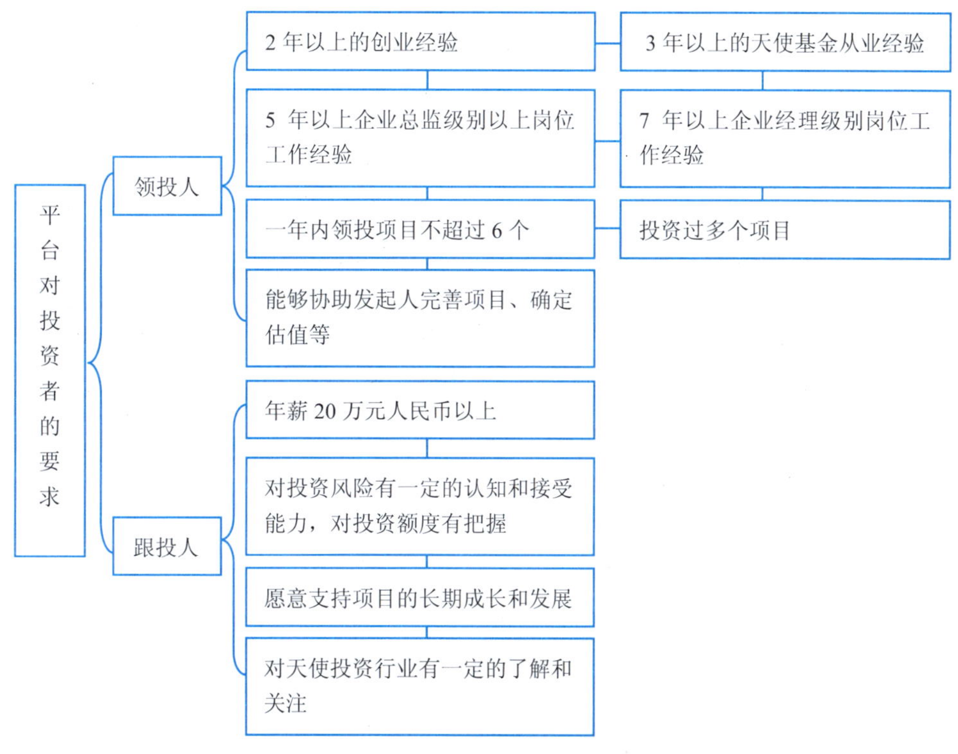

图 5-18　平台对领投人与跟投人的要求

5.3.3　平台信息公开透明

如果在资金活动中存在着双方信息获取不对称的情况，将会给项目后期的开展埋下隐患。众筹平台的出现便是为了弥补信息不对称带来的损失，其在项目运行中承担着信息强制披露的义务，具体来说包括两个方面，如图 5-19 所示。

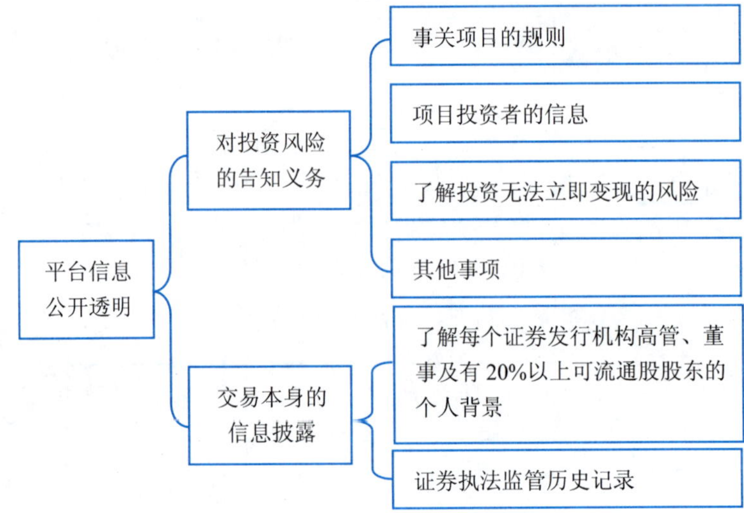

图 5-19　平台对信息披露的两个方面

专家提醒

在各类安全保护下，股权众筹实际上已经是一种群体智慧的体现。若有不法分子企图利用股权众筹来获得资金，那么他所构建的完整的骗局信息结构将达到令人匪夷所思的程度，因为他所欺骗的是整个众筹平台以及代表群体智慧的全体投资者。

第 6 章 融资行业的股权众筹案例

学前提示

在众筹行业，尽管股权众筹因为法律环境的不完善而存在较大的风险，但是从资金的筹集方面而言，股权众筹的影响力是相当广泛的。

本章将从实际的股权众筹案例和股权众筹相关的平台两个方面对股权众筹的相关流程进行详细介绍，其中项目的正式上线是重点内容。

- 融资行业的股权众筹案例
  - 项目相关
  - 项目上线
  - 后期相关

6.1 项目相关

如今，当我们浏览互联网时，会发现有越来越多的企业在股权众筹平台上完成了融资目标。

在这种刺激之下，创业者纷纷涌入这一领域。他们觉得如果拥有一个好的创意，就可以在众筹网站上轻松地获得资金，成功开启自己的创业旅途。

本节将详述股权众筹模式的项目相关，如图 6-1 所示。

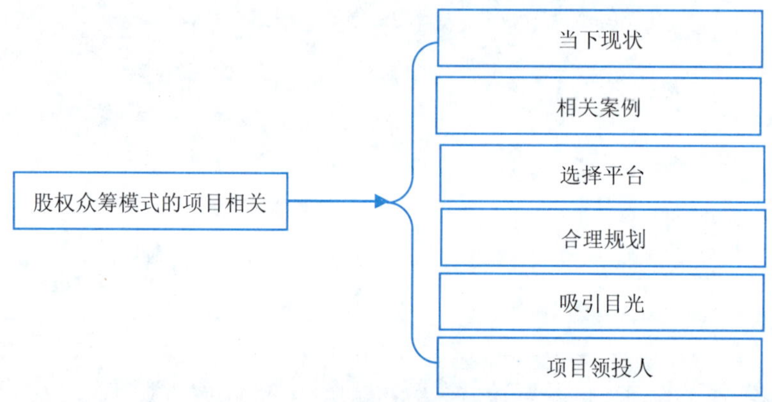

图 6-1 股权众筹模式的项目相关

6.1.1 当下现状

在现实生活中，股权众筹这种融资方式并没有想象的那样简单。虽然有足够多的创业者在众筹网站上获得了资金，但是也有很多的企业没有成功完成融资目标，只是失败者并不被人所知而已。

创业者想要成功完成众筹目标需要做到以下两个方面，如图 6-2 所示。

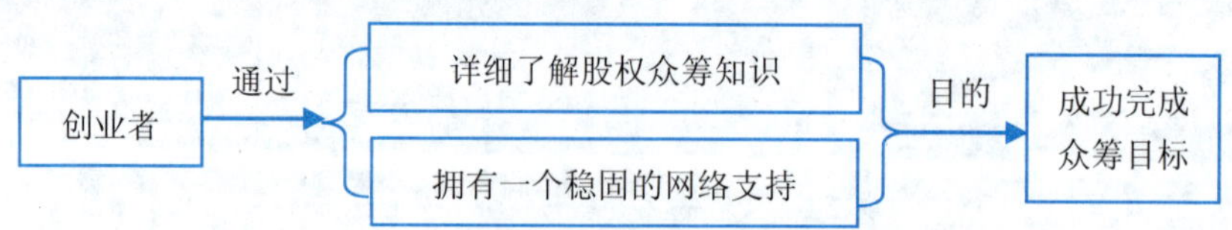

图 6-2 创业者想要成功完成众筹目标需要做到的两个方面

除此之外，在众筹项目的准备阶段，当发起者想通过产品预购获取一笔资金，或者是通过转让股权获得利润时，也会碰到许多意想不到的问题。

6.1.2 相关案例

作为众筹中的主要模式之一，国内外的股权众筹案例相当多，下面主要介绍几个较有影响力的案例。

1. “Wi-Fi 万能钥匙”——77 亿元人民币的融资

“Wi-Fi 万能钥匙”是当下非常受欢迎的软件，在 2015 年 6 月，“Wi-Fi 万能钥匙”选择在筹道股权众筹平台上线，项目上线初期，它以火热的浏览量进入大众的视野，最终以 77 亿元的认购金额取得了众筹的成功。

吸引了如此之多的投资人和民间资本，“Wi-Fi 万能钥匙”的众筹结果出乎所有人的意料。“Wi-Fi 万能钥匙”众筹的成功，说明了中国民间资本在股权众筹模式上潜藏着巨大潜力。

图 6-3 所示为“Wi-Fi 万能钥匙”的众筹海报。

图 6-3 “Wi-Fi 万能钥匙”的众筹海报

2. 《西游记之大圣归来》——股权众筹的回报奇迹

《西游记之大圣归来》在片尾时滚动播放了 100 余位投资者的名字，这些人就是以众筹的模式加入电影团队的。《大圣归来》的众筹合计投入 780 万元，最终获得本息约 4000 万元。

与之前的许多影视类众筹项目相比，《大圣归来》的众筹模式算是相当成功的，因为支持者在真正的意义上就是影视本身的股东，而不只是一个噱头，更不是电影周边。《大圣归来》众筹的成功为影视类的股权众筹提供了一个发展方向。

图 6-4 所示为《大圣归来》的众筹海报。

图 6-4 《大圣归来》的众筹海报

3. “英国的 M1NT 俱乐部”——“股东制”的富豪私人俱乐部

M1NT 的运营模式非常独特，股东不是通过普通的缴纳“会费”加入俱乐部，而是必须作为投资人购买相应的股份才能成为俱乐部的会员，同时投资人也是 M1NT 中的重要顾客。

M1NT 作为成功的股权众筹案例，最重要的是它的“股东制”，图 6-5 所示为“股东制”的特点。

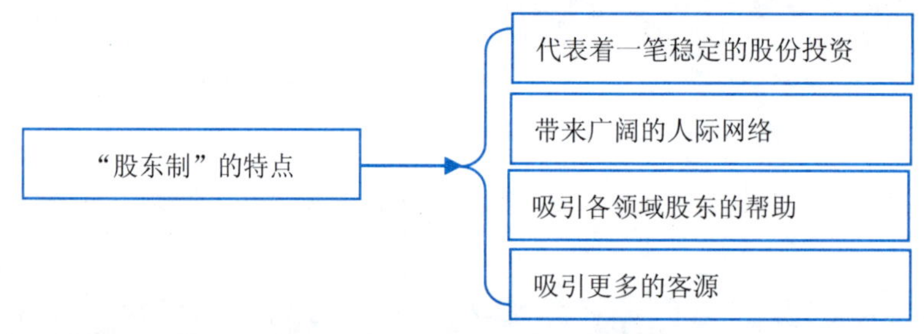

图 6-5 “股东制”的特点

6.1.3 选择平台

平台的选择是非常重要的，每个平台虽然都是以帮助创业者融资为目的，但是它们又各具特色。

图 6-6 所示为淘宝众筹平台。图 6-7 所示为京东众筹平台。

在众筹平台上，有很多投资人，对于创业者来说，找到最合适自己的投资人才是最重要的，错误的选择可能会导致不必要的金钱、时间方面的损失。

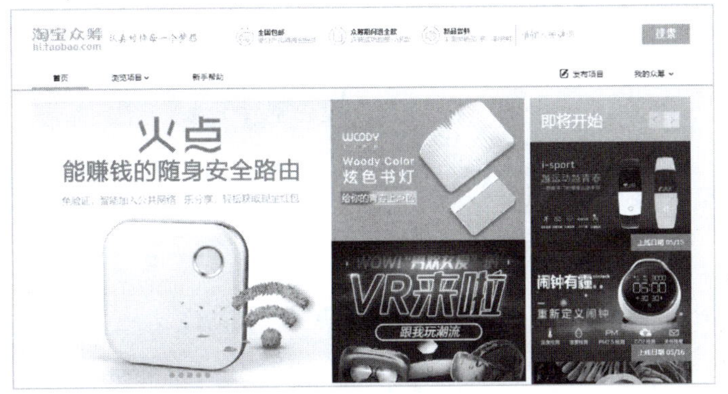

图 6-6　淘宝众筹平台

图 6-7　京东众筹平台

6.1.4　合理规划

创业者们在对众筹进行合理规划的时候，必须要时刻保持理性，这一点是非常重要的。在融资的时候，创业者有 3 个巨大的挑战，如图 6-8 所示。

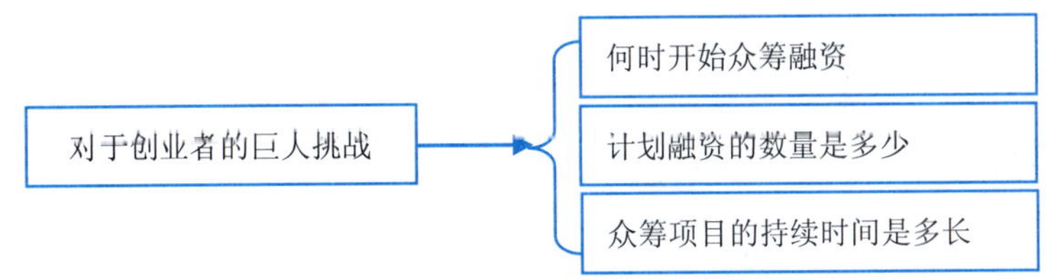

图 6-8　创业者的 3 个巨大挑战

为了提高创业者的融资成功率，创业者不应该把期望都放在网络融资上，做好通过传统的方式进行融资的准备同样也很重要。

6.1.5 吸引目光

对于一个优秀的创意，并不一定会有人投资这个项目。因此，吸引投资者的目光非常重要。

例如，在融资行业的股权众筹案例中，华住集团旗下的汉庭连锁酒店就是通过文字与图片相结合的方式吸引投资者目光的，如图 6-9 所示。

图 6-9　汉庭连锁酒店以图文结合方式吸引投资者的目光

6.1.6 项目领投人

无论是什么投资，都会面临风险。在实际的众筹项目中，领投人是非常重要的。以“大家投”众筹平台上的项目“超级无屏智能电视”为例，图 6-10 所示为其项目的领投人，图 6-11 所示为项目领投人对创业团队的评价。

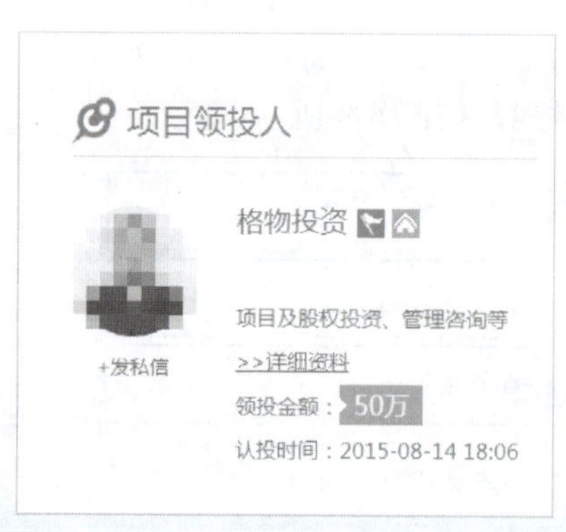

图 6-10　“超级无屏电视”的项目领投人

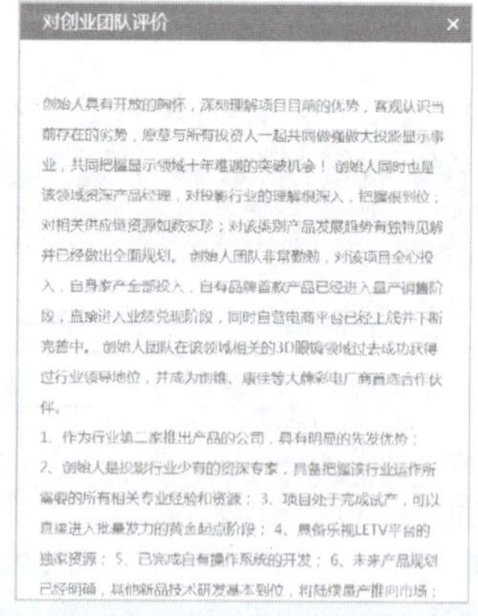

图 6-11　“超级无屏智能电视”项目领投人对创业团队的评价

6.2 项目上线

股权制众筹融资是一种基于互联网渠道进行融资的模式。投资者是通过入股某公司所让出的部分股份来获取收益的。

6.2.1 选择平台

在股权制众筹平台中，相对而言，目前“大家投”平台的股权融资效果更好。本节将以“大家投”众筹平台为例，通过对具体项目的分析来详解使用股权众筹方式融资的具体操作。

首先来了解一下“大家投”平台，“大家投”是由深圳市创国网络科技有限公司创立的，其总部位于深圳。图 6-12 所示为“大家投”的官网首页。

图 6-12 “大家投”官网首页

6.2.2 项目流程

“大家投”最大的优势是完成了天使投资网络平台的创新，对国内的天使投资具有重大贡献。它主要表现在以下几个方面，如图 6-13 所示。

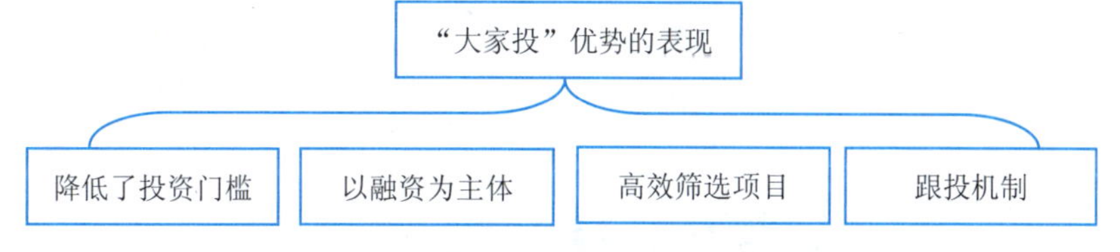

图 6-13 “大家投”优势的表现

在类似“大家投”平台上进行股权众筹项目上线的基本流程，如图 6-14 所示。

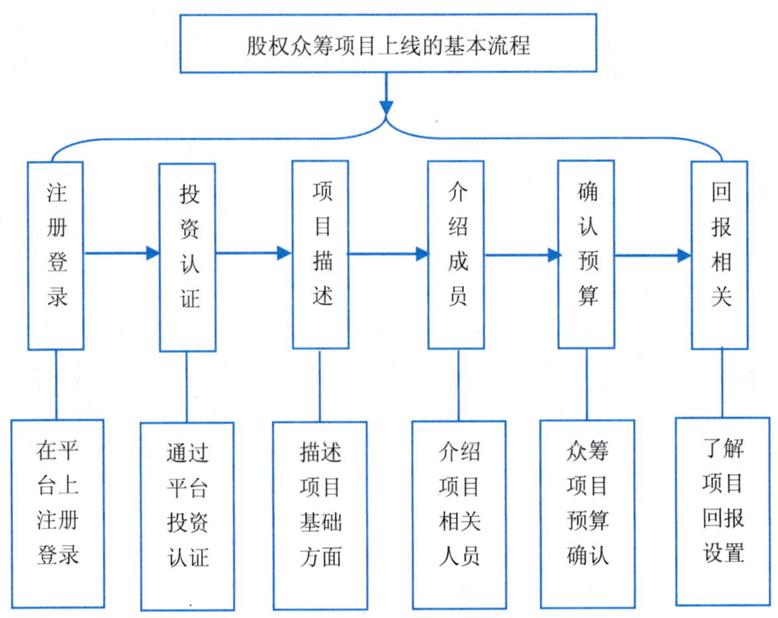

图 6-14　股权众筹项目上线的基本流程

6.2.3　先注册后登录

由于股权类众筹平台涉及股权等复杂的金融问题，因此平台的注册流程相对严谨。首先，打开“大家投”官网，单击右上角的“注册”链接，如图 6-15 所示。

图 6-15　单击“注册”链接

单击“注册”链接后，切换至注册信息填写界面，根据自身的实际情况填写资料，然后单击“立即注册”按钮即可完成注册，如图 6-16 所示。

图 6-16　注册信息填写界面

需要注意的是，在“大家投”平台上，注册分为两种，分别是注册项目方会员和注册天使投资人会员，其中对天使投资人会员的要求较高，在注册时需要对个人资产的相关方面进行确认。

当注册投资人成功时，会出现以下页面，如图 6-17 所示。

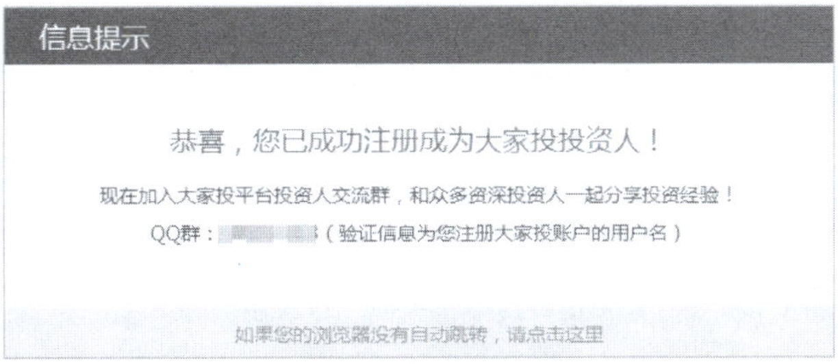

图 6-17　注册投资人成功

当注册项目方成功时，会出现以下画面，如图 6-18 所示。

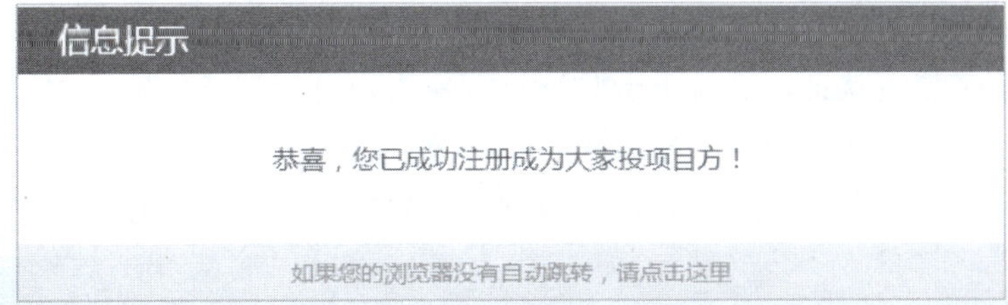

图 6-18　注册项目方成功

注册完成后，要先登录账户，并进入个人中心才能开始发起融资，具体登录账户的方法如图 6-19 所示。

图 6-19　登录账户的方法

如图 6-20 所示，在输入用户名、密码、验证码等资料后，单击“登录”按钮。

图 6-20　账户登录界面

6.2.4　认证通过

用户在股权众筹平台投资或者发起项目之前，必须先完善个人资料，然后通过平台的身份认证或投资认证，经过平台验证、确保用户有投资能力后，才能参与项目。

用户登录后，可在会员中心界面完善个人资料，如图 6-21 所示。

完善资料后，切换到“身份认证”界面进行身份验证，如图 6-22 所示。

您还未完善个人资料，暂不能创建项目！

基本资料　身份认证

* 用户名：WEME

* 邮箱：　请输入邮箱

个人说明：　输入正确

如果昵称不是真实姓名，个人说明建议采用公司|职务|真实姓名

* 真实姓名：　输入正确

* 身份证号：　输入正确

* 个人住址：长沙市开福区　输入正确

微信号：　输入正确

* 手机号码：　输入正确

保存

图 6-21　用户完善个人资料

图 6 22　用户进行身份认证

6.2.5　描述项目概况

用户在股权众筹平台进行融资筹资，实际上可以认为是发行了股票。用户在“大家投”发起融资众筹项目的大致方式如下。

在登录“大家投”主页后，进入会员中心，单击“项目资料编辑”按钮，位置如图 6-23 所示。

图 6-23 单击“项目资料编辑”按钮

完成填写项目的基本资料，如图 6-24 所示。

图 6-24 填写项目的基本资料

股权制众筹要比奖励制众筹更加商业化，投资者主要是考虑发起者的项目是否有前景、能不能盈利。

因此，发起项目的侧重点不能像奖励制众筹那样仅仅是为了实现自己的梦想，而

是应该更多地为投资人考虑，从理性的角度打动投资人。

商业计划书是提交项目过程中需要完成的重要一环，其内容包括以下 8 个方面，如图 6-25 所示。

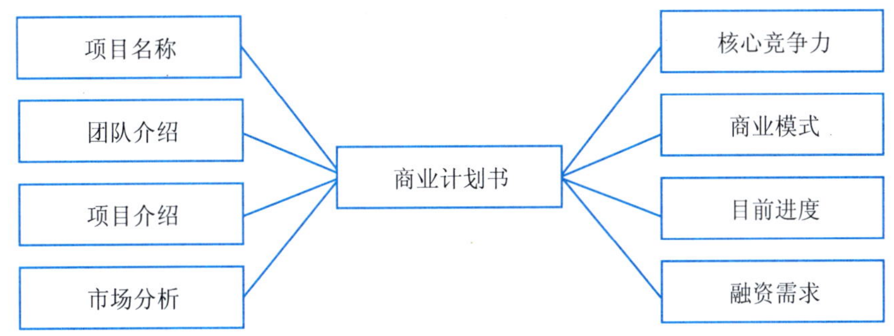

图 6-25 商业计划书包含的 8 个方面

项目中的融资信息主要是发起者需要的资金，以及能够提供给投资人的股份等。通常来讲，融资信息会包括以下 4 个方面，如图 6-26 所示。

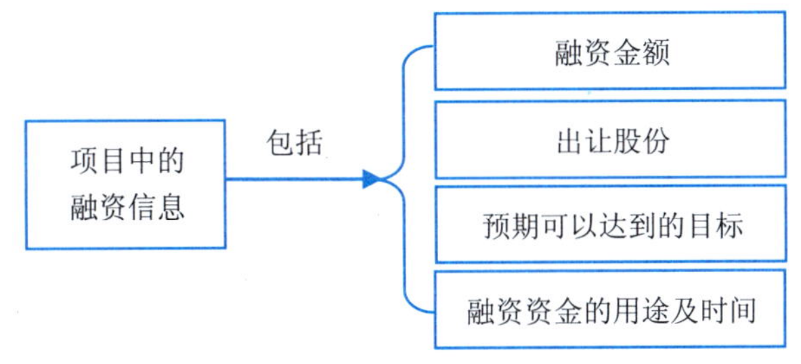

图 6-26 融资信息包括的内容

融资金额，可以根据一段时间内的资金需求计算得出。出让股份也能根据股份比例计算出估值。

6.2.6 团队成员介绍

在项目中对团队成员的介绍就像是给团队成员写简历，应注意以下 8 点，如图 6-27 所示。

以“大家投”平台上的项目“超级无屏智能电视”为例。图 6-28 所示为项目中的股东团队介绍。

图 6-29 所示为对股东团队个人的详细介绍。

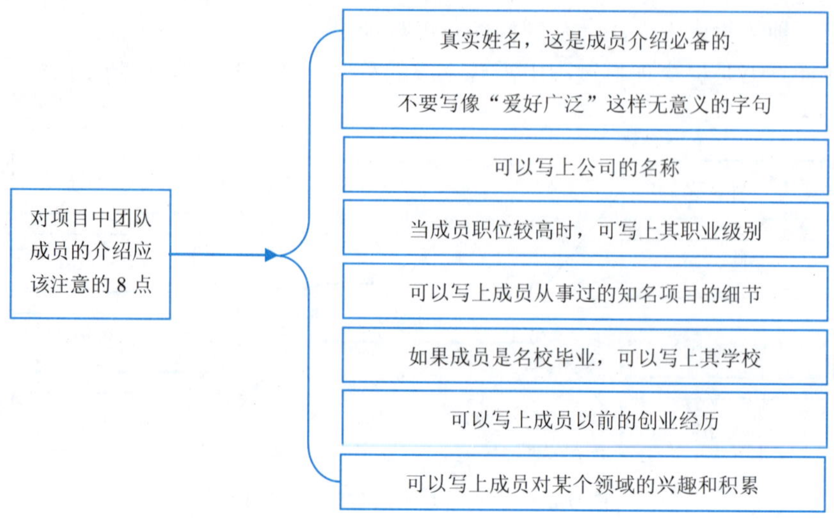

图 6-27　对项目中团队成员的介绍应该注意的 8 点

1 股东团队说明

姓名	职务	所占股份	是否全职	实际出资金额(万元人民币)	与其他股东历史关系描述
[illegible]	采购经理	10%	是	5	合作伙伴
[illegible]	总经理	18%	是	50	合作伙伴
[illegible]	董事长	72%	是	550	从业务往来到合伙

图 6-28　对项目中股东团队的介绍

股东成员[illegible]简介：

性别 男　年龄：33岁 学历　大学专科　　所学专业 信息技术与网络工程

主要经历和业绩：

2003年-2005年 任职于东莞金河田实业联实数码事业部 产品部经理，主要负责PC外设及数码产品开发及部门管理。

2005-2009年任职于深圳天鹏盛科技有限公司 PM部门经理。

2013年-至今 由于业务方面需要，收购深圳市纳德科技有限公司，为康佳创维相关供应商提供3D眼镜，WIFI，路由器产品方案的成品及半成品；所涉产品供应量占康佳创维3D眼镜90%份额WIFI模组60%份额

2010年-2014年收购 深圳市科中龙光电科技有限公司，为康佳，创维，联想供应3D眼镜及WIFI，路由器成品，最大供应商占康佳60%相关产品的采购量，创维30%相关产品采购量。

主要经历和业绩：

自2013年起组建智能投影PC研发团队，从产品硬件及软件都具有专业竞争实力的团队成员，团队中有TI，IC原厂技术人员，Mstar研发人员及同行业软件，硬件，结构设计，光学设计资深知名人士，研发团队成员均在投影行业5-10年工作经验。

2013年成功研发完成使用安卓系统的投影仪原型产品，同年底将完善的样机交付客户进行评审并通过，2014年从客户确认规格至量产解决和攻克了各个技术问题并完成ODM 订单交付

该股东作为公司的领头人，对技术研发、市场运作、团队管理及组件有很深的造诣。

图 6-29　对股东团队中个人的详细介绍

图 6-30 所示为对项目非股东管理团队的介绍。

2 非股东管理团队

姓名	职务	是否全职	入职时间	与创始团队成员历史关系
[illegible]	工程主管	是	2014年5月	无
[illegible]	软件工程师	是	2014年7月	无
[illegible]	硬件经理	是	2014年9月	合作关系
[illegible]	CMO	是	2013年6月	联合创始人

非股东成员[illegible]简介：

性别 男 年龄 27岁 学历 专科

2010年-2013年任职于深圳火乐科技工程部经理 主要负责产品工艺、维修等部门管理工作

该员工有5年相关产品的工程分析维护经验，是我公司专门引进的专业人才之一。精通产品的维修和测试流程，有极高的动手能力。主要为公司产品批量化提供生产管理及售后维护保障。

非股东成员[illegible]简介：

性别：男 年龄 35岁，电子信息工程专业，

2005年-2008年 任职于深圳鼎科实业有限公司 主要负责电视TV解码板的软件开发工作

图 6-30　对项目非股东管理团队的介绍

6.2.7　确认预算

在项目预算的计算汇总过程中关于公司的成长数据应该是团队真实的数据，包括以下两个方面，如图 6-31 所示。

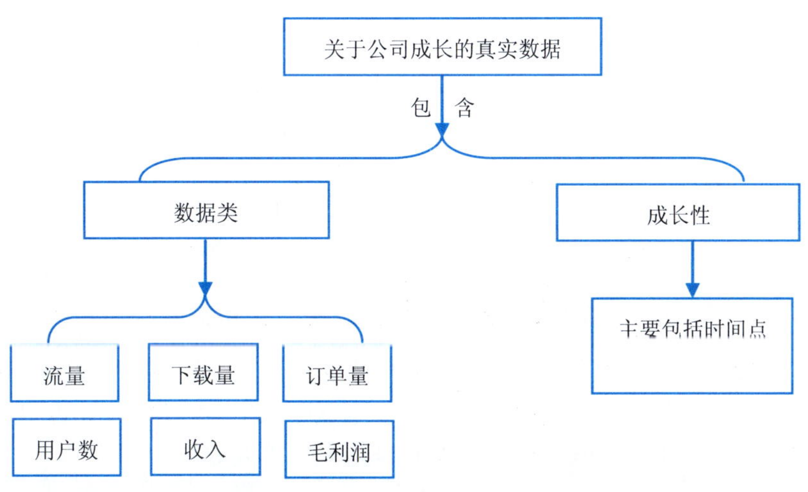

图 6-31　关于公司成长的真实数据

具体的项目预算内容如图 6-32 所示。

5、阶段收入：

收入类别	收入金额￥	备注
主营业收入	800,000	浙江天乐等其他客户订单，主要是公司原3D眼镜业务收入
主营业收入	3,800,000	江苏亿成科技 ODM项目销售收入，主要是公司原3D眼镜业务收入
合计	4,600,000	

6、阶段开支：

费用类别	开支金额￥	备注
无屏电视项目开支	3,000,000	超级无屏电视项目研发费用及人员工资
公司日常开支	800,000	ODM客户攻关，渠道推广，房租水电及办公用品
其他项目物料	3,200,000	过往3D相关项目此阶段订单物料
合计	7,000,000	

5、阶段收入：

收入类别	收入金额￥	备注
主营业务收入	2,200,000	连云港伍江数码 (SONIQ)ODM项目销售收入
非主营业务收入	100,000	公司原3D眼镜业务收入，已经进行压缩，后期主要供公司自有产品配套
合计	2,300,000	

6、阶段开支：

费用类别	开支金额￥	备注
无屏电视项目开支	540,000	超级无屏电视项目研发费用及人员工资
公司日常开支	210,000	ODM客户攻关，渠道推广，房租水电及办公用品
无屏电视订单设备及物料	2,000,000	超级无屏电视项目设备及物料购买
合计	2,750,000	

累计盈亏：（累计盈亏未计算筹备开支/ 单位：元）

累计收入 ￥	累计开支 ￥	累计盈亏 ￥
190,000,000	113,700,000	76,300,000

图 6-32　具体项目预算内容

6.2.8　了解回报

股权众筹项目的回报相关与其他的众筹模式完全不同，以“大家投”平台的项目为例，股权众筹项目的回报主要分为以下 4 个方面，如图 6-33 所示。

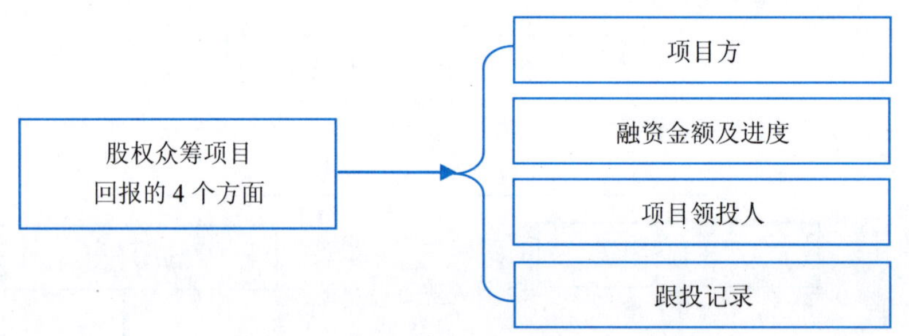

图 6-33　股权众筹项目回报的 4 个方面

图 6-34 所示为股权众筹项目回报的具体内容。在图中，项目的投资方式已经表达得十分明确，起投金额为 5 万元，一次性全额到账。融资金额 189 万元，项目估值为 623 万元，这些数据对于投资人而言是十分重要的。

图 6-34　股权众筹项目回报的具体内容

6.3　后期相关

在领投人的尽职调查结束之后，股权众筹项目的后期相关主要分为以下两个方面，如图 6-35 所示。

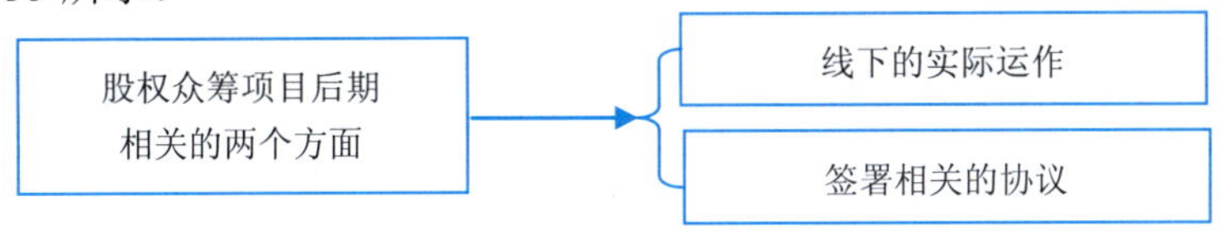

图 6-35　股权众筹项目后期相关的两个方面

在这个过程中，支持者要对相关的法律条款有所了解，防止非法集资或被虚假的公司信息所影响。

1. 法律条款

为了保证本次入资行为合法有效，为了使本交易更公平地保护创业者和投资人，项目发起者需要签订一系列的法律条款，这些法律条款意义重大，如图 6-36 所示。

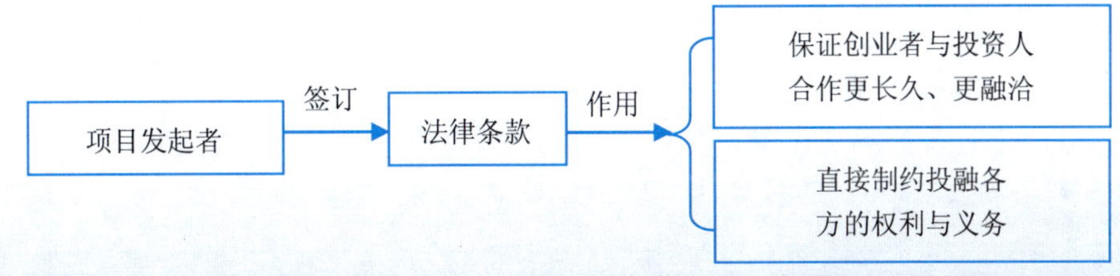

图 6-36　项目发起者签订法律条款的作用

2. 后期服务

在后期的服务中，项目动态的更新是一个主要的方面，如图 6-37 所示。

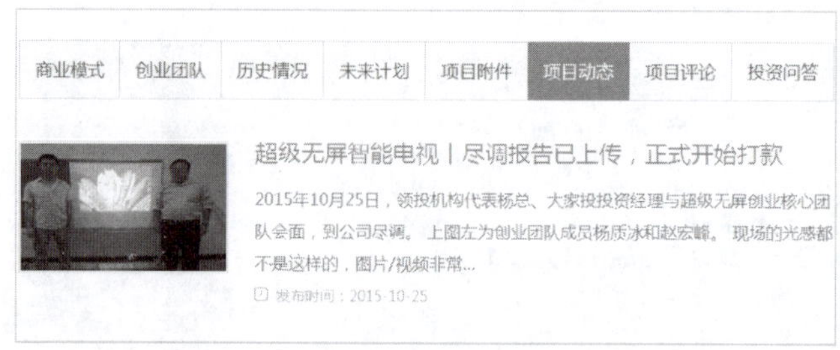

图 6-37　后期服务中项目动态的更新

投资人更希望看到一个“活生生”的项目，例如，发起方可以通过一些投资问答活动提升项目的新鲜度，如图 6-38 所示。

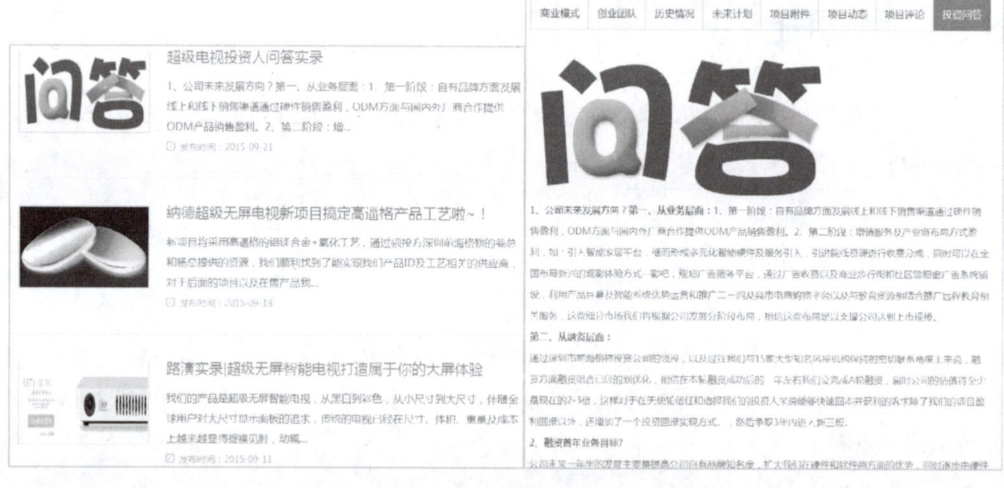

图 6-38　发起方发起的投资问答活动

第 7 章

募捐众筹模式：基于公益和慈善的筹资

学前提示

募捐众筹在国内的发展十分迅速，这种众筹模式能够帮助非营利机构获得捐款，并让那些遭遇不幸的大众得到最基本的生活保障和物质援助。

不少募捐众筹平台上不仅有短期的众筹项目，而且会保留一些长期众筹项目。通过对本章的学习，读者将对募捐众筹模式有一个全面、系统的了解。

募捐众筹模式：基于公益和慈善的筹资

- 项目的合适领域
- 项目包装
- 注意事项
- 成功要素

7.1 项目的合适领域

现代互联网将全世界连成了一个“地球村”，无论处于哪个角落的人们遇到了不幸，各类慈善机构都能通过不同的募捐式众筹平台为这些人众筹资金，提供援助，无须考虑空间的限制。

如今，募捐式众筹在美国运用得非常广泛，尤其是慈善众筹类机构利用这一模式不断扩大机构影响力，越来越受到人们的广泛关注。

募捐式众筹在国内也得到了蓬勃发展，从国家层面来说，对这类众筹平台给予政策上的扶持，有利于快速且有效地为遭遇不幸的人募集资金。

在现代互联网时代，利用网络进行募捐众筹的优势主要集中在两个方面，如图 7-1 所示。

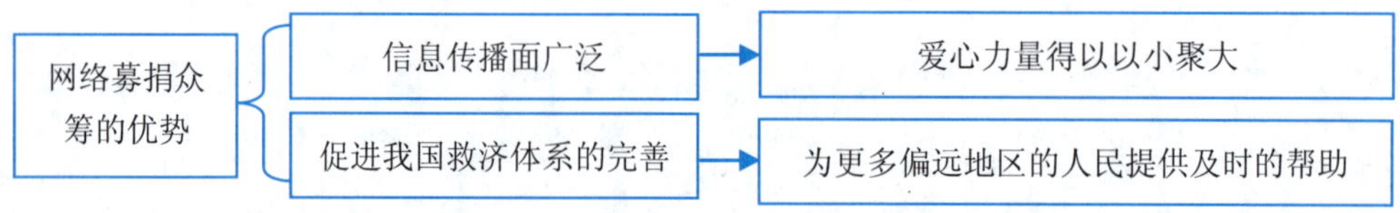

图 7-1 利用网络进行募捐众筹的优势

募捐式众筹的适用领域十分广泛，在国外以公益慈善和政治筹资为主，但辐射于各行各业；在国内，募捐众筹目前集中于公益领域，特别是针对突发性灾难迅速做出回应。比如，2015 年 8 月 12 日天津滨海新区发生爆炸事故后，社会各界纷纷伸出援手，如图 7-2 所示，为众筹平台为消防战士发起众筹项目。

图 7-2 众筹平台为消防战士发起众筹项目

7.1.1 公益行业

传统的爱心帮扶募捐发起人一般都为特定的公益机构或团队，如果以个人名义拎着募捐箱去进行街头募捐，而事先未获得民政部门和慈善部门的批准，则属于非法募捐。

因此，在传统模式下，个人或团队若没有经由相关部门许可，想要发起正规募捐几乎是无法实现的；而在互联网时代，募捐式众筹却能在公益事业领域得到快速发展，是因为这种模式能不受时间、地点、发起者的限制，可以最大限度地实现爱心汇聚，这也正是募捐众筹的立足点所在。

·专家提醒

民政部门于2008年4月发布的《救灾捐赠管理办法》明确规定：县级以上人民政府民政部门接受救灾捐赠款物，根据工作需要可指定社会捐助接收机构、具有救灾宗旨的公益性民间组织实施。

公益众筹在综合性众筹平台中是非常重要的组成部分，如图7-3所示，为众筹网中醒目的公益众筹板块。

图7-3 众筹网中醒目的公益众筹板块

公益众筹是公益慈善领域的新兴事物，与传统筹资模式相比，具有独一无二的特色，如图7-4所示。

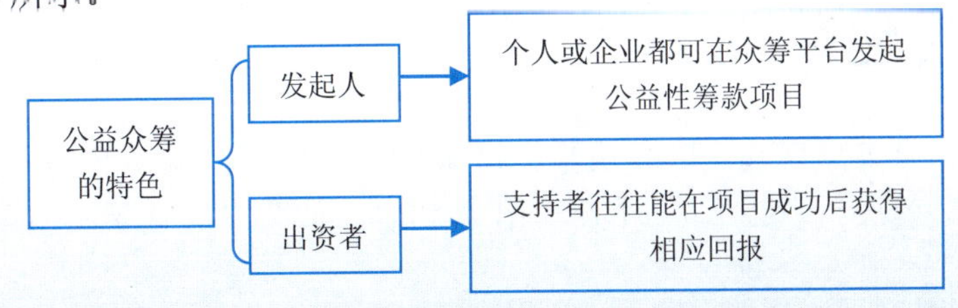

图7-4 公益众筹具有的独一无二的特色

7.1.2 政治筹资

在国外，每逢总统大选之时，往往都是政治筹资发挥最大作用的时候。以美国 2008 年的总统选举为例，奥巴马所属的民主党向来不被大企业家所支持，在 2008 年也不例外，其筹资能力弱于共和党。

但也是在这一年，以 Facebook 为代表的社交媒体开始崛起，互联网的广泛传播性为民众提供了在网络上表达个人观点的广阔空间，选民不仅在社交平台上充分表达对奥巴马的支持，而且参与竞选筹款的活动。据统计，当时奥巴马的支持者有 320 万人左右，而有 80%以上的资金来源于网络，海量的小额捐款以聚沙成塔之势帮助奥巴马最终入主白宫。

正是因为美国的各类众筹平台发展迅猛，因此 2016 年的美国总统大选将是一场规模更加巨大的政治筹资类众筹博弈。

7.1.3 其他行业

在实际生活中，募捐式众筹并不局限于在社会事件中发挥作用，如图 7-5 所示，为募捐众筹在其他行业中的应用。

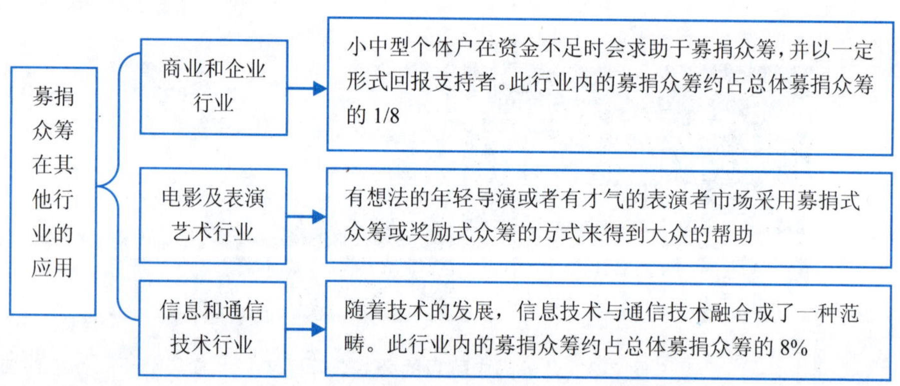

图 7-5 募捐众筹在其他行业中的应用

7.2 项目包装

一般而言，众筹项目都是以成功募集到预期资金为目标的。为了实现这一目标，对项目进行包装就成为了必不可少的一项工作内容。如图 7-6 所示，为项目包装需要注意的方面。

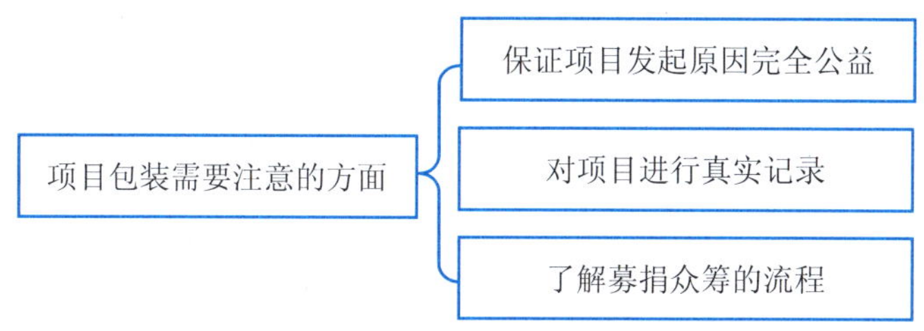

图 7-6　项目包装需要注意的方面

7.2.1　感人至深的图片、视频

要得到网络上素昧平生的网友的支持和善款，就需要有感人至深的图片、视频给网友带来视觉冲击。如图 7-7 所示，为图片、视频在引导网友参与众筹中发挥的作用。

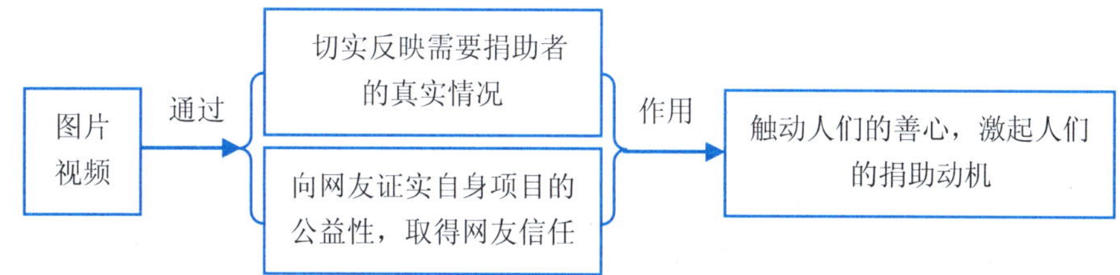

图 7-7　图片、视频在引导网友参与众筹中发挥的作用

7.2.2　暖心的文字、细节

除了感人至深的图片、视频，暖心的文字与细节也是促进项目成功的必要因素。如图 7-8 所示，为"万人众筹，重建中国最美古村落"的项目宣传板块。

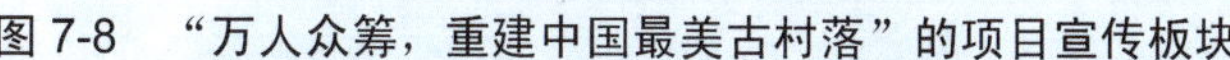

图 7-8　"万人众筹，重建中国最美古村落"的项目宣传板块

这一项目不仅标题突出，而且项目介绍中的文字也带给人最直接的感动，在排版方面也非常用心，以图文并列的方式来突出用意，从而吸引网友眼球。这一项目的预期目标是 5 万元，最终筹集到的资金高达 60 万，这与文字、细节方面的得当处理是分不开的。

如图 7-9 所示，为公益众筹项目在文字和细节方面应达到的效果。

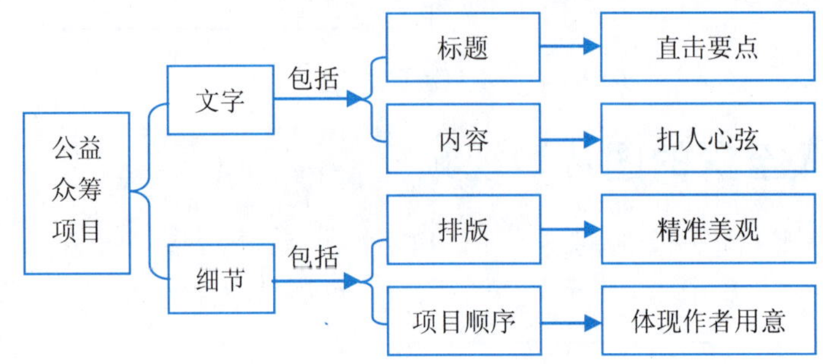

图 7-9　公益众筹项目在文字和细节方面应达到的效果

7.2.3　充满意义的回馈

尽管公益众筹的支持者一般都不会过于看重回报，但如果一个项目的回报十分具有意义并且与众不同，那么在同等情况下，该项目的支持者一定会比其他项目多，项目的成功率也就会相应增大。

回报设置是推广项目的辅助手段之一，如果发起人在设置回报时能够多学习其他人的回报设置，再博采众长，做到与众不同，将会有意想不到的收获。如图 7-10 所示，回报设置是手绘明信片。

图 7-10　手绘明信片作为项目的回报设置

7.2.4 各种回馈方式的特色

如图 7-11 所示，是以众筹网项目《微光计划走进藏区 让孤儿们都有一个属于自己的床位》的回报设置为例，以图解形式分析的各种回馈方式的特色。

无私支持	感谢您的无私奉献，这份捐赠将助我们的梦想飞得更高更远
5 元	1. 【微光·暖阳】公众平台定期推送资金使用情况和支教生活 2. 宣传视频、捐助名单中将有支持者的名字
10 元	1. “5 元”所有回馈 2. 电子感谢证明一封+项目总结书一封
50 元	1. “10 元”所有回馈 2. 化旦尖措孤儿小学生活明信片一张
100 元	1. “50 元”所有回馈 2. 清华学生高中学习笔记任选一科
500 元	1. “100 元”所有回馈 2. 清华学生高中学习笔记任选两科
1000 元	1. “5 元”所有回馈 2. 纸质捐助证书+项目总结书一封 3. 化旦尖措孤儿小学生活明信片一套 4. 清华学生高中学习笔记理科或文科全套
2000 元	1. “5 元”所有回馈 2. 纸质捐助证书+项目总结书一封 3. 化旦尖措孤儿小学生活明信片一套 4. 清华学生高中学习笔记九科全套
5000 元	1. “2000 元”所有回馈 2. 自制甘南支教生活特色影集一套

图 7-11 各种回馈方式的特色

·专家提醒

回报档次的设置要从项目本身潜在支持者的经济水平来考虑。公益众筹一般都有设定 1000 元甚至 1 万元以上的回报档次，这有益于可能存在的高额资助者的支持，同时也是募捐众筹自身的一个特点。

7.3 注意事项

募捐式众筹作为一种不同于以往的网络众筹的方式，在项目运作时需要注意的方面将直接影响项目最后的成败。如图 7-12 所示，为募捐式众筹的注意事项。

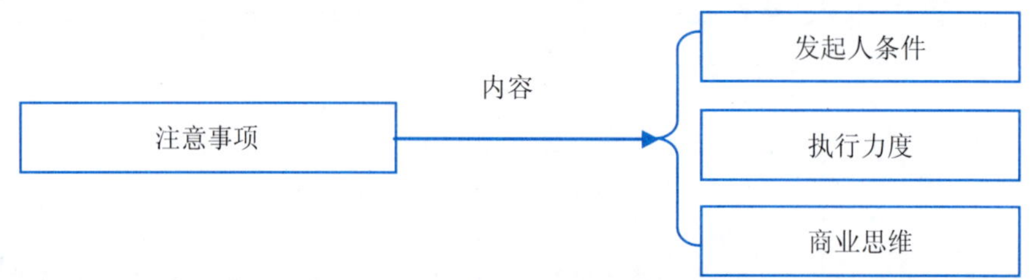

图 7-12　募捐式众筹的注意事项

7.3.1 发起人条件

目前，公益众筹并没有被公众完全接受，不同的项目发起人带来的效果是截然不同的。一般而言，草根团队或个人发起的公益项目，远不及明星发起或参与同样的公益项目的影响力。如图 7-13 所示，为众筹网公益十大经典案例之一“大爱清尘”计划项目。

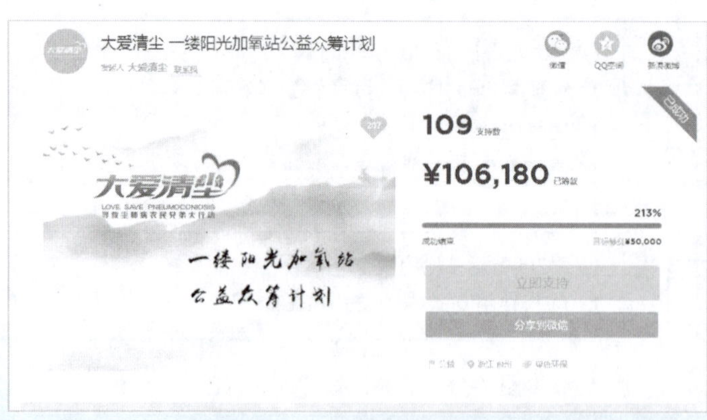

图 7-13　“大爱清尘”项目

“大爱清尘”这个项目在30天的时间内筹得资金106180元，虽然项目在网络上引起了广泛关注，得到网友大力支持，但能取得这样的成果与明星的参与是分不开的。著名演员陈某在了解到这一项目后，委托东申童画公司捐助10万元整，并在自己的微博上对项目进行了宣传，在公众人物的带动和号召下，这一项目得到了更广泛的关注和认可。

试想，如果除陈某捐助的10万元，该项目仅筹得6180元，与目标资金5万元相去甚远。从这一案例我们可以看出，众筹项目发起人自身所具备的条件对项目的成功有着极为重要的影响。

如图7-14所示，为项目发起人应具备的条件。

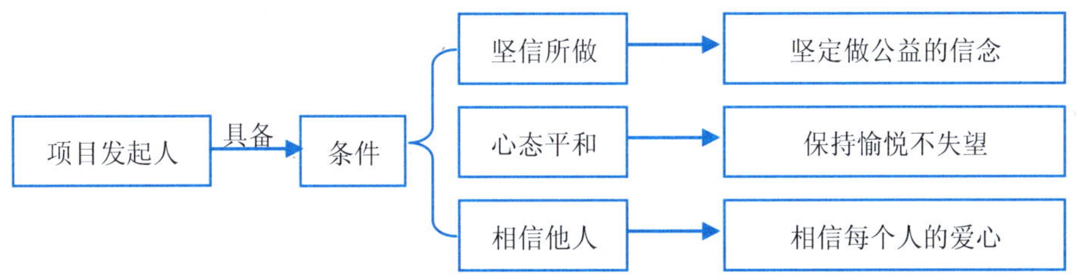

图7-14　项目发起人应具备的条件

7.3.2　执行力度

对每一个发起公益众筹项目的个人或团队来说，实际执行是整个项目中最难的部分。如图7-15所示，为以淘宝网有求必应平台“你好，老兵！”众筹项目为例所分析的项目的执行力度。

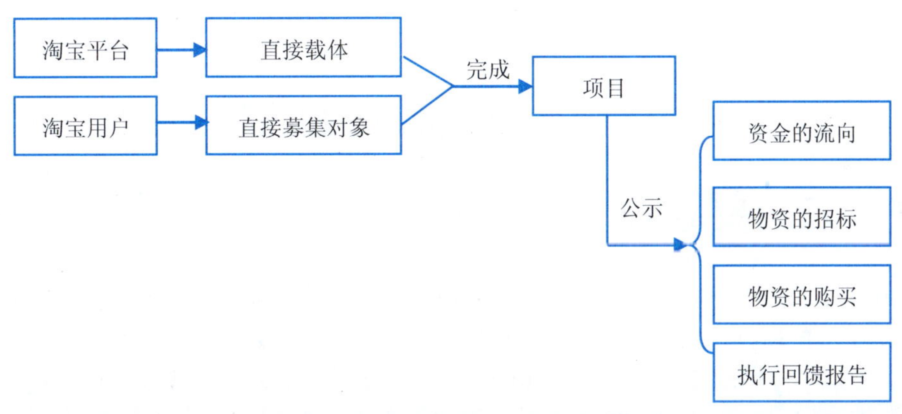

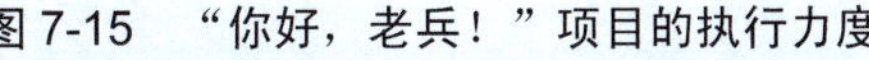

图7-15　“你好，老兵！”项目的执行力度

在这一项目中，所有流程都是在线上完成的，每一个步骤、每一个细节都能够得到网友的监督，并且所有的执行回馈都会通过阿里旺旺通知到每一位捐赠者，可以说这样透明化、公开化并且参与度最广的项目在网络公益众筹中是极为成功的。

7.3.3 商业思维

每一种众筹模式都具有自身的特点，如表 7-1 所示，为公益众筹与奖励众筹的两个不同点。

表 7-1 公益众筹与奖励众筹的不同点

模式＼不同点	目　的	回报设置
奖励式众筹	发起者为了获得直接的经济支持	具有一定商业价值的产品
募捐式众筹	汇集公益力量，切实解决存在的社会问题	有些项目会设置回报，其意义主要在于纪念

尽管公益众筹与奖励众筹存在着明显区别，但它作为一种面向大众的众筹方式，同样需要项目的发起者具备一定的商业思维。如图 7-16 所示，为公益众筹运用商业思维来吸引公众。

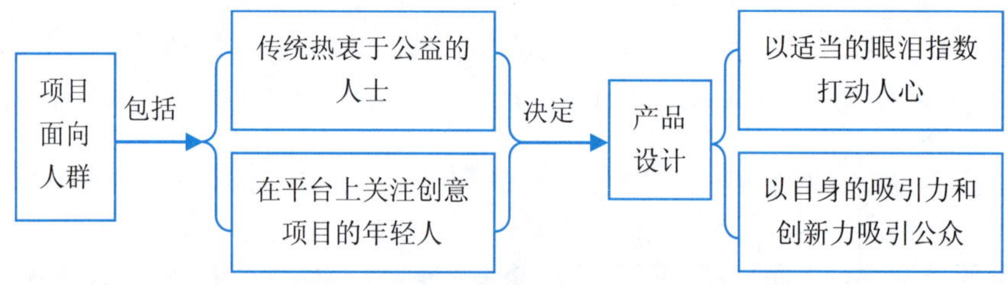

图 7-16 公益众筹运用商业思维来吸引公众

7.4 成功要素

2014 年《中国公益众筹研究报告》的数据显示：在已成功的 164 个公益众筹项目中，有 95%的项目是来自于综合类众筹平台的，比如，众筹网、淘宝网等。而在专业的公益众筹平台中，发起的项目共 40 个，已成功的只有 8 个，成功项目募集金额为 7.8 万元。公益众筹项目要取得成功，需要具备以下要素，如图 7-17 所示。

图 7-17　公益众筹项目的成功要素

7.4.1　事件真实性

募捐式众筹必须运用商业思维来运行，这就决定了众筹的整个过程在一定程度上属于商业模式。既然是商业行为，就必须确保事件的真实性，否则就是欺骗消费者。

在事件真实的前提下，发起者为了完成公益项目，必须主动向他人提出筹集资金的请求。因为如果不主动向他人募集资金，他人很少会主动捐助。一是由于他们不了解这个公益项目，二是他们认为发起者已经筹集到了资金。

7.4.2　资金透明性

如图 7-18 所示，为资金透明化在项目运行中的作用。

图 7-18　资金透明化在项目运行中的作用

有人在网络上发起了一项关于“众筹项目的哪个环节最重要”的调查，近 70%的网友认为项目的监督机制和项目执行的透明化是最重要的，如表 7-2 所示。

表 7-2　网友对各项目环节的关注度

项目环节	关注度/%
项目的监督机制以及项目执行的透明化	68.8
项目的创意	18.8
给予支持者的回报	8.9
其他	3.6

公众模式虽然降低了大众参与公益的门槛，为许多初级草根团队提供了平台，但同时对公益组织和项目的信息披露也提出了更高的要求，只有比传统公益模式更加透明化，才能得到大众的认可。

如图 7-19 所示，为项目资金流向透明化的意义。

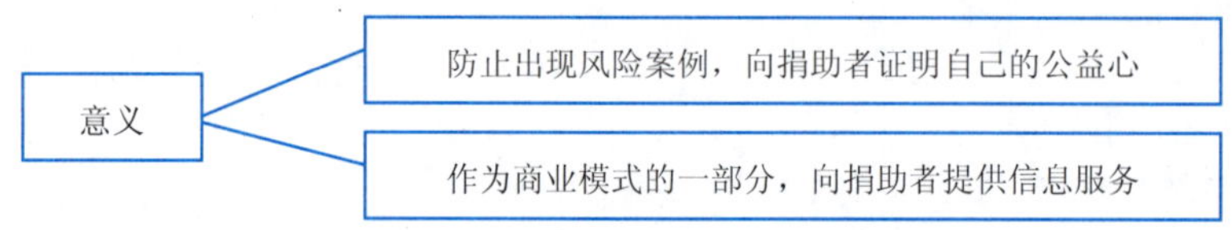

图 7-19　资金流向透明化的意义

7.4.3　策划精准性

如果一个公益项目前期有精准的项目策划，在后期执行过程中将会更加高效便捷，也更容易得到大众的认可。

要对项目定位精准，就要了解与众筹相关的大众调查数据。如表 7-3 所示，为截至 2015 年 9 月《公益时报》携手新浪公益推出的公益众筹相关“益调查”的结果。

表 7-3　大众对公益众筹的态度

你会成为公益“众筹”的支持者吗？	投票率/%
模式新颖，愿意支持	58.0
如果项目有创意，可以支持	33.0
和传统方式差别不大，且比较欠缺保障，不愿意支持	8.9

由表中信息我们可以得知：如果一个公益项目策划精准，并且新颖独特，同时又能够保证资金流向透明的话，其大众支持率将在 80%以上。公益项目的创新往往是难点，如果能够在创新方面有所突破，制订出精准的策划，势必会增加项目的成功率。

7.4.4　充满魅力性

无论是国内还是国外，一些影响力较大的公益项目本身就是富有魅力的，如图 7-20 所示，为颇受欢迎的公益项目案例。

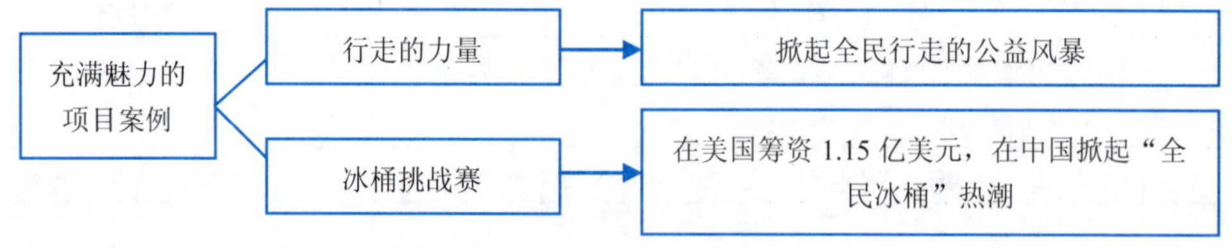

图 7-20　颇受欢迎的公益项目案例

“行走的力量”是由著名演员陈某发起的心灵建设类公益项目，该项目旨在通过号召人们通过最本能的行走，让人们在行走中沉淀自我，与心灵对话，获取正面的内心能量，并将这种正能量传播给他人。

如图 7-21 所示，为正在途中的行走者们。

图 7-21　正在途中的行走者们

而“冰桶挑战赛”最初发起于国外，旨在让更多的人知道“渐冻人”这一罕见疾病，并筹集资金帮助这一类患者接受治疗，“冰桶挑战赛”在中国也火热了一段时间，甚至出现了一些与“冰桶挑战赛”相关的集公益与娱乐于一体的活动。

从这两个项目中我们可以看出，项目本身充满魅力性是极其重要的，不仅可以让更多人了解项目、参与项目，达到项目的目的，也能为以后的项目参与者提供很多的成功经验。

7.4.5　热点独特性

项目发起者要想让自己的公益计划成功实现，从自己所熟悉和擅长的方面去设计项目往往能取得事半功倍的效果。

众筹网十大公益经典案例之一——“为孤独症儿童筹款 让天真者遇到天真者”项目的发起者莫然擅长绘画，他发挥自己所长，以孤独症孩子的绘画来吸引和感动大众，让更多人走进孤独症孩子的内心世界，并对孩子们提供物资资助。

如图 7-22 所示，为该项目的独特性所在。

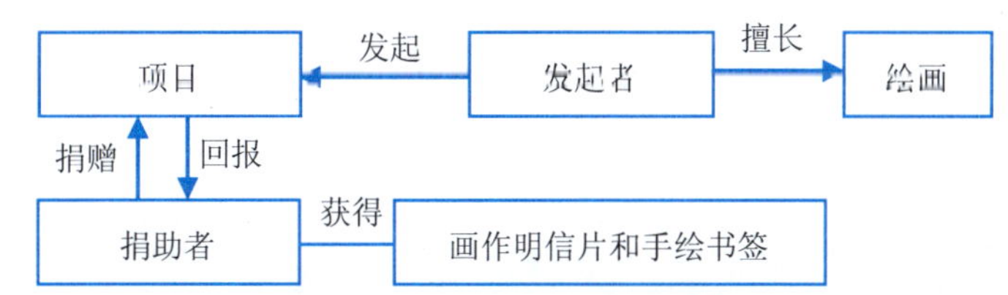

图 7-22　“为孤独症儿童筹款 让天真者遇到天真者”项目的独特性

莫然曾是媒体行业工作者，现在是一名自由绘画者，他利用自己的绘画特长来设计项目，以画展的形式来开展项目，并将自己的作品作为回报赠送给捐助者，可以说整个项目的独特性是与发起者的自身特长紧密挂钩的。

可见，在众筹项目中如果能利用自身所长，为项目打造一个引人注目的亮点，往往能事半功倍。

7.4.6 互动性

项目发起者与捐助者之间的互动是项目成功的关键，否则在捐助者不愿意提供二次捐赠时，项目将难以为继。国外慈善机构或组织在收到捐赠人的善款之后，无论善款金额大小，他们都会第一时间向捐助者表示感谢。

如图 7-23 所示，为项目发起者需要与捐助者进行互动的原因。

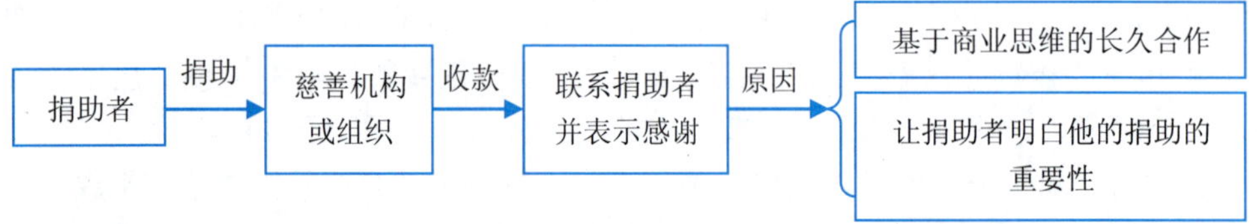

图 7-23 项目发起者需要与捐助者进行互动的原因

在通常情况下，要得到陌生人的支持并非易事，如果发起人在收到捐款后毫无表示，在很大程度上会失去让捐助者二次捐款的机会，因为那样会让捐助者认为这笔资金并没有那么重要。

•专 家 提 醒

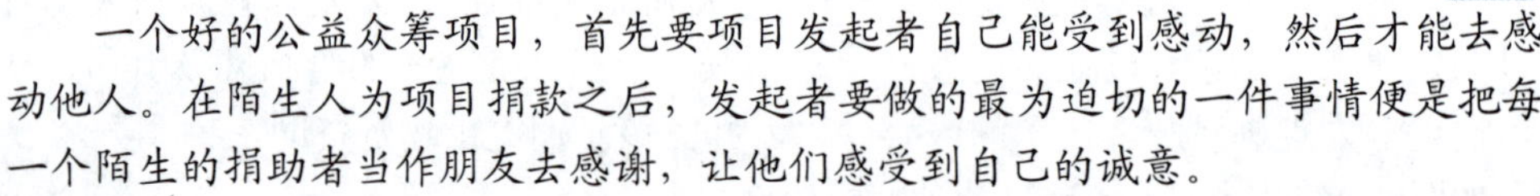

一个好的公益众筹项目，首先要项目发起者自己能受到感动，然后才能去感动他人。在陌生人为项目捐款之后，发起者要做的最为迫切的一件事情便是把每一个陌生的捐助者当作朋友去感谢，让他们感受到自己的诚意。

第 8 章
慈善公益行业募捐众筹案例

学前提示

随着互联网的兴起，慈善公益与互联网的联系日益紧密，在众筹领域也出现了垂直类的众筹平台，以方便大众对需要帮助的人进行援助。

本章主要是通过项目实战的方式对慈善公益类众筹的实际案例来进行详细的介绍。

慈善公益行业募捐众筹案例	项目相关
	项目实战

8.1 项目相关

所有与慈善公益项目上线相关的方面都是发起人需要确认的，本章将详细介绍项目的各个流程，如图 8-1 所示。

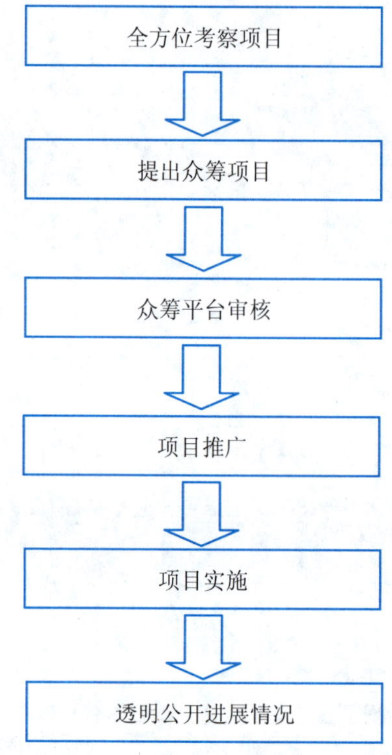

图 8-1 慈善公益项目的相关流程

8.1.1 全方位考察项目

项目的策划一般来源于两个方面，如图 8-2 所示。

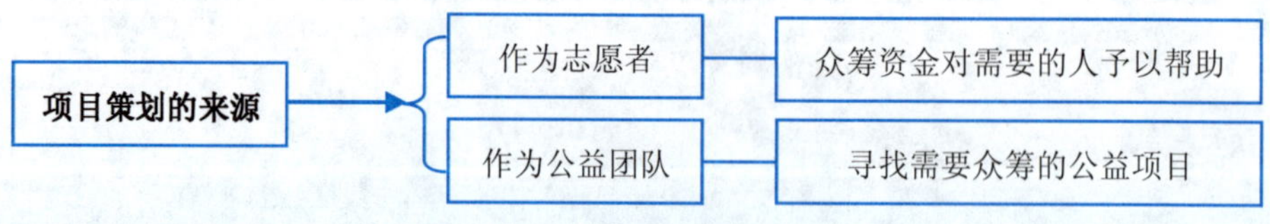

图 8-2 项目策划的来源

根据在国内已经上线的众筹项目来说，目前主要是以第二种为主。

一般来说，寻找需要帮助的公益项目不能毫无目的，最好是已经有一定的计划，并进行了详细的项目考察。

这方面主要集中于对需要帮助的群体，其真实现状和实际需求的考察。在这个过程中，主要有以下6个方面是需要注意，如图8-3所示。

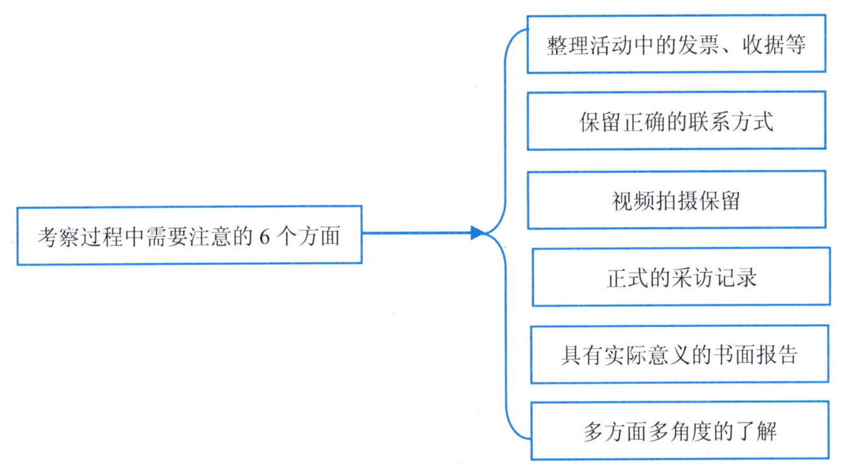

图8-3 考察过程中需要注意的6个方面

8.1.2 提出众筹项目

在完成考察之后，发起人或团队要进行项目立项，由于众筹模式的对象不同，公益众筹应该注意以下两点。

其一，与帮助方相关的内容，如图8-4所示。

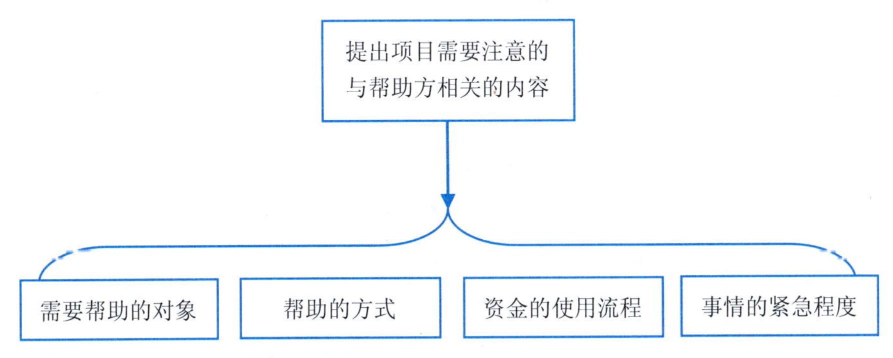

图8-4 考察过程中需要注意的方面

其二，与其他项目相关的方面，如图8-5所示。

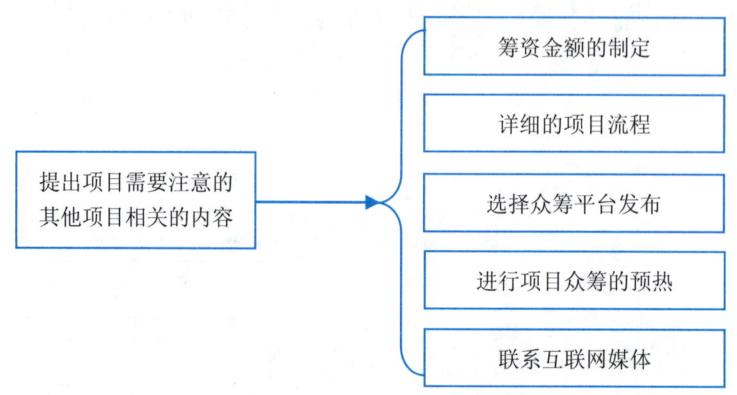

图 8-5 提出项目需要注意的其他项目相关的内容

8.1.3 众筹平台审核

公益众筹项目的审核与奖励众筹项目的审核类似。例如，在“腾讯乐捐”平台上提交项目，如图 8-6 所示，在项目提交之后，主页的个人信息部分会有项目显示，即使是尚未审核完成的项目也会算作一个项目。

图 8-6 在个人中心部分显示的项目个数

8.1.4 项目推广

在项目上线之后，“腾讯乐捐”平台为项目的发起方和参与者提供便捷的分享设置，用于众筹项目的推广。如图 8-7 所示，为项目页面的分享按钮。

图 8-7　平台上项目页面的分享按钮

8.1.5　项目施行

以“腾讯乐捐”平台已经成功的公益众筹项目“爸爸我想回家放烟花”为例，在一天的时间内筹集了10万余元，项目的实施情况，如图8-8所示。

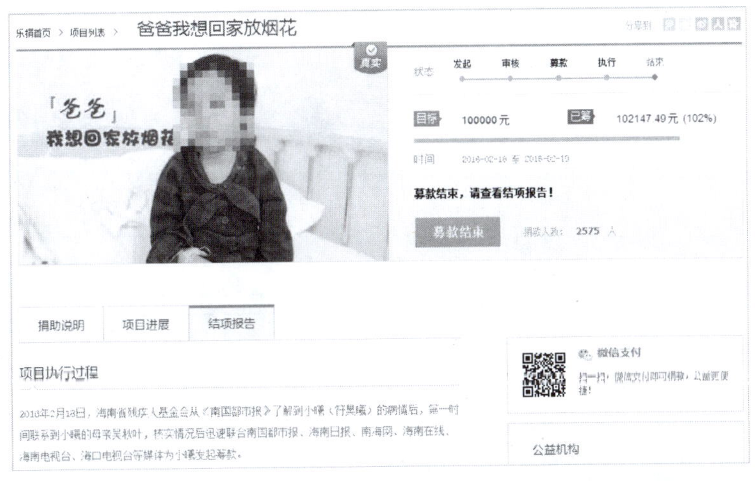

图 8-8　公益众筹项目“爸爸我想回家放烟花”的实施过程

8.1.6 透明公开进展情况

在项目进展方面，平台会要求发起人及时公布具体情况。但是这并不是整个众筹项目的执行报告，是项目完成一定程度之后，发起人需要提交的结项报告。

这份报告中包括有4个方面，如图8-9所示。

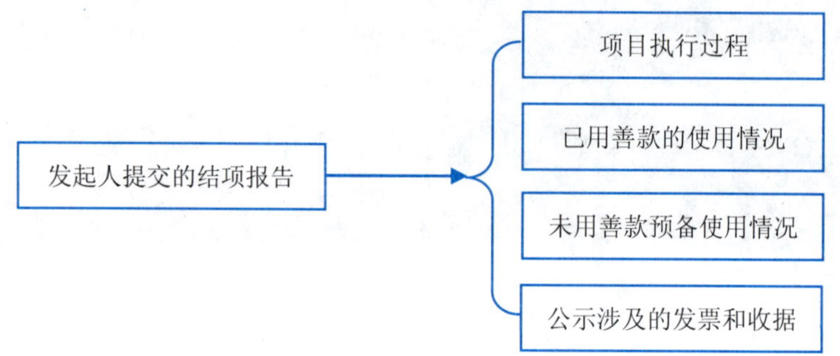

图 8-9 发起人需要提交的结项报告

在公益众筹项目“爸爸我想回家放烟花”中，部分结项报告如图 8-10 所示。

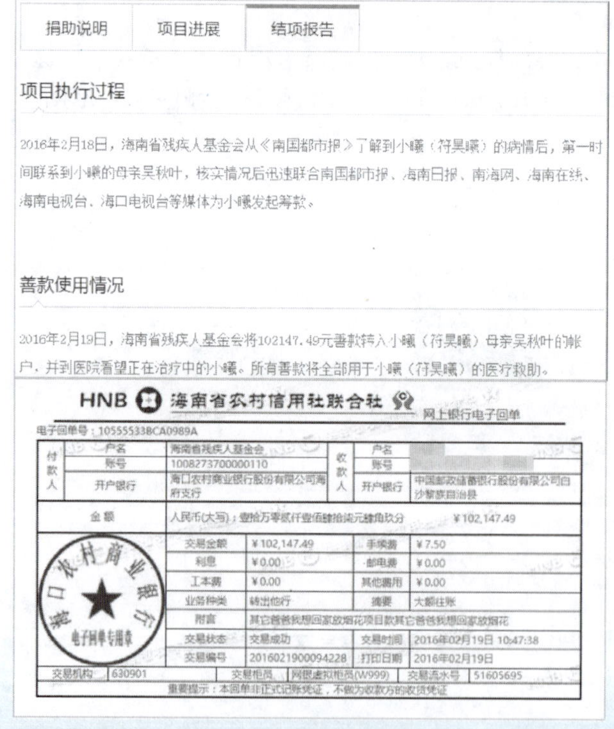

捐助说明 | 项目进展 | 结项报告

项目执行过程

2016年2月18日，海南省残疾人基金会从《南国都市报》了解到小曦（符昊曦）的病情后，第一时间联系到小曦的母亲吴秋叶，核实情况后迅速联合南国都市报、海南日报、南海网、海南在线、海南电视台、海口电视台等媒体为小曦发起筹款。

善款使用情况

2016年2月19日，海南省残疾人基金会将102147.49元善款转入小曦（符昊曦）母亲吴秋叶的帐户，并到医院看望正在治疗中的小曦。所有善款将全部用于小曦（符昊曦）的医疗救助。

HNB 海南省农村信用社联合社 网上银行电子回单

电子回单号：105555338CA0989A

付款人	户名	海南省残疾人基金会	收款人	户名	
	账号	1008273700000110		账号	
	开户银行	海口农村商业银行股份有限公司海府支行		开户银行	中国邮政储蓄银行股份有限公司白沙黎族自治县
金额		人民币(大写)：壹拾万零贰仟壹佰肆拾柒元肆角玖分 ￥102,147.49			
海口农村商业银行 电子回单专用章	交易金额	￥102,147.49	手续费	￥7.50	
	利息	￥0.00	邮电费	￥0.00	
	工本费	￥0.00	其他费用	￥0.00	
	业务种类	转出他行	摘要	大额往账	
	附言	其它爸爸我想回家放烟花项目款其它爸爸我想回家放烟花			
	交易状态	交易成功	交易时间	2016年02月19日 10:47:38	
	交易编号	2016021900094228	打印日期	2016年02月19日	
交易机构 630901	交易柜员	网银虚拟柜员(W999)	交易流水号	51605695	

重要提示：本回单非正式记账凭证，不做为收款方的收货凭证

图 8-10 “爸爸我想回家放烟花”结项报告中的一部分

8.2 项目实战

公益众筹项目的重点与其他模式较为不同，所以体现在策划上就存在不同的方面，其项目的主要流程，如图 8-11 所示。

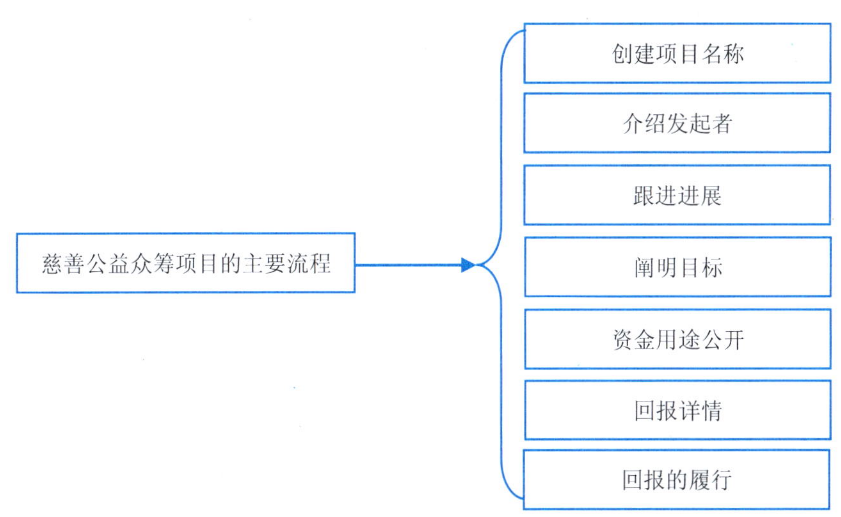

图 8-11 慈善公益众筹项目的主要流程

8.2.1 创建项目名称

项目在有一定准备之后就要对项目取名，好的名称是使大众进入项目页面进行了解的根本动力。以众筹网公益众筹项目为例，如图 8-12 所示。

图 8-12 众筹网公益众筹类别中的项目

将这些项目中有关项目名称的相关信息整理为表格，如表 8-1 所示。

表 8-1　众筹网公益众筹类别中的项目

项目名称	把书友会社群基地，建设为畅想空间	清华大学电机系“梦之网”公益实践——搭建微型电网点亮村小希望	传承古老陈醋工艺，绽放敬老大爱光彩	【木桶土蜂蜜 2】一起出发，探寻深山崖壁真味道
名称字数	15 个	26 个	16 个	18 个
项目中心内容	公益创业	青年创新	公益创业	公益扶贫
项目实质形式	青年创业	电力技术活动	健康饮食	电商扶贫

以上的 4 个案例项目名称都在 15 个字以上，从项目的名称字数来说，有以下两个方面需要注意，如图 8-13 所示。

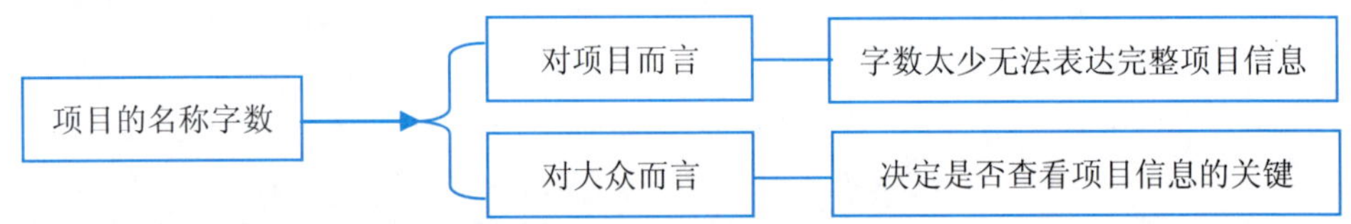

图 8-13　项目名称字数需要注意的地方

项目名称的内容应该包括两个主要方面，如图 8-14 所示。

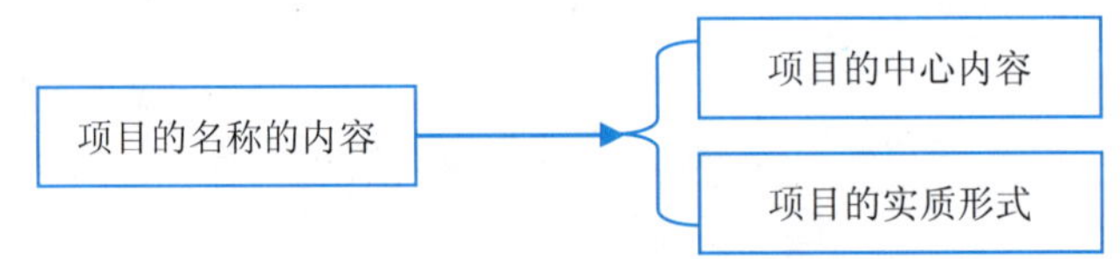

图 8-14　项目名称应该包括的内容

需要注意的是，项目在主页上占有的界面有限，尤其是标题部分超过 30 个字就无法显示完整，所以为了保证项目的最有效影响力，公益众筹项目的标题最好在 30 个字以下。

8.2.2　介绍发起者

每一个众筹项目在发布者的相关情况介绍这一环节都会比较正式，所以占据的界面会较多。

为了便于领会和学习，下面将对“把书友会社群基地建设为畅想空间”和“清华大学电机系‘梦之网’公益实践——搭建微型电网点亮村小希望”这两个项目做相关介绍。

“把书友会社群基地建设为畅想空间”项目的发起者相关情况介绍，如图 8-15 所示。

图 8-15　发起者的相关情况介绍

在这个介绍中，对于项目的发起团队的组织架构，进行了详细的说明。除此之外，还对团队的运营准则与价值观，以及团队的荣誉情况进行了简要介绍。

“清华大学电机系‘梦之网’公益实践——搭建微型电网点亮村小希望”项目的发起者相关情况介绍，如图 8-16 所示。

在该项目中，对发起者的相关介绍包括以下 4 个方面，如图 8-17 所示。

关于梦之网

这是一支来自清华大学的建设类公益实践支队，主要由电机系本科生组成。
创始于2014年，我们的征途是，走进偏僻的大山，利用新能源发电技术，搭建微型电网，为当地的居民和孩子带去清洁、稳定的电力。

至今，我们已经为四川省甘孜州康定县玉龙西村（海拔3800m）、雅江县新卫村（海拔4050m）搭建了4套太阳能微电网，惠及300余名孩子和村民百姓。从玉龙西到新卫村，梦之网支队筑梦为网的努力从未停止。
2016，我们仍在路上，希望用电力之光点亮更多远方的梦想。

作为清华大学电机系重点支持的社会实践项目，“梦之网”利用电机系学生的专业知识解决偏远地区无电缺电难题，在实践过程中将思想教育、专业学习和服务社会有机融合，真正让青年人在实践中“受教育、长才干、做贡献”。

作为清华大学突出的服务建设类公益实践项目，“梦之网”力求服务社会，以微电网建设为核心，以基础而必不可少的电力供应带动偏远地区的社会、经济、生活全面发展。项目结合当地实际情况，从物质支持、儿童教育等多个角度，为当地带去更多切实有效的帮助与关怀，力争为实践地提供全方位、一体化的服务。

图 8-16　发起者的相关情况介绍

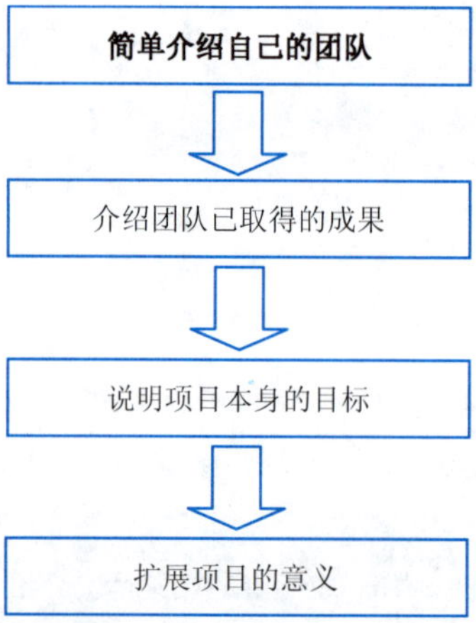

简单介绍自己的团队

↓

介绍团队已取得的成果

↓

说明项目本身的目标

↓

扩展项目的意义

图 8-17　对发起者的相关介绍包括的 4 个方面

这两个案例中，几乎包括了所有公益众筹项目在发起人相关情况介绍部分可以加入的内容，比较典型。在实际的公益项目策划中，发起者可以以此为蓝本进行设计。

需要注意的是，因为公益项目一般面向群体，所以个人发起的众筹项目通过审核的难度远比团队要高，在策划时如果更全面的话，可以在个人介绍部分添加一些个人的证件证明。

如果发起项目的是团队，可以通过对以下信息进行公示，来获取浏览者的信任度，如图 8-18 所示。

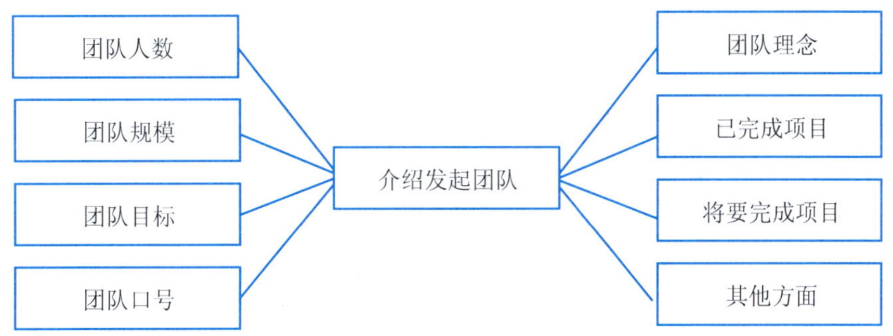

图 8-18　对发起项目的团队进行介绍

8.2.3　跟进进展

项目活动的进展情况可以放在项目策划的前面部分，也可以根据具体的项目内容放于最后进行展示。

“把书友会社群基地建设为畅想空间”项目的社群基地建设进展情况，如图 8-19 所示。

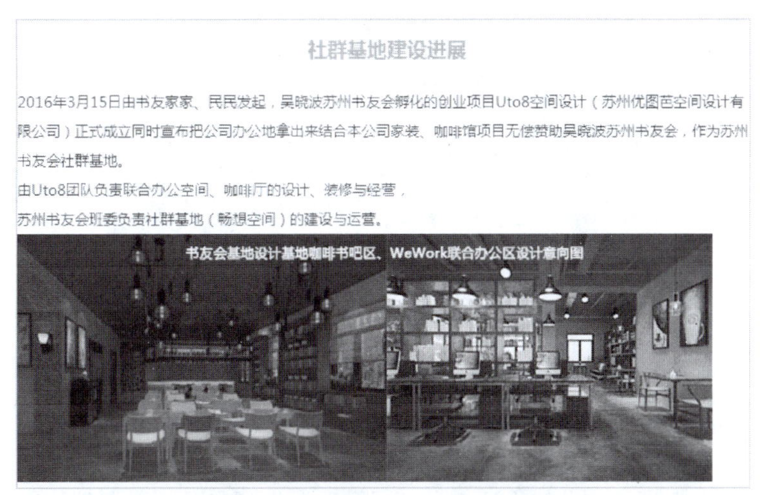

社群基地建设进展

2016年3月15日由书友家家、民民发起，吴晓波苏州书友会孵化的创业项目Uto8空间设计（苏州优图芭空间设计有限公司）正式成立同时宣布把公司办公地拿出来结合本公司家装、咖啡馆项目无偿赞助吴晓波苏州书友会，作为苏州书友会社群基地。

由Uto8团队负责联合办公空间、咖啡厅的设计、装修与经营，

苏州书友会班委负责社群基地（畅想空间）的建设与运营。

图 8-19　项目活动的进展情况

如图 8-20 所示，为“把书友会社群基地建设为畅想空间”项目装修进展情况。

“清华大学电机系‘梦之网’公益实践——搭建微型电网点亮村小希望”项目的活动进展情况的介绍，如图 8-21 所示。

图 8-20　装修地点的进展情况

图 8-21　项目活动的进展情况

在进行项目众筹时，发起人或团队已经取得的项目进展是重点介绍的方面，如果一些项目确实没有太多的前期项目进展，那么这个步骤也是可以取消掉的。

对于大众而言，对项目取得的进展的公布会更增加他们的信任度，从而可能会影响支持度。在实际的项目策划中，发起者可以根据个人项目的实际情况，来有选择性的公布进展情况。

8.2.4　阐明目标

相比于其他众筹模式而言，公益众筹只需要对活动为什么需要众筹这个方面进行解释即可，不需要对活动风险进行具体分析。

“把书友会社群基地建设为畅想空间”项目需要众筹的原因，如图 8-22 所示。

把社群基地打造成为书友的畅想空间

只有梦想不能等待

为了更好为书友提供深度的内容与各种美好体验；

给苏州三千+书友一个线下思想交流的道场；

为了给创客书友价值连接的平台；

为了让吴晓波苏州书友会社群基地拥有100M电信宽带、极客级别高端主流PC电脑主机、富士施乐C3375彩色一体机（双面复印、网络打印、双面扫描）、高清投影机、大屏主流智能网络电视、联合办公卡座、书友漂流图书柜、立体环绕音响、无线话筒......等硬件设备

把社群基地打造集咖啡、书吧、联合办公、学习实践、书友自有项目孵化、大咖培育于一身的畅想空间

我们需要你的支持！！！

图 8-22 “把书友会社群基地建设为畅想空间”需要进行众筹的原因

“清华大学电机系‘梦之网’公益实践——搭建微型电网点亮村小希望”项目需要众筹的原因，如图 8-23 所示。

我们为什么需要你的支持

作为一支大学生实践公益支队，资金压力是梦之网一直面临的问题。搭建微电网需要的光伏设备、各种线材建材、电灯等用电器、交通费用等都需要大量的开销。

2016年，我们的努力和梦仍在路上，我们渴望每一点微小的支持，我们渴望让孩子们看到：夜里的光明再也不止摇曳的烛火和漫天的星光。

通过众筹筹集到的善款将被用于光伏设备的购置。尽管两万元离我们真正的资金需求仍有一段不小的距离，但您的每一分支持，都将让我们在逐梦的路上前进一大步。我们郑重承诺，会及时公布筹得善款的使用明细，以接受大家的监督。

任何单位或机构如果有意愿冠名赞助“梦之网”公益实践，或以其他形式（技术、人员）为我们提供帮助。请联系：

衷心感谢您对梦之网的信任与支持！

图 8-23 “清华大学电机系‘梦之网’公益实践——搭建微型电网点亮村小希望”需要进行众筹的原因

对于活动为什么需要众筹，每个项目发起的原因肯定都是不一样的，需要从各自的角度出发。发起者在介绍的时候务必要做到真实不虚假，内容不夸张，并且足够接地气，易于大众理解。

8.2.5 资金用途公开

公益众筹项目的特点之一就是资金需求程度的设置，与奖励众筹不同，公益众筹项目资金设置的特点，如图 8-24 所示。

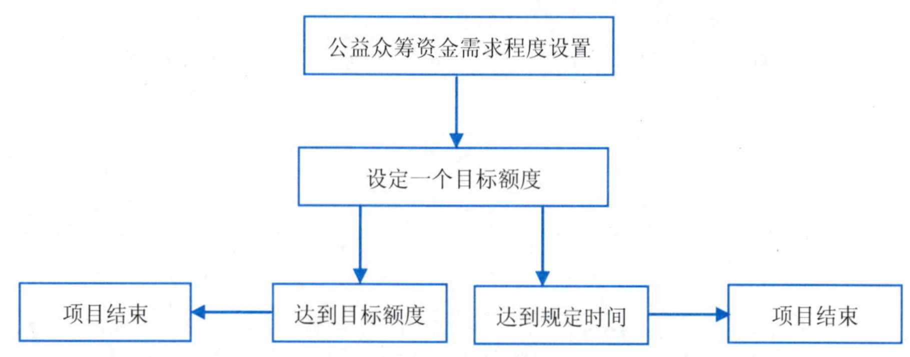

图 8-24　公益众筹项目资金设置的特点

筹资的资金是用于完成项目中的目标的，这是所有支持者的要求，所以在众筹项目中策划时，应该做到以下两点，如图 8-25 所示。

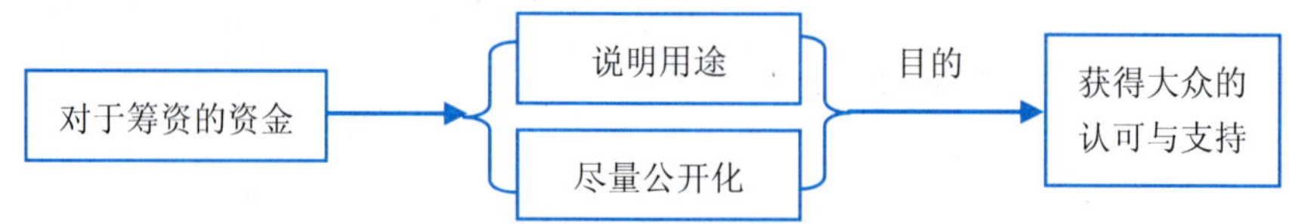

图 8-25　对于筹资的资金应该做到的两点

资金的实际用途根据项目的不同而不同，资金使用情况的证明分为两类，如图 8-26 所示。

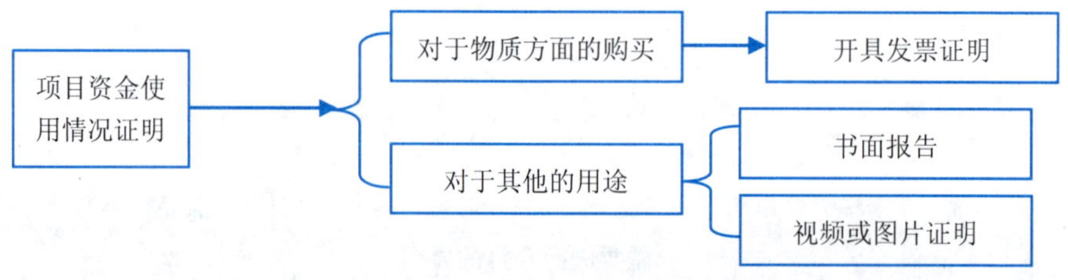

图 8-26　公益众筹项目资金使用情况证明

“把书友会社群基地建设为畅想空间”项目众筹资金的需求与用途，如图 8-27 所示。

“清华大学电机系‘梦之网’公益实践——搭建微型电网点亮村小希望”项目众筹资金的需求与用途，如图 8-28 所示。

在公益众筹的项目中，过高的资金要求肯定是行不通的，除非是大型的针对某一群体的公益项目才会有 10 万元以上的众筹目标。

众筹资金用途

由于Uto空间设计的赞助使我们社群基地畅想空间有了固定的场地免去了房租、硬件主材装修的费用，我们将众筹资金用于

1.图书、书架、投影仪、音响话筒、打印机、2台高端PC电脑、联合办公区书友专属办公家具桌椅等硬件设备的采购

2.文创产品的打样、印刷。

3.咖啡等软性饮料的原料成本。

4.运营过程中涉及非书友会人员成本和交通车马费。

图 8-27 “把书友会社群基地建设为畅想空间”项目众筹资金的需求与用途

项目	1支实践支队
人数	10人
前期考察	5000
交通	1.2万
食宿	8000
光伏设备	10万
其它设备、劳务、运输	1.5万
支教捐赠、社会调研	5000
宣传	2000
后勤	3000
总计	15万

图 8-28 “清华大学电机系‘梦之网’公益实践——搭建微型电网点亮村小希望”项目众筹资金的需求与用途

•专家提醒

一般项目的众筹目标必须从实际出发，但凡有让人觉得资金需求过高的地方，就会引起群体对整个项目的质疑。

如果需要对资金的需求进行解释，一定要条理分明，能够使参与者看得明白。尤其是对于资金用途这部分的说明，要尽量做到详细。

8.2.6 回报详情

在公益众筹项目中，支持者更愿意将回报作为一种纪念个人爱心行为的载体。这并不意味着项目不需要回报，从支持者的角度而言，回报也是参与项目的原因之一。

一般在项目的支持回报中，最好应该包括下列两类内容，如图 8-29 所示。

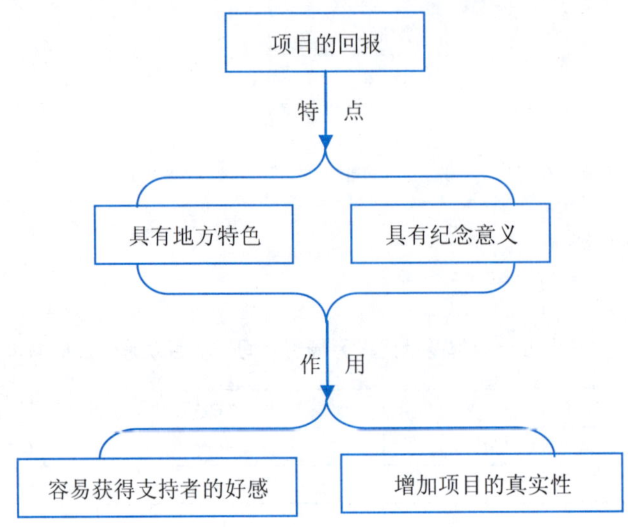

图 8-29　项目回报应包括的内容

“把书友会社群基地建设为畅想空间”项目中的回报，如图 8-30 所示。

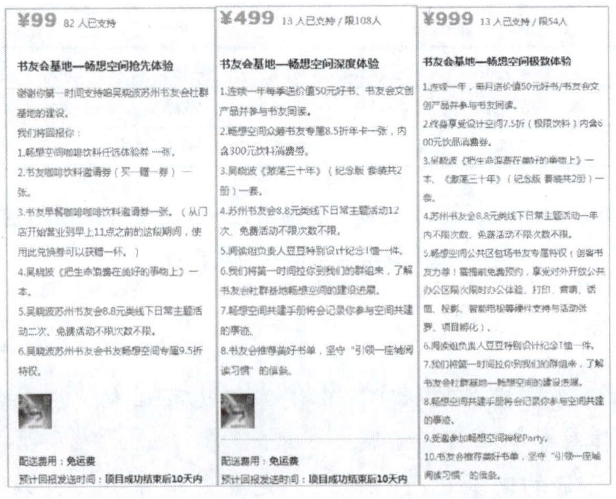

¥99 82 人已支持

书友会基地—畅想空间抢先体验

谢谢你第一时间支持吴晓波苏州书友会社群基地的建设。

我们将回报你：

1.畅想空间咖啡饮料任选体验券一张。

2.书友咖啡饮料邀请券（买一赠一券）一张。

3.书友早餐咖啡咖啡饮料邀请券一张。（从门店开始营业到早上11点之前的这段期间，使用此兑换券可以获赠一杯。）

4.吴晓波《把生命浪费在美好的事物上》一本。

5.吴晓波苏州书友会8.8元类线下日常主题活动二次、免费活动不限次数不限。

6.吴晓波苏州书友会书友畅想空间专属9.5折特权。

配送费用：免运费

预计回报发送时间：项目成功结束后10天内

¥499 13 人已支持 / 限108人

书友会基地—畅想空间深度体验

1.连续一年每季送价值50元好书、书友会文创产品并参与书友阅读。

2.畅想空间众筹书友专属8.5折年卡一张，内含300元饮料消费券。

3.吴晓波《激荡三十年》（纪念版 套装共2册）一套。

4.苏州书友会8.8元类线下日常主题活动12次、免费活动不限次数不限。

5.阅读组负责人豆豆特别设计纪念T恤一件。

6.我们将第一时间拉你到我们的群组来，了解书友会社群基地畅想空间的建设进展。

7.畅想空间共建手册将会记录你参与空间共建的事迹。

8.书友会推荐美好书单，坚守“引领一座城阅读习惯”的信条。

配送费用：免运费

预计回报发送时间：项目成功结束后10天内

¥999 13 人已支持 / 限54人

书友会基地—畅想空间极致体验

1.连续一年，每月送价值50元好书/书友会文创产品并参与书友阅读。

2.终身享受设计空间7.5折（极限饮料）内含600元饮品消费券。

3.吴晓波《把生命浪费在美好的事物上》一本、《激荡三十年》（纪念版 套装共2册）一套。

4.苏州书友会8.8元类线下日常主题活动一年内不限次数、免费活动不限次数不限。

5.畅想空间公共区包场书友专属特权（创客书友力荐）需提前免费预约，享受对外开放公共办公区限次限时办公体验、打印、复印、话筒、投影、智能电视等硬件支持与活动张罗、项目孵化）、

6.阅读组负责人豆豆特别设计纪念T恤一件。

7.我们将第一时间拉你到我们的群组来，了解书友会社群基地—畅想空间的建设进展。

8.畅想空间共建手册将会记录你参与空间共建的事迹。

9.受邀参加畅想空间神秘Party。

10.书友会推荐美好书单，坚守“引领一座城阅读习惯”的信条。

图 8-30　“把书友会社群基地建设为畅想空间”公益众筹项目回报的具体内容

“清华大学电机系‘梦之网’公益实践——搭建微型电网点亮村小希望”项目的回报，如图 8-31 所示。

在以上两个案例中，回报档次中的内容都是与项目本身相关的，并且相比于其他项目更具有特色，能够让浏览者印象深刻。

¥10 37 人已支持

筑梦为网，点亮希望

感谢您对梦之网的信任与支持！

我们将给您寄送：感谢信

配送费用：免运费

预计回报发送时间：项目结束后立即回报

¥50 14 人已支持

筑梦为网，点亮希望

感谢您对梦之网的信任与支持！

我们将给您寄送：感谢信、实践摄影集

配送费用：免运费

预计回报发送时间：项目结束后立即回报

¥100 12 人已支持

筑梦为网

感谢您对梦之网的信任与支持！

请留下您的电子邮箱，我们将给您寄送：

感谢信（电子版）

实践摄影集（电子版）

由孩子们或队员填写的明信片（实物）

配送费用：免运费

预计回报发送时间：项目结束后立即回报

¥500 2 人已支持

筑梦为网，点亮希望

感谢您对梦之网的信任与支持！

请留下您的电子邮箱，我们将给您寄送：

实践摄影集（电子版）

由孩子们或队员填写的明信片（实物）

由孩子们或队员手写的感谢信（实物）

配送费用：免运费

预计回报发送时间：项目结束后立即回报

¥1,000 1 人已支持

筑梦为网，点亮希望

感谢您对梦之网的信任与支持！

请留下您的电子邮箱，我们将给您寄送：

感谢信（电子版）

实践摄影集（电子版）

由孩子们或队员填写的明信片（实物）

我们还将在纪录片或其它宣传载体中，将您的个人姓名列入特别鸣谢名单

配送费用：免运费

预计回报发送时间：项目结束后立即回报

图 8-31 “清华大学电机系‘梦之网’公益实践——搭建微型电网点亮村小希望”公益众筹项目中回报的具体内容

专家提醒

支持回报中的内容必须是发起人能够完成的，在公益众筹活动中相互的信任是项目有希望成功的基本原因。如果发起人许下承诺，到项目执行时却无法回报，那么不只是项目会被平台撤销，所筹资金退回支持者，发起人的信用也会蒙受损失。

8.2.7 回报的履行

履行众筹回报是项目的最后阶段，即使在公益众筹中，回报设置会相对简单，但对于支持者而言，仍然是具有一定意义的事情。

1. 兑现实物

以“清华大学电机系‘梦之网’公益实践——搭建微型电网点亮村小希望”项目为例，在其 100 元档次的支持回报中，发起人承诺在项目结束后立即包邮寄送孩子们或队员手写的明信片以及发送电子版的感谢信与实践摄影集。

选择这个支持项目的共有 12 人，发起者需要联系每个人确认其发货地址和手机号码是否有变动。

2. 兑现抽奖

在公益众筹项目中，抽奖活动一般不会出现在项目的策划中，只有在少数情况下会有例外。

在这部分项目中，由平台或者发起人在项目成功之后，从参与抽奖的档次支持者中抽出一部分人回报以承诺的服务或物品。

3. 线下活动

公益众筹项目往往在实际执行阶段会持续很久，大型的项目甚至会有长达一年的线下执行时期。

在这个过程中，活动本身需要大量的人手，或者是活动结束后发起方举行其他的公益项目线下活动等，都需要大众的参与。公益项目的支持者就是很好的资源，能够参与支持公益项目的陌生人，如果条件容许，那么也会热心于线下公益活动。

线下活动非常丰富，它包括以下 5 个方面，如图 8-32 所示。

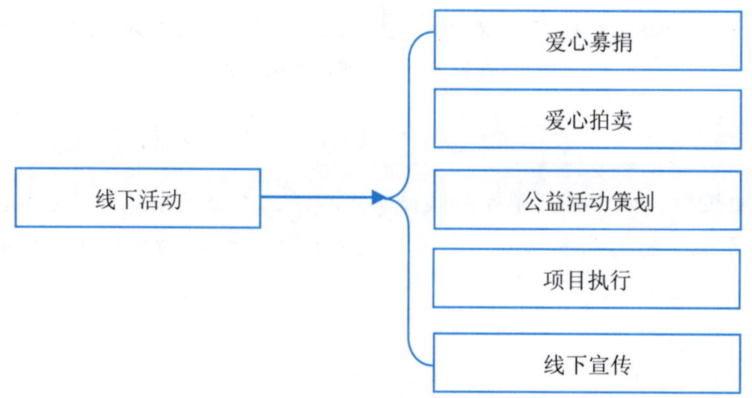

图 8-32　线下活动的具体内容

如图 8-33 所示，为公益项目举行线下活动的目的。

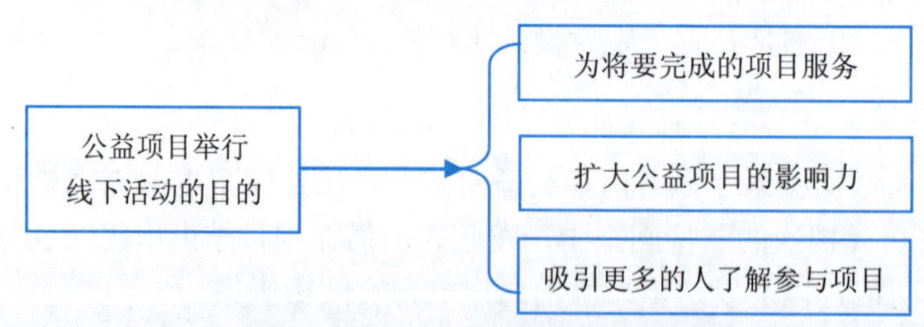

图 8-33　公益项目举行线下活动的目的

那么线下活动的优势又体现在哪些方面呢？随着线下活动的完善，公益项目与其

他项目的区别体现在下面两个方面，如图 8-34 所示。

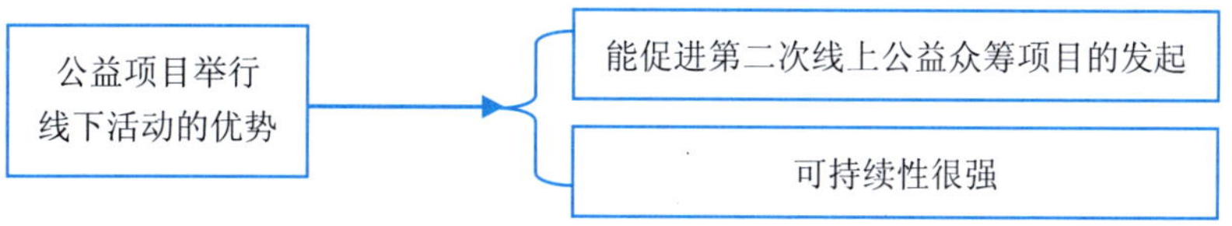

图 8-34　公益项目举行线下活动的优势

·专家提醒

对于一个公益团队而言，第一个公益众筹项目结束，或许很快第二个公益项目就上线了。线下的活动能够保持发起者与支持者之间的良好关系，实现公益意义上的互勉和同乐。

第 9 章

债权众筹模式：返还本金和利息的筹资

学前提示

债权众筹模式在国内应用并不算广泛，但是作为一种必不可少的融资方式，也比较受到急需资金的大众的欢迎。

本章将对债权众筹进行详细的介绍和具体分析，尤其是对债权众筹在实际运作中可能遇到的问题进行了说明。

- 债权众筹模式：返还本金和利息的筹资
  - 项目的行业散布
  - 项目的筹资模式
  - 利率与金额的确定

9.1 项目的行业散布

与其他众筹有很大的不同，债权众筹在行业中的分布有很明显的特点，这种模式比较局限。从本质上说，债权众筹平台就是 P2P（网络借贷）平台如图 9-1 所示，为债权众筹平台的运作方式。

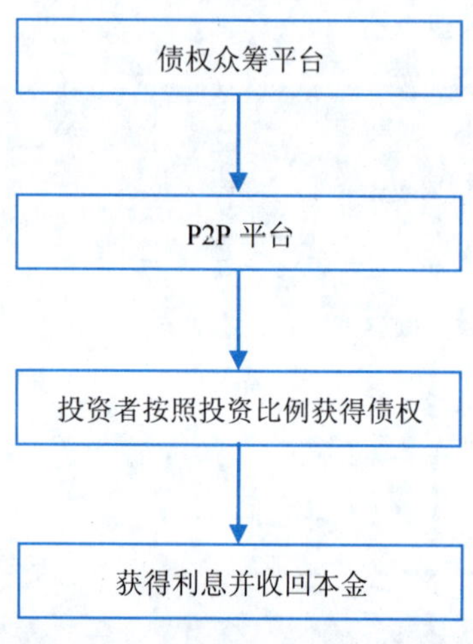

图 9-1 债权众筹平台的运作方式

借贷无疑是最简单的债权众筹，其中最重要的是借贷协议，而借贷协议决定了以下 4 个方面，如图 9-2 所示。

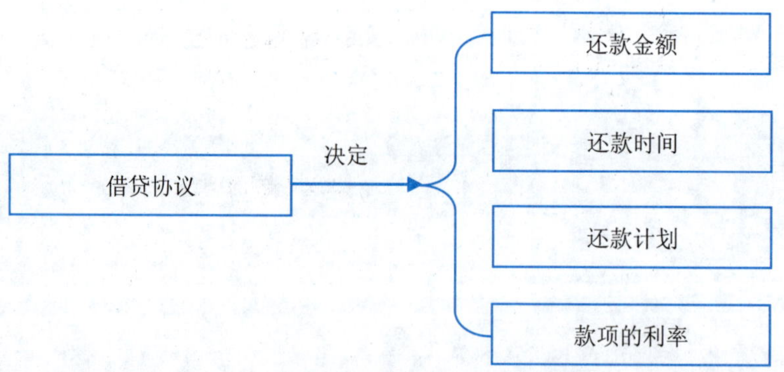

图 9-2 借贷协议决定的 4 个方面

因为这个特性，所以债权式众筹在大众中应用得并不广泛，主要是由一些稳定的中小企业所采用。

根据数据显示，债权众筹项目的分布如图 9-3 所示。

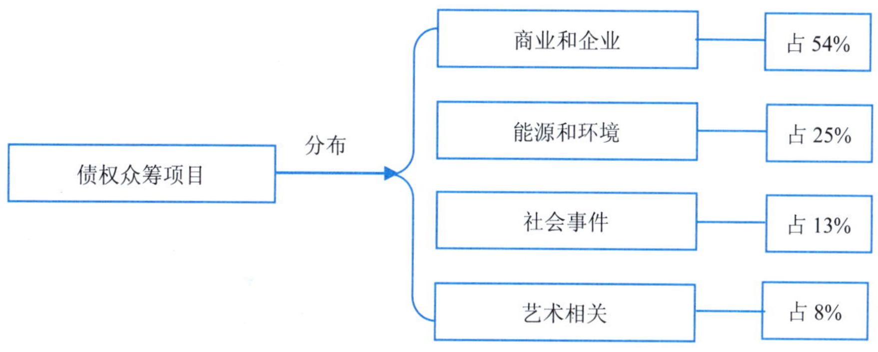

图 9-3 债权众筹项目的行业分布

除了行业分布与其他的众筹不同外，债权众筹模式与其他众筹模式还有其他方面的不同，具体的比较如图 9-4 所示。

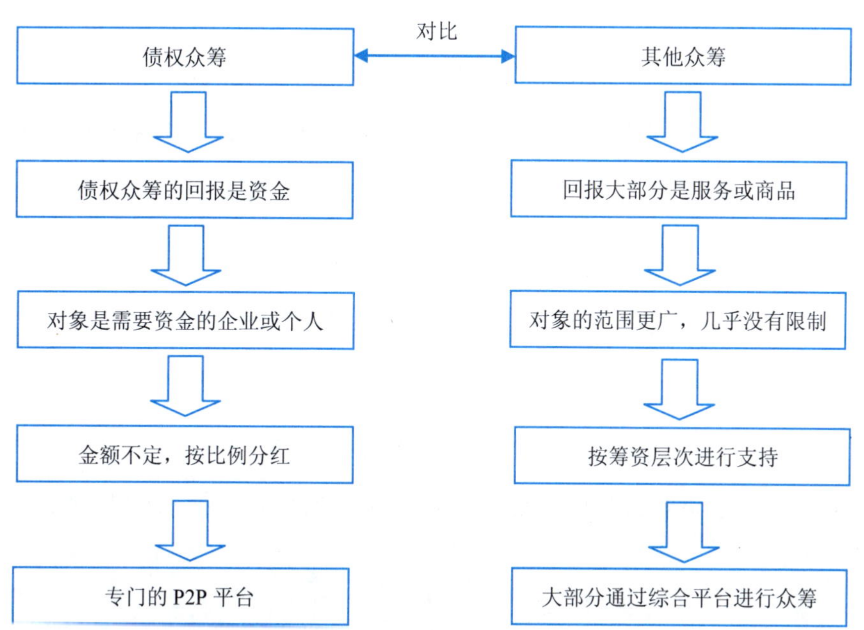

图 9-4 债权众筹与其他众筹模式的比较

9.1.1 中小型企业

P2P 网贷公司主要担当平台的作用，通过这样的平台，项目的投资者可以直接把资金借给有需要的人。

P2P 网贷公司在国内与国外贷款情况的区别如图 9-5 所示。

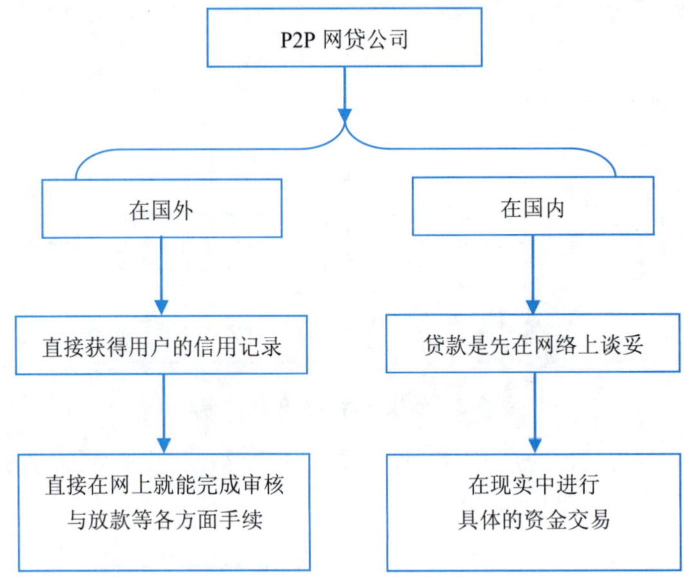

图 9-5　P2P 网贷公司在国内与国外贷款情况的区别

因为这个方式，使 P2P 网贷公司逐渐地发展出 3 种模式，其内容如图 9-6 所示。

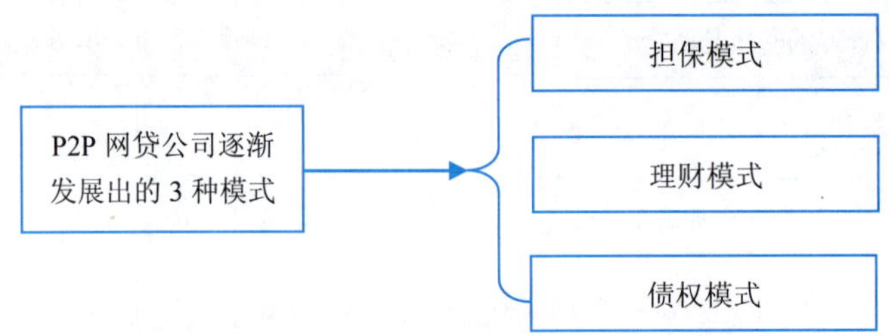

图 9-6　P2P 网贷公司逐渐发展出的 3 种模式

债权作为中小企业青睐的众筹模式，在实际的操作中涉及以下三个方面，如图 9-7 所示。

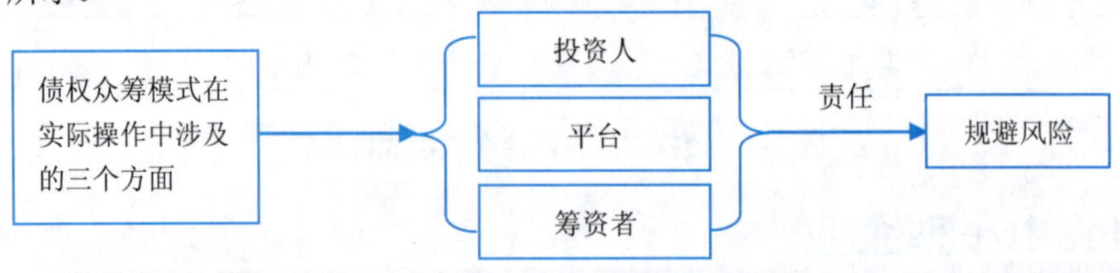

图 9-7　债权众筹模式在实际操作中涉及的 3 个方面

对于投资者，也就是中小企业或者个人而言，主要应该考虑以下三个方面，如图 9-8 所示。

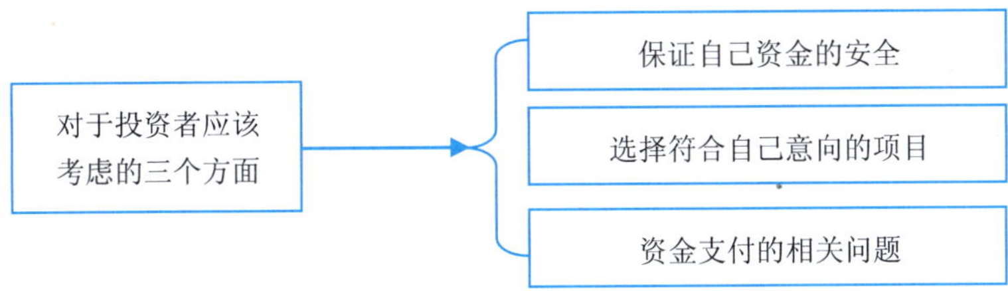

图 9-8　对于投资者应该考虑的三个方面

平台在其中的作用与其他的众筹模式平台类型，主要还是对项目和参与项目的双方的信用审核，确认其真实存在的需求与供应。

9.1.2　能源行业

能源和环境行业的债权众筹，主要集中于解决一个能源项目的发开过程中，需要的资金的问题。

能源行业作为潜在利润较大的行业，其行业项目具有以下特点，如图 9-9 所示。

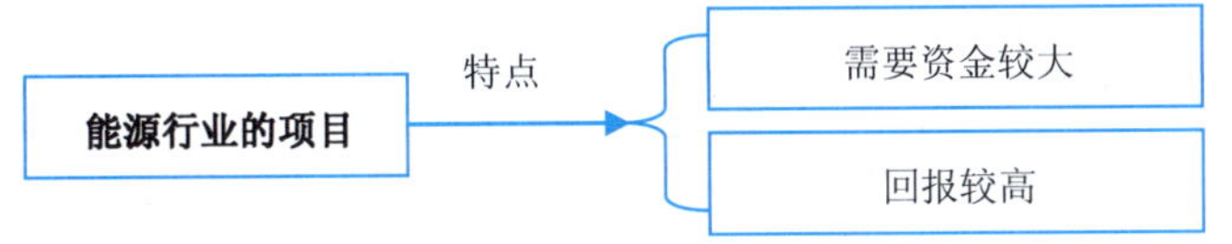

图 9-9　能源行业项目的特点

借款者能够借到资金，而投资者可以获得较高的利润，所以对于双方而言，这都是一个让人满意的局面。

如图 9-10 所示，为能源环境类的众筹项目。

图 9-10　能源环境类的众筹项目

·专家提醒

在统计数据中，能源与环境行业的项目占到所有债权众筹项目的四分之一，这是一个相当高的数据。要知道在奖励众筹中，即使是整个商业和企业方面，也就只占到奖励众筹项目的16%。

9.1.3 艺术行业

在奖励众筹中较为常见的艺术类众筹项目，在债权众筹中同样占据了很大一部分的内容。

艺术是一种比较追求个人内心的手段，但是要想获得成就，需要满足以下两个条件，如图9-11所示。

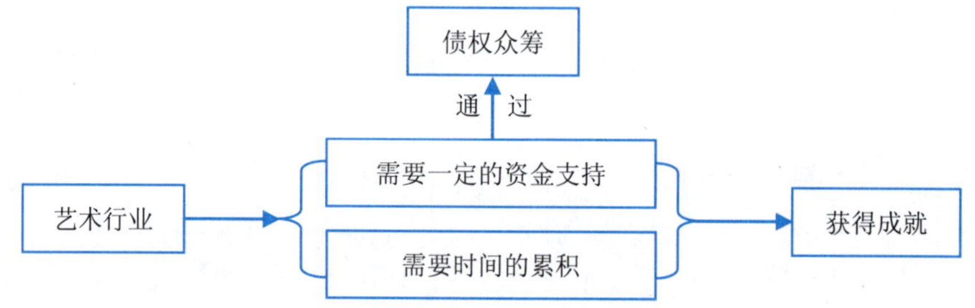

图9-11 艺术行业想要获得成就需要满足的两个条件

如图9-12所示，为一些艺术类的众筹项目。

图9-12 艺术类的众筹项目

·专家提醒

在艺术行业之外，比较常见的项目就主要集中于社会事件中，这是一个较为广泛的范围，涉及个人或社会的项目都属于这一类，在统计数据中显示，社会事件相关的众筹项目大概占有13%。

9.2 项目的筹资模式

P2P 网络借贷的优越性是贷款的高效与便捷，对于投资人来说，高收益成为他们对此热衷的重点。债权式众筹吸引大众的主要有 4 个方面，如图 9-13 所示。

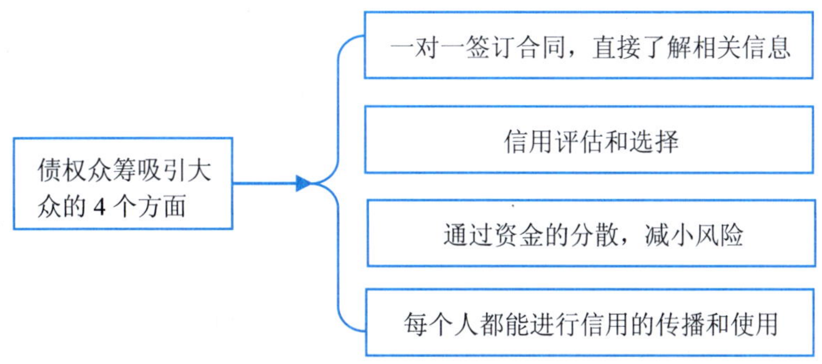

图 9-13 债权众筹吸引大众的 4 个主要方面

这一节主要是对债权式众筹的筹资模式进行分析。如图 9-14 所示，为债权式众筹的 4 种筹资模式。

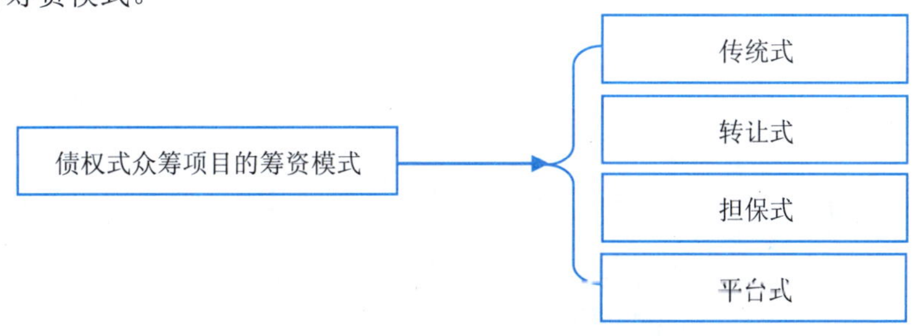

图 9-14 债权式众筹项目的筹资模式

9.2.1 传统式

P2P 贷款的出现，与国内小微企业融资难有一定的关系。由于各个银行很难公正的评估小微企业的信用，于是 P2P 贷款应运而生，它解决了小微企业发展过程中融资困难的局面。

在这个过程中，最先出现的就是依靠 P2P 平台进行运作的，传统式的债权众筹筹资模式。其各方面内容，如图 9-15 所示。

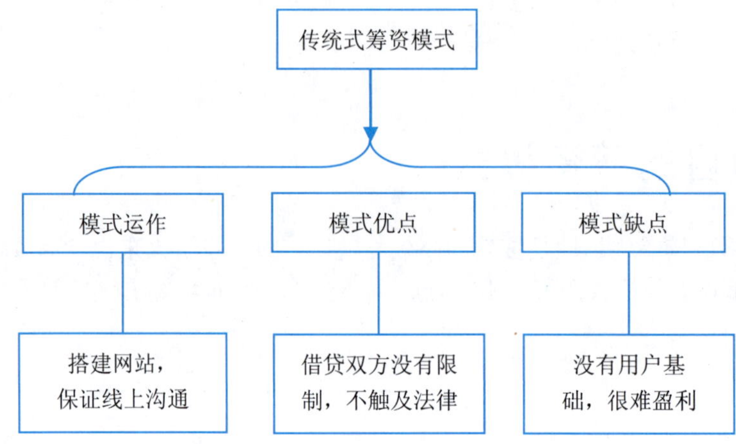

图 9-15　传统式的债权众筹筹资模式

9.2.2　转让式

债权转让的方式是目前最常见的，其基本流程，如图 9-16 所示。

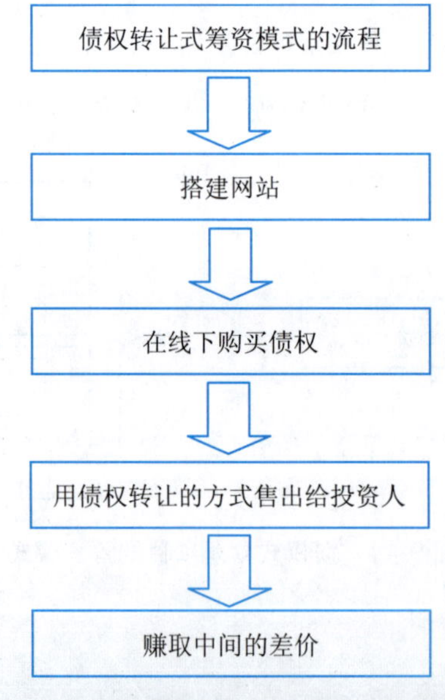

图 9-16　债权转让式筹资模式的基本流程

债权转让式与其他方式相比，主要有5个方面的优势，如图9-17所示。

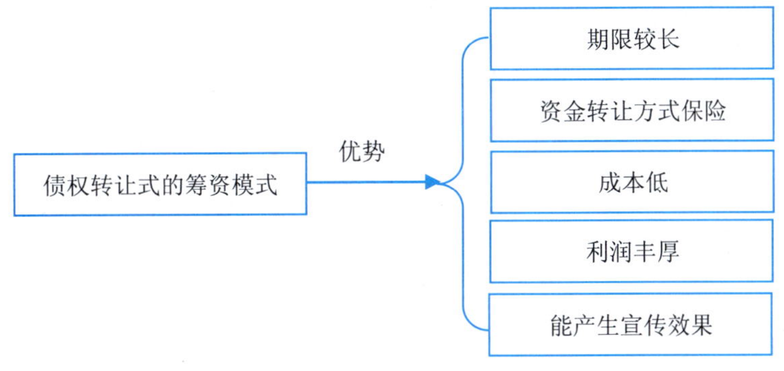

图9-17　债权转让式筹资模式的5个优势

如图9-18所示，为债权转让模式的各方面内容。

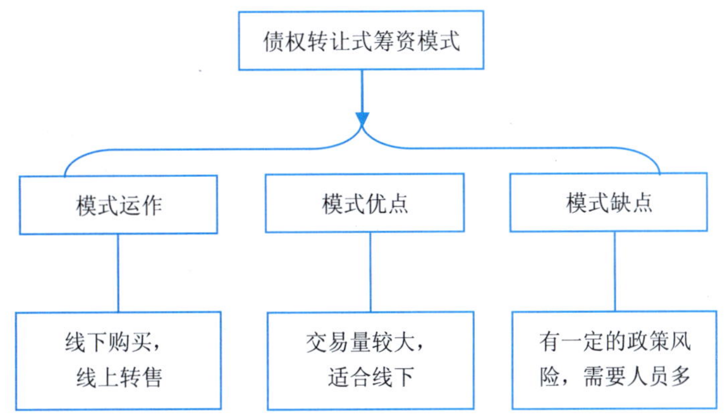

图9-18　债权转让式的筹资模式

9.2.3　担保式

在传统的融资担保中，信用担保是一种信用中介服务，它的涉及范围非常广，如图9-19所示。

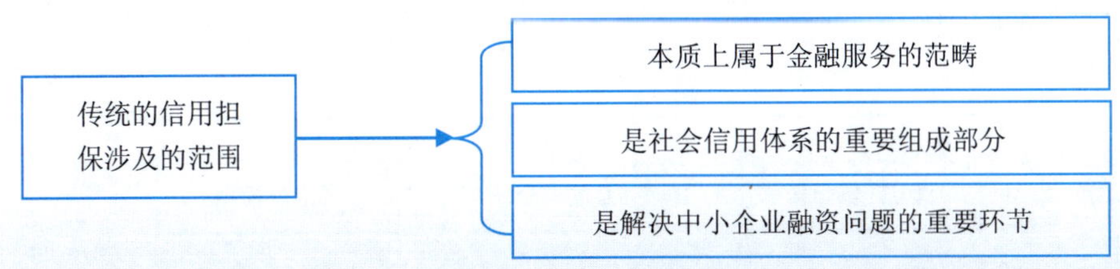

图9-19　传统的信用担保涉及的范围

通常来说，在申请人向银行办理贷款的过程中，需要提供至少一种担保，其实就是抵押，它包括以下 4 个方面，如图 9-20 所示。

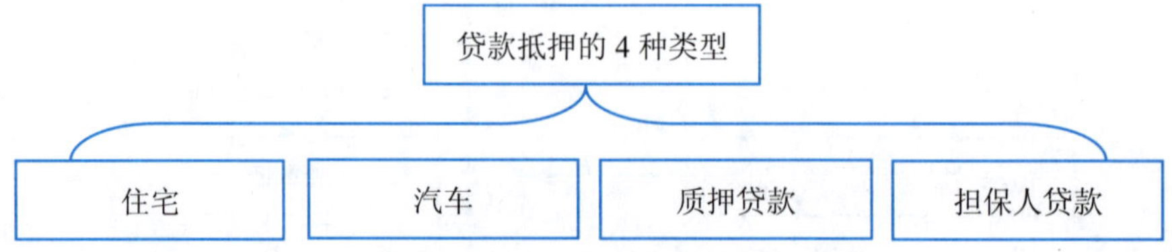

图 9-20　贷款抵押的 4 种类型

而信用担保的融资形式则是不需要通过抵押的，想要申请的企业只需满足相应的条件即可。

传统的信用担保融资主要有 3 类，如图 9-21 所示。

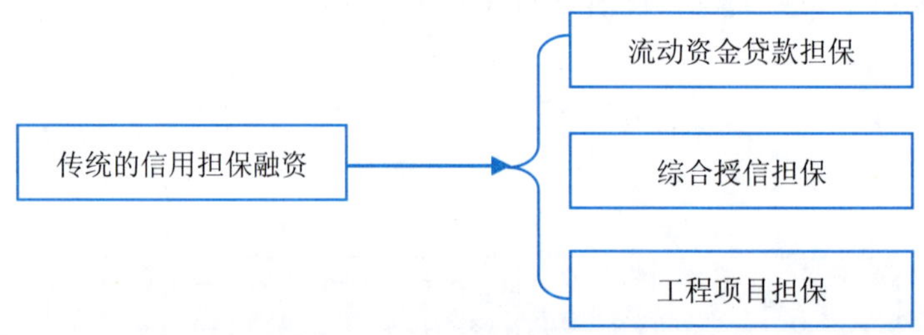

图 9-21　传统信用担保融资的 3 种方式

在 P2P 到来的时代，传统的担保模式因为受限过多而逐渐被取代。目前 P2P 的担保众筹模式各方面内容，如图 9-22 所示。

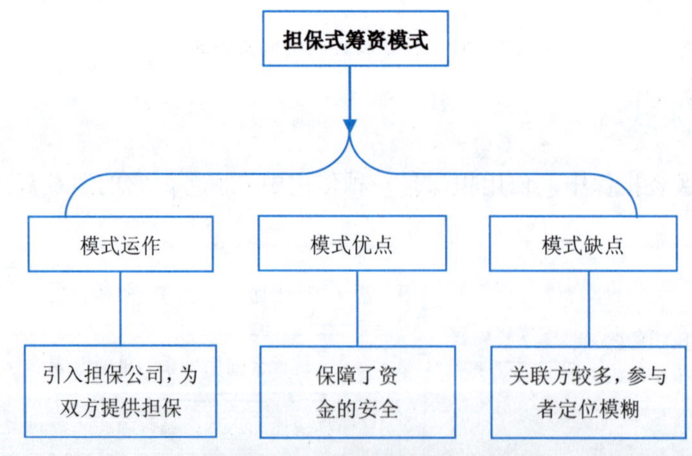

图 9-22　担保式的筹资模式

9.2.4 平台式

与以上三种模式相比较，平台模式最主要的特点就是其核心业务已经脱离了金融范畴，也就是本身纯粹作为一个中介存在。

平台模式在目前不算太常见，属于影响力较为有限的一种方式，目前债权式众筹中的平台模式各方面内容，如图 9-23 所示。

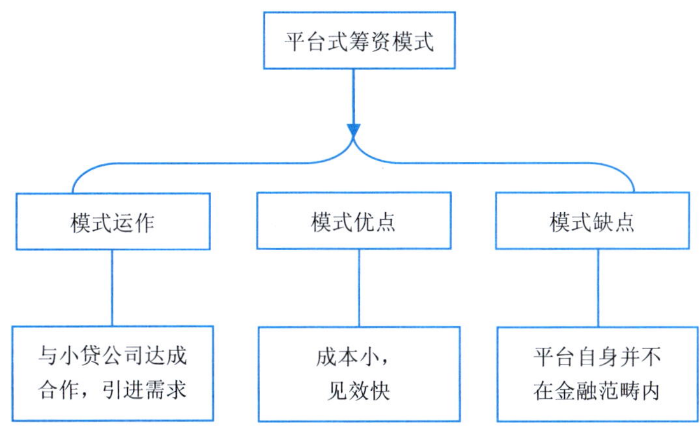

图 9-23 平台式筹资模式

9.3 利率与金额的确定

一般来说，可以把债权式众筹看作是民间借贷的一种，只是在形式上采用了互联网方式。在国内，虽然民间借贷是合法的，但是出现纠纷时却不受保护。

传统的民间借贷分为两类，如图 9-24 所示。

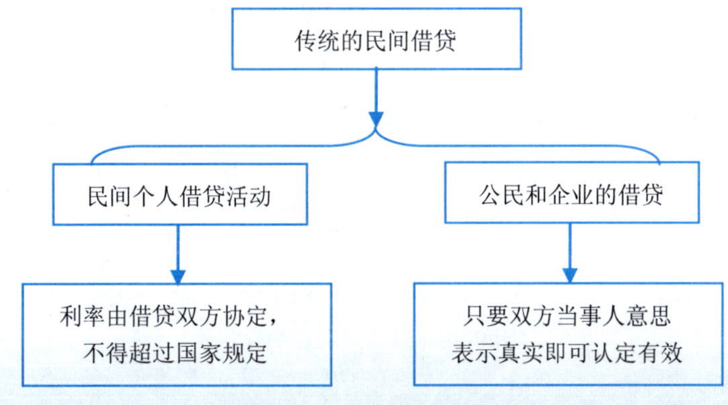

图 9-24 传统的民间借贷

双方都达成一致的事情一般比较容易解决对于债权众筹来说最重要的是利率与金额的确定。

9.3.1 法律的相关规定

对于民间借贷的利率，中国的《合同法》作出了借款利率不得违反国家有关限制借款利率的规定。

涉及具体的利率问题，司法具体规定，如图 9-25 所示。

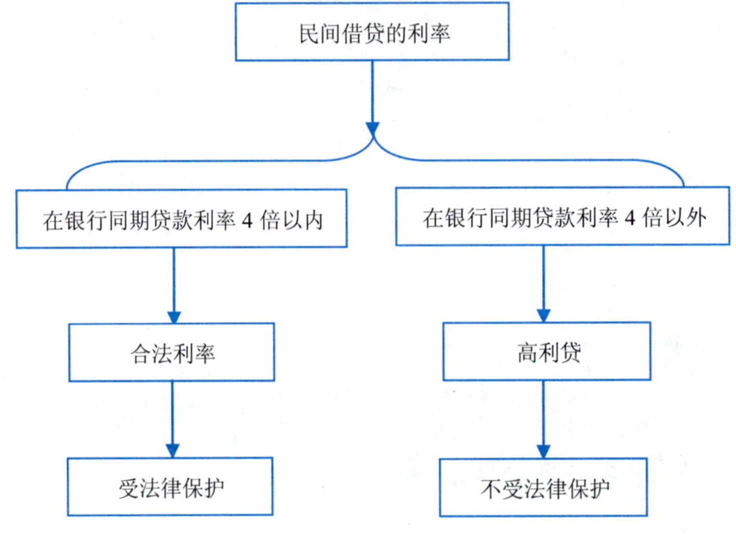

图 9-25 民间借贷的利率

具体来说，在民间借贷中，法律对利息有明确规定，其内容如图 9-26 所示。

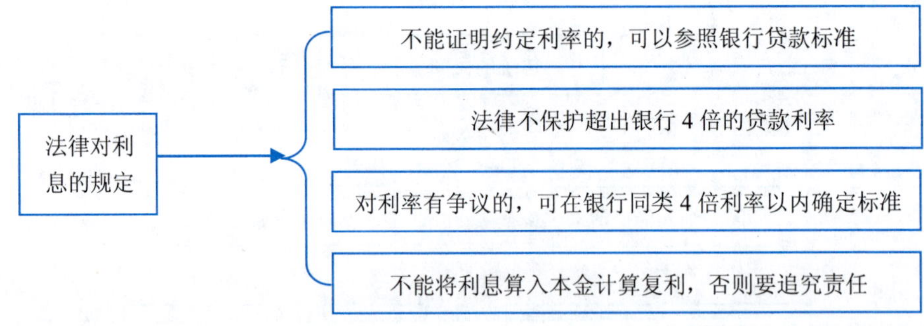

图 9-26 法律对利息的规定

9.3.2 模式的出现

归根结底，债权众筹之所以会出现，其主要的原因是正规金融资金供给与社会资金需求之间的矛盾，如图 9-27 所示。

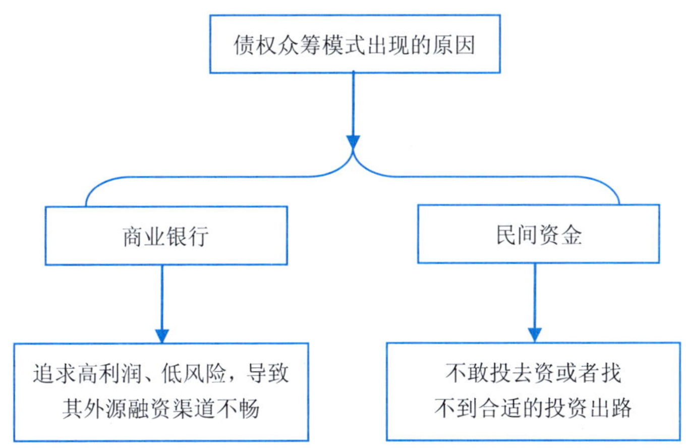

图 9-27 债权众筹模式出现的原因

于是，中小企业开始选择民间金融，如图 9-28 所示。民间金融机构与中小企业交流频繁、信息获取成本低，这些优势使得民间借贷有很大的发展空间，这也是债权众筹之所以存在的根本意义。

图 9-28 民间金融借贷

1. 确定贷款利率

法律对民间借贷的利息并无强制要求，有偿或无偿由双方是否有约定来决定。因此，出借人如果想要获取利息，就一定要与借款人达成一致，否则将视作无息。

如果是无息借贷，借款人到期不还款，出借人也有权要求其支付逾期利息。

在具体债权众筹的平台上进行项目上线时，借款人借款的流程，如图 9-29 所示。

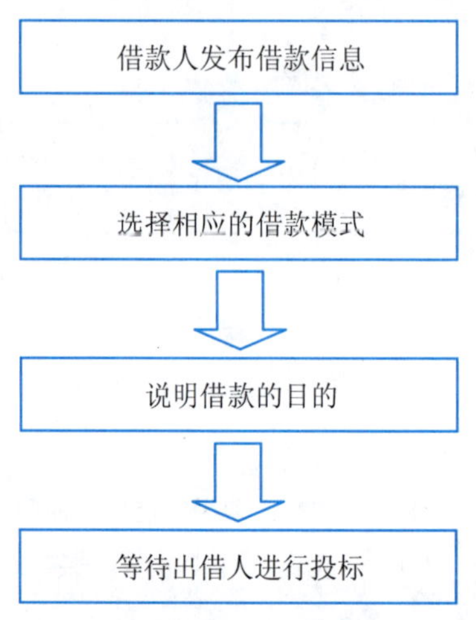

图 9-29 借款人的借款流程

一般平台会要求借款人根据自己的能力和情况，去设定一个能承受的最高利率。在信用等级越高的情况下，其借款的利率可以相对降低。平台也会及时调整利率评定标准，根据信用级别及借款类别规定最低利率，如图 9-30 所示。

利率说明

贷款期限（月）	贷款利率（月）	一次性费用
6、12、18、24	1.42%-2.49% 具体由机构综合评分决定	2.6%

图 9-30 借款的利率说明

2. 确定贷款金额

因为互联网的存在，债权众筹与传统借贷模式有很大区别，最主要的体现就是平台上借款人的信用等级评定。

借款人提交的认证材料将决定他的可用额度，以及未来的借款金额标准。在一般情况下，提交的有效材料越多，就越有可能获得额度的升级。

平台审核的时候最常见接收到的个人资料，主要包括以下 4 个方面，如图 9-31 所示。

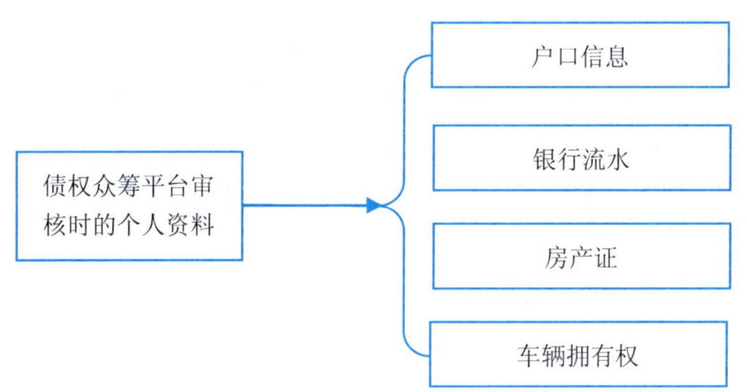

图 9-31 平台审核时个人资料主要包含的 4 个方面

如图 9-32 所示，为借款人提供的房产证明。

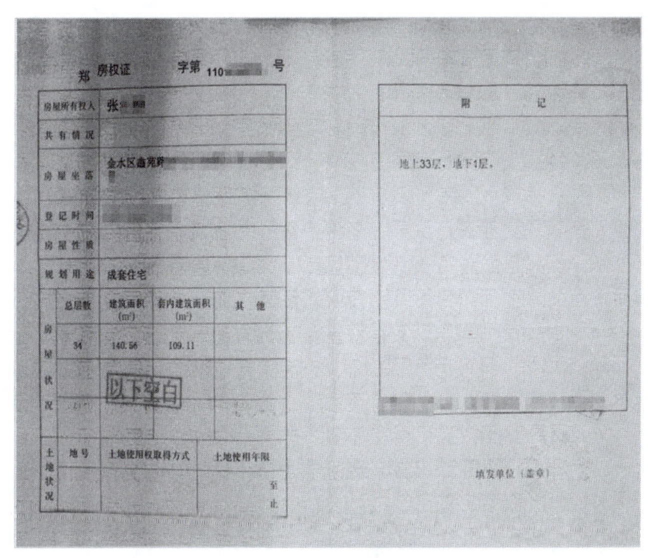

郑 房权证 字第 110 号

房屋所有权人	张		
共有情况			
房屋坐落	金水区鑫苑府		
登记时间			
房屋性质			
规划用途	成套住宅		
总层数	建筑面积(m²)	套内建筑面积(m²)	其他
34	140.56	109.11	
以下空白			
地号	土地使用权取得方式	土地使用年限	
		至 止	

附记

地上33层，地下1层。

填发单位（盖章）

图 9-32 借款人提供的房产证明

除此之外，如果借款人一直有良好的还款记录，那么审核人员也会不时提高其借款额度，以保证用户在平台的使用满意度。

大多数平台对于初次参与债权借款的用户，额度被要求在较低的水平，也就是 2000 元或 3000 元的层次，与信用卡的最低初始额度类似。

3. 避免纠纷

在现实生活中，债权众筹借贷大量存在，由此而导致的纠纷也不少。如图 9-33 所示，为国内的一些债权众筹借贷。

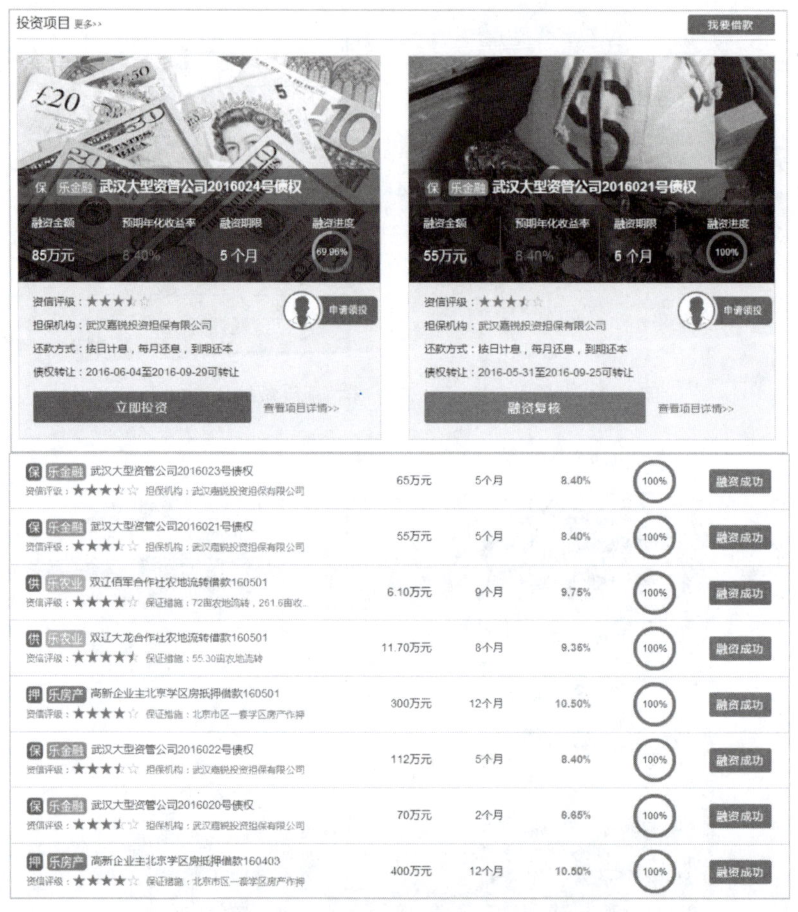

图 9-33 国内的一些债权众筹借贷

例如，“拍拍贷”就是一个典型的网络借贷平台，是国内用户规模非常大的 P2P 纯信用无担保的网络借贷平台。

“拍拍贷”主要提供快速、便捷、多渠道的信用贷款和投资理财服务。如图 9-34 所示，为“拍拍贷”的官网。

根据对“拍拍贷”平台上项目数据的统计，可以得到如图 9-35 所示的结果。

图 9-34 网络借贷平台“拍拍贷”

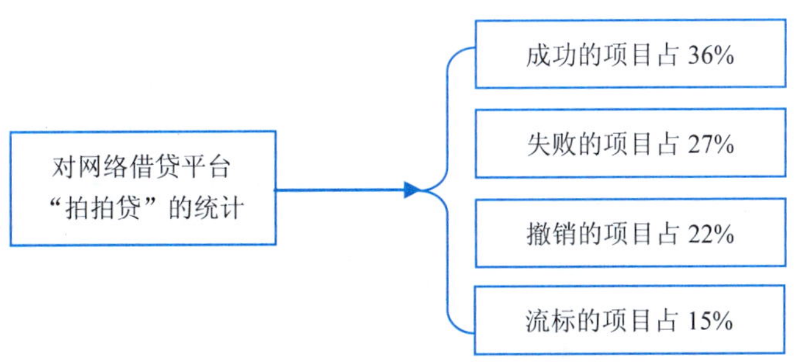

图 9-35 对网络借贷平台“拍拍贷”上项目数据的统计

成功的概率低，而存在问题的项目较多，也就容易产生借款相关的纠纷。在传统的借款纠纷诉讼中，债务人若不履行还款义务，法院可以施行强制执行。

目前，借款在线下的形式与传统没有太大的区别，所以同样可以采用传统避免纠纷的方式去进行保障，如图 9-36 所示。

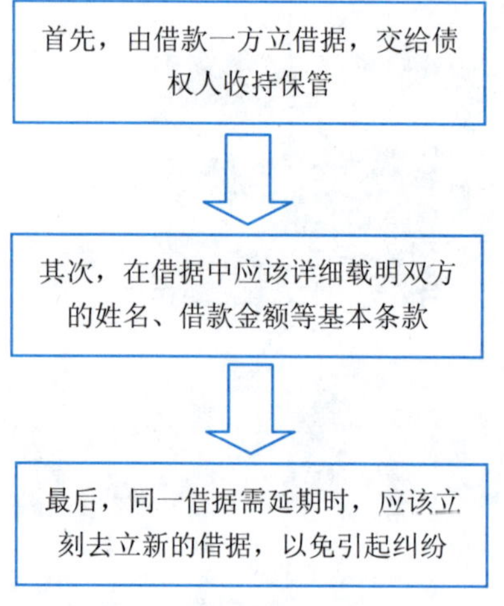

图 9-36　传统避免纠纷的三个层次

4. 其他情况

在对网络借贷平台“拍拍贷”的部分借款列表内容进行分析时，共有4种情况，如图9-37所示。

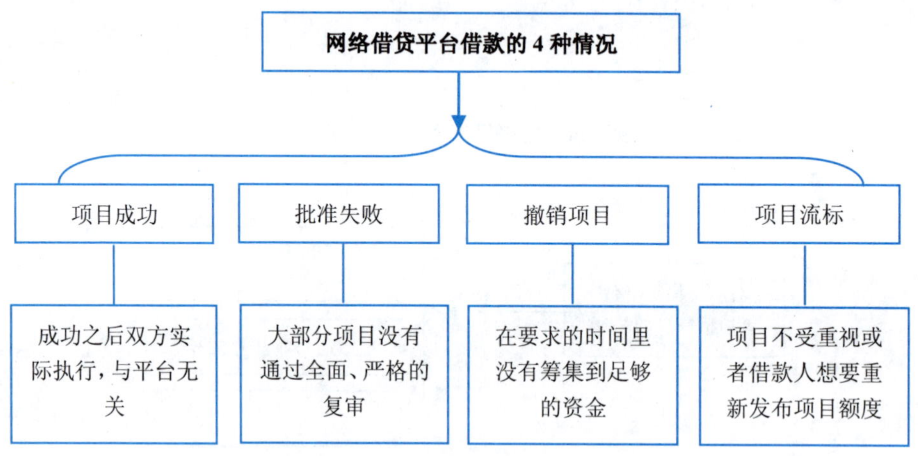

图 9-37　网络借贷平台借款的 4 种情况

9.3.3　模式的作用

债权众筹模式是一种合约双方自愿达成交易的市场化融资机制，如图 9-38 所示，为债权众筹对出借人和借款人的作用。

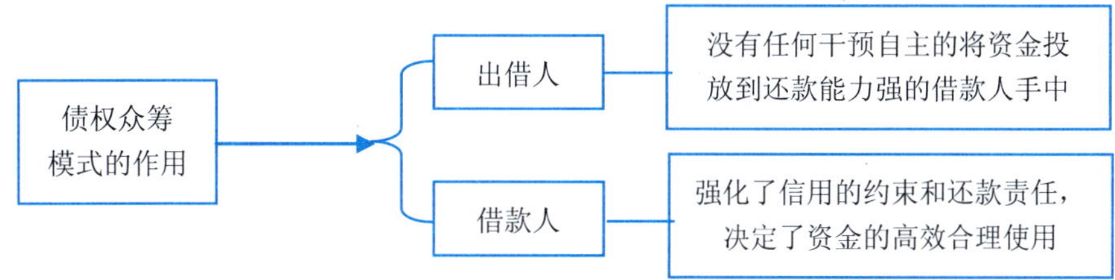

图 9-38　债权众筹模式对出借人和借款人的作用

债权众筹提高了资金的配置效率，如图 9-39 所示，为证大集团旗下企业小康时代电影有限公司借款的资金配置。

项目描述

众筹企业上海小康时代电影有限公司（上海证大集团旗下企业）成立于2012年10月10日，注册资本1833 33万元，主营业务为广播电视节目制作、发行，文化交流活动策划等。

因经营需要，企业拟分期进行融资，本期融资人民币叁佰万元（￥3,000,000.00），主要用于企业流动资金周转。

此前，该企业已分别于2015年11月1日、11月15日和11月19日通过乐钱平台（www.leqian.com）成功融资人民币共壹仟万元（￥10,000,000.00），主要用于众筹企业出品的电影试睡大师之《今夜无人入眠》的制作。目前该笔资金已用于支付演职人员薪酬及部分前期拍摄费用。其中，演职人员总计130人，从众筹资金中支付薪酬642万元；前期拍摄费用(如设备、车辆、场景租赁，服装美术、道具置景，剧照、花絮、记录片，食宿、保险等)从众筹资金中支付358万元。

试睡大师之《今夜无人入眠》是影星丹尼斯·吴主演的浪漫爱情喜剧院线电影，故事围绕一个“躺着就能挣钱”的神秘职业“酒店试睡员”展开，电影拍摄地为海南清水湾。该电影于2015年秋季开机，历时一个月的前期拍摄已于2015年12月6日杀青，目前已进入后期制作阶段，包括剪辑、配音配乐等，2016年4月将出成片，并进入宣发阶段，2016年11月将正式公映。

项目还款来源主要为上海证大集团经营收入。本项目由众筹企业股东上海证大文化创意发展有限公司出具保函，上海证大投资集团董事长戴志康提供个人无限连带责任保证。

图 9-39　证大集团旗下企业小康时代电影有限公司借款的资金配置

第 10 章 金融行业的债权众筹案例

学前提示

债权式众筹可以说就是 P2P 网络借贷，其本质是企业或者个人，通过众筹平台向互联网上的若干出资者借款。

本章主要针对债权众筹这一模式进行案例分析与项目实战，学习如何通过债权众筹平台来发起项目，及其中应该注意的问题。

- 金融行业的债权众筹案例
  - 项目相关
  - 项目上线

10.1 项目相关

简单来说，债权式众筹就是 P2P 网络借贷，它是指个人或企业通过 P2P 网贷平台向其他人提供小额贷款的金融模式，借款人需要向该平台支付一定费用。

当然，债权众筹 P2P 平台的作用也是多方面的，如图 10-1 所示。

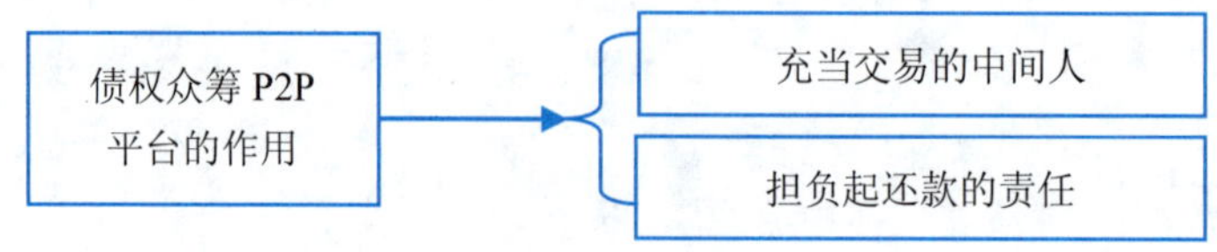

图 10-1 债权众筹 P2P 平台的作用

P2P 网络借贷主要有两个参与者，一是资金借出的借款人，另一个是需要资金的贷款人。

一般来说，P2P 网络借贷中借款人发布的利率一般要比同等情况下的银行贷款的利率要高，这也使得这种类型的平台越来越受到大众的欢迎。

如图 10-2 所示，为 P2P 网络借贷的具体特点。

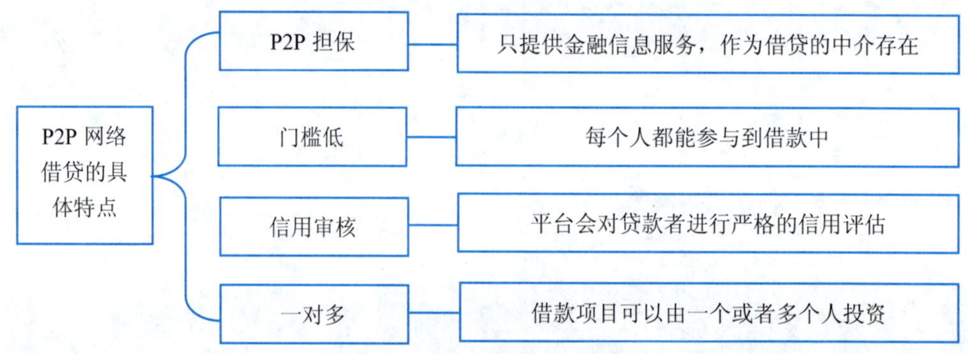

图 10-2 P2P 网络借贷的具体特点

正是由于 P2P 网络借贷的诸多特点，使得国内的债权众筹 P2P 平台越来越多，借款人与贷款人更愿意选择在这样一个低门槛、高保障的平台进行交易。本节将主要介绍国内的一些 P2P 平台，以及平台案例。

10.1.1 当下现状

虽然，债权众筹模式在我国起步较晚，但是，在目前它已经成为非常热门的众筹模式。债权众筹之所以会出现，主要包含两个方面的原因，如图 10-3 所示。

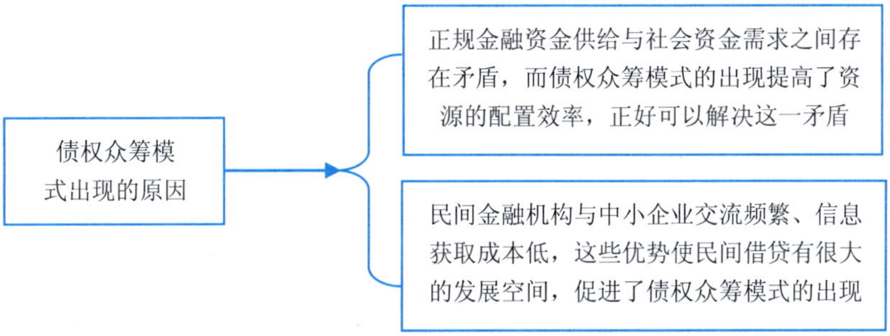

债权众筹模式出现的原因

- 正规金融资金供给与社会资金需求之间存在矛盾，而债权众筹模式的出现提高了资源的配置效率，正好可以解决这一矛盾
- 民间金融机构与中小企业交流频繁、信息获取成本低，这些优势使民间借贷有很大的发展空间，促进了债权众筹模式的出现

图 10-3　债权众筹模式出现的原因

与其他众筹不同的是，债权众筹由于借贷协议的限制与束缚，这种模式比较局限，如今只被一些中小企业所采用。

10.1.2　相关案例

为了更加详细的认识债权众筹这一模式，了解该模式的特点，下面将通过案例详细进行说明。

以“乐钱”债权众筹平台上的项目“大连优质房产抵押借款 160501”为例，如图 10-4 所示，为该项目的众筹界面。

图 10-4　众筹项目“大连优质房产抵押借款 160501”

“乐钱”债权众筹平台对该项目的相关信息进行了详细的描述，它包含 5 个方面内容，如图 10-5 所示。

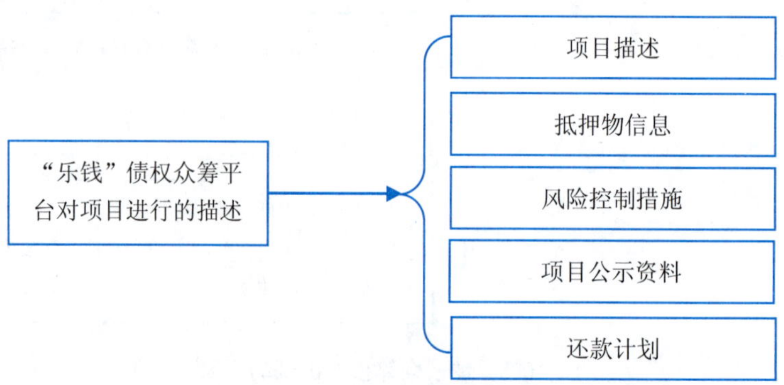

图 10-5 "乐钱"债权众筹平台对该项目进行的描述

如图 10-6 所示，为项目发起人对该项目的风险控制措施的详细描述，这一说明不仅能很好地对项目期间出现的风险，有更合理的处理措施，也对避免项目后期出现的纠纷起到了一定的作用。

风险控制措施

本项目为个人房屋抵押借款，抵押物价值充足。√

借款人夫妻双方提供个人无限连带责任保证。√

抵押房产房主刘某夫妻双方提供个人无限连带责任保证。√

抵押房产房主邵某夫妻双方提供个人无限连带责任保证。√

房地产抵押借款合同已在"大连市公证处"做强执公证，具有强制执行效力（目前正在办理中）。√

通过核查该借款人最新信用记录情况显示：该借款人信用记录良好，无其他不良记录。（查询日期：2016年5月25日）√

该借款人最新涉诉情况显示：未发现该借款人存在诉讼情况。（查询日期：2016年5月25日）√

图 10-6 项目发起人对风险控制措施进行的描述

如图 10-7 所示，为项目的抵押物信息与项目的公示材料，这种类型信息的展示，不仅可以让投资者简单、便捷地了解所需的信息，而且还能提高项目的可信程度，吸引投资。

当然，项目的还款计划也非常重要，投资人能够第一时间了解自己用于项目投资的本金与利息的具体还款时间，这一信息能够吸引投资者的第二次投资。如图 10-8 所示，为该项目的还款计划。

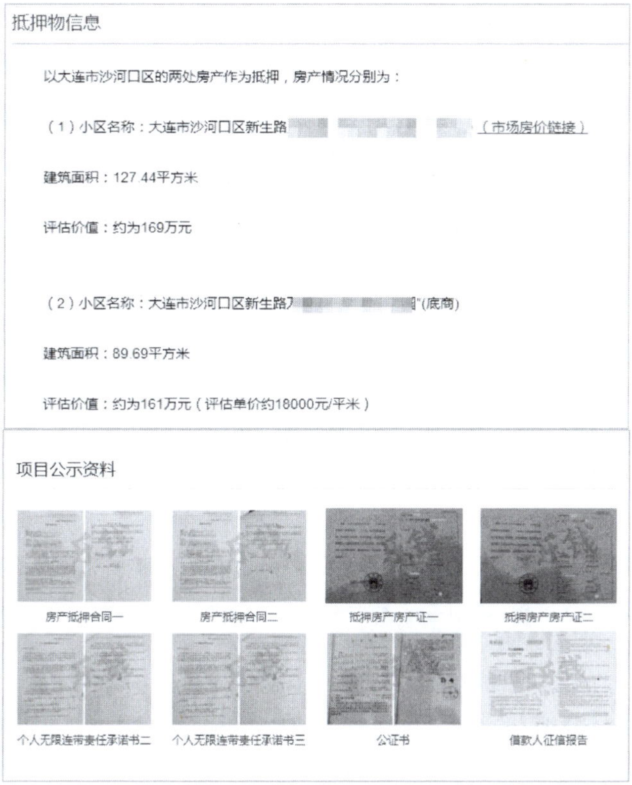

抵押物信息

以大连市沙河口区的两处房产作为抵押，房产情况分别为：

（1）小区名称：大连市沙河口区新生路 （市场房价链接）

建筑面积：127.44平方米

评估价值：约为169万元

（2）小区名称：大连市沙河口区新生路 "(底商)

建筑面积：89.69平方米

评估价值：约为161万元（评估单价约18000元/平米）

项目公示资料

房产抵押合同一　房产抵押合同二　抵押房产房产证一　抵押房产房产证二

个人无限连带责任承诺书二　个人无限连带责任承诺书三　公证书　借款人征信报告

图 10-7　项目发起人对抵押物信息与公示材料的展示

还款计划

预期本息：1,932,326.02元（按合同起息日计算），共分3次还款(计算精确到0.01元)

还款时间	还款利息	还款本金	还款总额
2016-07-12	10,541.09元	0.00元	10,541.09元
2016-08-12	10,892.46元	0.00元	10,892.46元
2016-09-12	10,892.47元	1,900,000.00元	1,910,892.47元

图 10-8　项目发起人对还款计划信息的展示

10.1.3　平台介绍

众所周知，债权众筹的实质就是 P2P 网络借贷，因此要进行债权众筹，就需要了解各种不同的 P2P 平台。

1. 人人贷

人人贷是中国早期基于互联网的 P2P 信用借贷服务平台，它于 2010 年 5 月成立。人人贷平台凭借其安全、诚信等特点得到了广大用户的赞许，成为当下 P2P 平台中的佼佼者。如图 10-9 所示，为人人贷平台。

图 10-9 人人贷平台

人人贷平台的项目产品非常多，适用人群非常的广泛，从资金的用途进行分析，可以分为 3 类，如图 10-10 所示。

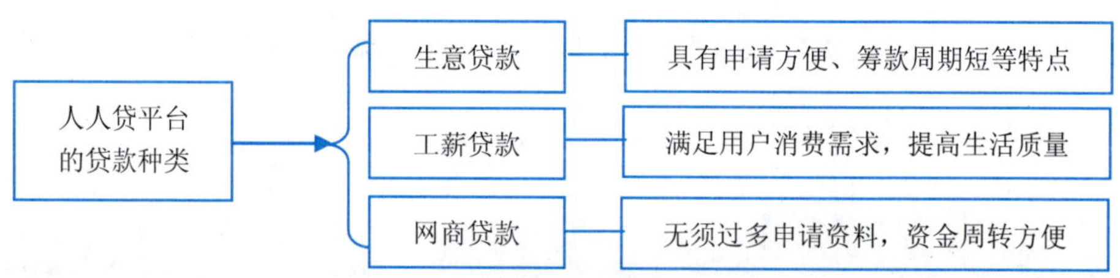

图 10-10 人人贷平台贷款种类

通过人人贷平台的首页，可以看到有很多正在众筹与已经完成众筹的债权项目，如图 10-11 所示。

单击其中的某个项目，可以了解到项目相关、借款人相关、借款描述以及审核状态等信息，如图 10-12 所示，为某项目与其借贷人的相关信息。

从项目的相关信息中，可以了解到以下 8 个方面内容，如图 10-13 所示。

自主投资 期限灵活 / 债权/ 散标 / 查看更多>	借款标题	年利率	金额	期限	进度	
	实 扩大生产/经营	9.60%	213,500.00元	24个月	55%	投标
	信 为我的人生创...	10.00%	15,600.00元	6个月	100%	还款中
	保 借款进货	10.00%	52,000.00元	24个月	100%	还款中
	实 装修	10.20%	73,400.00元	36个月	100%	还款中

图 10-11　人人贷平台中的债权众筹项目

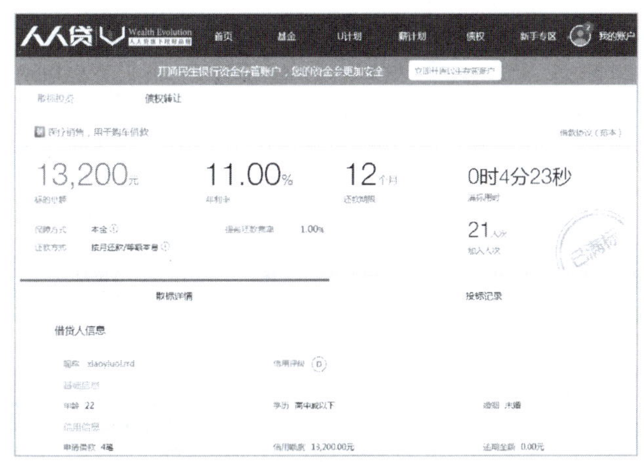

图 10-12　人人贷平台中某项目与其借贷人的相关信息

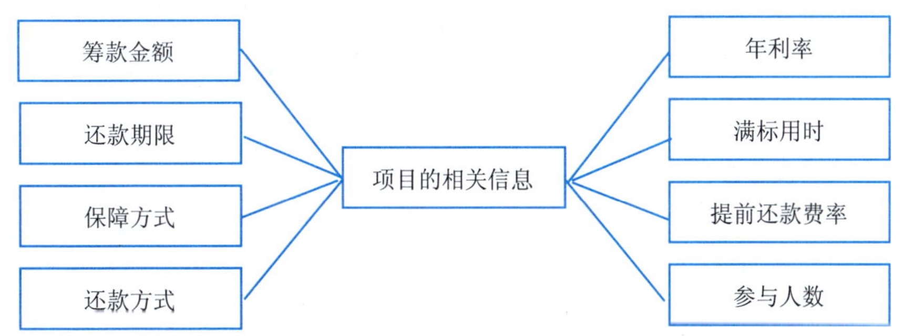

图 10-13　项目的相关信息

人人贷平台包含安全、权威、省心、灵活等特点，不仅如此，该平台还设置了多种通道，例如，新手投资、基金购买、定期理财等。如图 10-14 所示，为该平台的新手投资专享通道。

新手投资
专享通道

新手专区

查看更多>

借款标题	年利率	金额	期限	进度	
实 装修	10.20%	147,000.00元	36个月	0%	投标
实 扩大生产/经营	10.20%	28,800.00元	36个月	100%	还款中
实 经营网店	10.20%	43,300.00元	36个月	100%	还款中
实 资金周转	10.20%	92,300.00元	36个月	100%	还款中

新手指南

01 会员注册 新手注册即获得 50元红包

02 民生银行开户 注册24小时内开户成功得 20元红包

03 充值 注册24小时内首次充值得 30元红包

04 理财 注册24小时内首投最高得 100元红包

图 10-14　人人贷新手投资专享通道

2. 拍拍贷

拍拍贷也是国内交易量非常大、用户体验良好而且是纯信用、无担保的 P2P 网络信贷平台，如图 10-15 所示。

图 10-15　拍拍贷平台

与其他 P2P 平台相比，拍拍贷最大的特点在于其本身不参与借款，而只提供信息匹配、工具支持和服务等功能，如图 10-16 所示，为拍拍贷平台的工作原理。

除此之外，拍拍贷还具有以下优势，如图 10-17 所示，正是由于拍拍贷的这些优势，使其成为借款用户数量非常多的 P2P 平台之一。

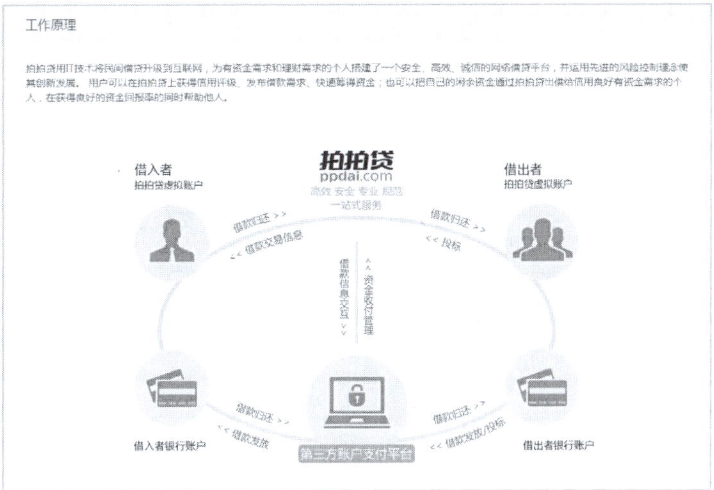

工作原理
拍拍贷用IT技术将民间借贷升级到互联网，为有资金需求和理财需求的个人搭建了一个安全、高效、诚信的网络借贷平台，并运用先进的风险控制理念使其创新发展。用户可以在拍拍贷上获得信用评级、发布借款需求、快速筹得资金；也可以把自己的闲余资金通过拍拍贷出借给信用良好有资金需求的个人，在获得良好的资金回报率的同时帮助他人。
借入者
拍拍贷虚拟账户
拍拍贷
ppdai.com
高效 安全 专业 规范
一站式服务
借出者
拍拍贷虚拟账户
借款归还 >>
<< 借款交易信息
借款归还 >>
<< 投标
借款信息交互 >>
<< 资金收付管理
借入者银行账户
借款归还 >>
<< 借款发放
第三方账户支付平台
借款归还 >>
<< 借款发放/投标
借出者银行账户

图 10-16　拍拍贷平台的工作原理

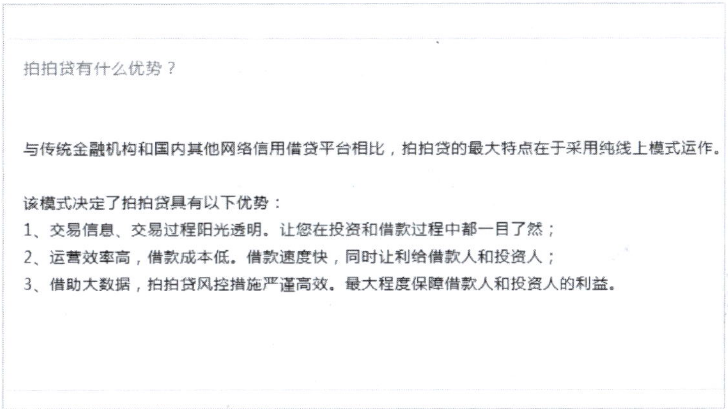

拍拍贷有什么优势？

与传统金融机构和国内其他网络信用借贷平台相比，拍拍贷的最大特点在于采用纯线上模式运作。

该模式决定了拍拍贷具有以下优势：
1、交易信息、交易过程阳光透明。让您在投资和借款过程中都一目了然；
2、运营效率高，借款成本低。借款速度快，同时让利给借款人和投资人；
3、借助大数据，拍拍贷风控措施严谨高效。最大程度保障借款人和投资人的利益。

图 10-17　拍拍贷平台的优势

拍拍贷平台设置了众筹的信用等级划分，当得分范围在 126～150 之内，其信用等级为 A；当得分范围在 101～125 之内，其信用等级为 B；当得分范围在 76～100 之内，其信用等级为 C；当得分范围在 51～75 之内，其信用等级为 D；当得分范围在 26～50 之内，其信用等级为 E；当得分范围在 1～25 之内，其信用等级为 F。其积分的方式分为两种，如图 10-18 所示。

当然，信用等级越高，用户可借款的数量就越多。如图 10-19 所示，为拍拍贷平台信用等级评定的具体得分。

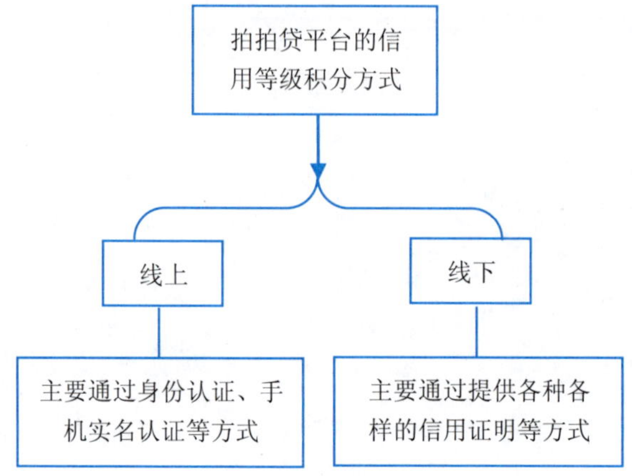

图 10-18　拍拍贷平台的信用等级积分方式

借款列表		借入等级记录
借入信用总得分：(0) 分 [非实时更新]		
实名认证：	θ 分	身份认证(10分)
	θ 分	视频认证(10分)
	θ 分	学历认证(5分)
	θ 分	手机认证(10分)
其他认证：	0 分	网上银行充值认证(3分)
邀请评价：	0分	邀请朋友评价（5分）[已停用]
交易记录：	0 分	全额还清：0 次 (1分/次,每个月最多加一分)
	-0	逾期且还款(>15天)：0次 (-2分/次)【逾期未还清用户无法正常发布列表】

资料得分：0 分
"资料评分"是根据用户的提交的其他信息来确定的，包括了年龄，学历，工作，收入等各个因素。另外，用户可能通过提供可验证的其他信息比如结婚证，学生证，其他工资证明等更多信息提高自己的等级

*（信用分计算非实时，最多会有1天的延迟；提前15天还款不加信用分）

图 10-19　拍拍贷平台信用等级评定具体得分

另一方面，信用等级越高，用户的借款利率越低，拍拍贷还通过视频说明的方式介绍了借款利率，如图 10-20 所示。

•专 家 提 醒

债权式众筹项目的贷款人所设置的最高利率不得超过银行同期利率的 4 倍，合理的确定借款利率与借款金额对项目筹资的成功，起着至关重要的作用。

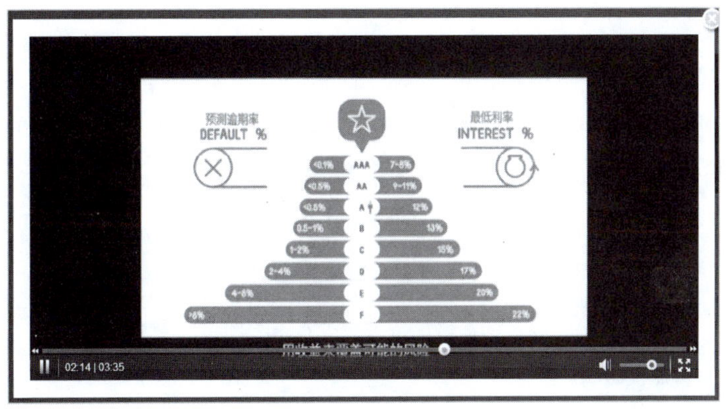

图 10-20　拍拍贷通过视频说明的方式介绍了借款利率

3. 积木盒子

除了人人贷平台与拍拍贷平台，积木盒子 P2P 平台也是贷款人与借款人不错的选择，如图 10-21 所示。

图 10-21　积木盒子平台

积木盒子平台界面比较简洁，功能和项目一目了然，除此之外该平台还具有以下特点，如图 10-22 所示。

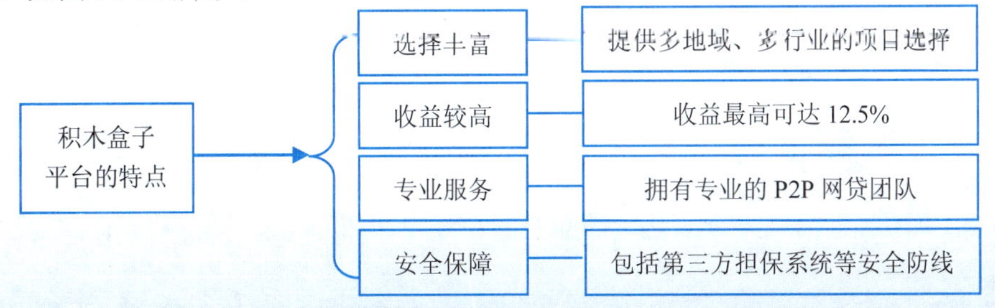

图 10-22　积木盒子平台的特点

10.1.4 吸引目光

债权众筹平台吸引目光的方式有很多，其中大部分都以平台的特色板块、独特的功能以及信用安全保障等为主。

以积木盒子平台为例，其吸引目光的方式可能是一些众筹投资的话题或是一些特别的活动，如图 10-23 所示。

图 10-23　积木盒子平台吸引目光的方式

10.2 项目上线

与其他类型的众筹平台不同，债权众筹平台主要是注重信用与安全的保障，其项目上线相对比较简单。

本节主要介绍如何选择一个好的债权众筹平台，并进行注册、登录以及如何在该平台上的项目发布等。

10.2.1 选择平台

宜信集团旗下的宜人贷，是中国知名的在线 P2P 平台，该平台的累计注册用户高达 600 万。

作为一个非常有影响力的借贷平台，宜人贷提供便捷、安全的借贷、咨询等服务，如图 10-24 所示，为宜人贷平台界面。

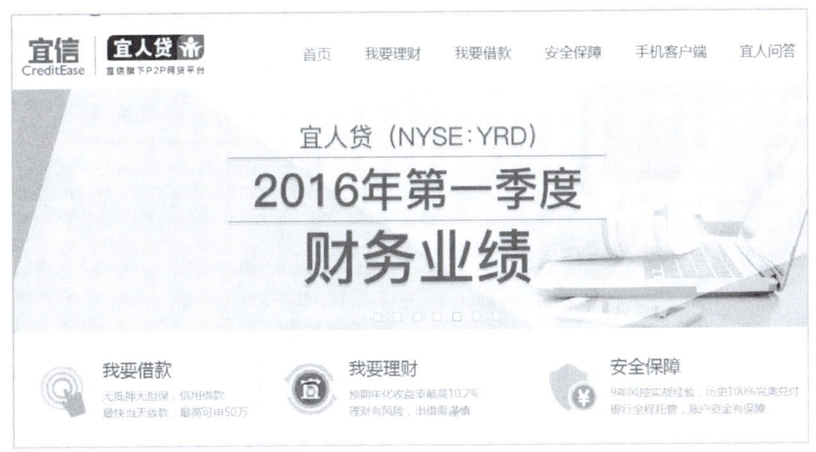

图 10-24　宜人贷平台界面

10.2.2　注册登录

在选择好平台之后，用户若想要借款就必须先注册与登录宜人贷平台，如图 10-25 所示。

图 10-25　宜人贷平台注册界面

用户需要进行选择贷款或者理财身份、填写手机号或者邮箱作为账户、设置与确认密码等操作，然后单击“立即注册”按钮，就能完成平台账号的注册了。

需要注意的是，宜人贷平台对于用户身份的选择要求非常严格，用户不能同时选取两种身份而且注册以后不能更换。

注册完成以后就会出现以下界面，单击“立即登录”按钮，就能登录宜人贷平台了，如图 10-26 所示。

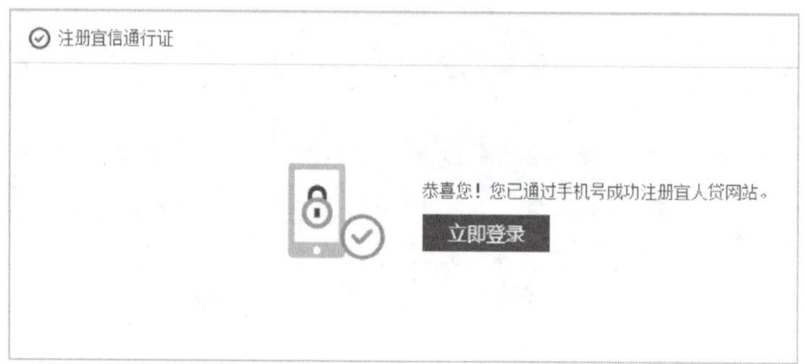

图 10-26 注册完成界面

10.2.3 发布项目

对于债权众筹模式来说，项目的发布就是发布借款。发布借款需要通过宜人贷平台的审核，因此需要就一些个人信息进行详细的填写，如图 10-27 所示。

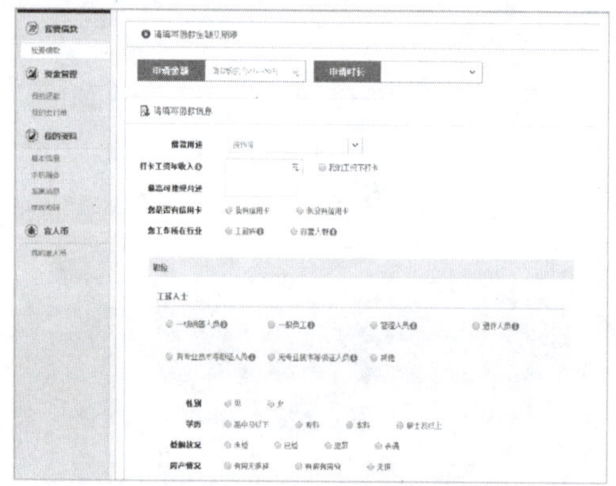

图 10-27 个人相关信息的填写

项目信息填写完毕之后，需要等待宜人贷平台的审核，审核的内容包括以下 4 个方面，如图 10-28 所示。

如图 10-29 所示，为宜人贷平台上某项目审核通过的信息。

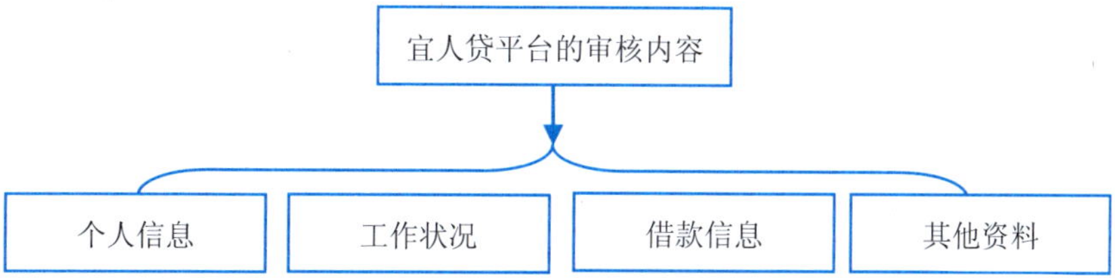

宜人贷平台的审核内容
个人信息
工作状况
借款信息
其他资料

图 10-28　宜人贷平台的审核内容

个人信息
工作状况
工作城市
上海市
年化利率
12%
工作证

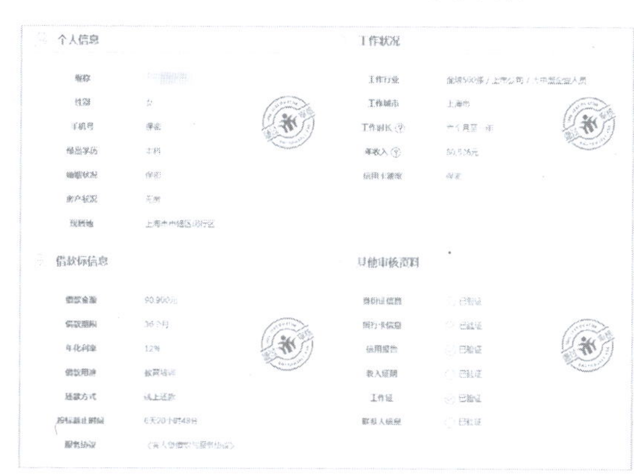

图 10-29　宜人贷平台某项目审核通过的信息

在各个方面的信息审核完成以后，项目的发布就算完成了。在项目成功投标以后，宜人贷平台就会开始放款服务，贷款人需要在借款时填写借款期限并按时还款。

第 11 章

社交众筹模式：基于社交网络传播项目进行的筹资

学前提示

社交众筹模式，作为一种必不可少的融资方式，已经从一种商业模式逐渐向生活方式和思维方式过渡，成为新常态式的存在。

本章主要介绍社交众筹模式从兴起，到社交关系的转变，再到社交众筹模式目标的确立，从各个方面对社交众筹在实际运作中可能遇到的问题进行分析和说明。

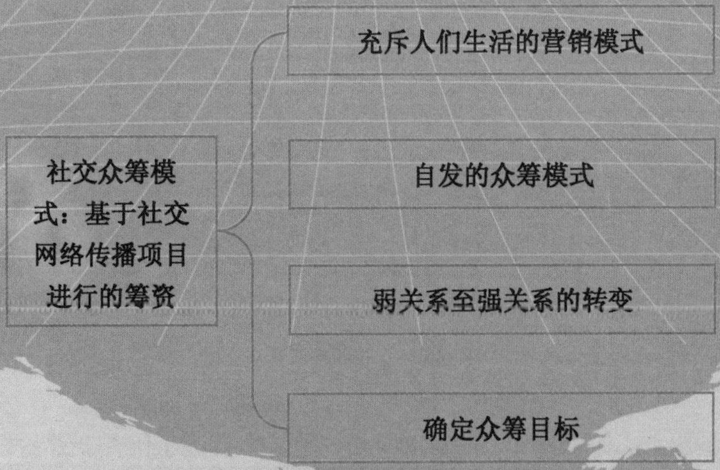

社交众筹模式：基于社交网络传播项目进行的筹资

- 充斥人们生活的营销模式
- 自发的众筹模式
- 弱关系至强关系的转变
- 确定众筹目标

11.1　充斥人们生活的营销模式

社交众筹模式是一种新的营销方式，它迅速发展使它充斥了人们的生活，它的出现有以下 5 个方面的作用，如图 11-1 所示。

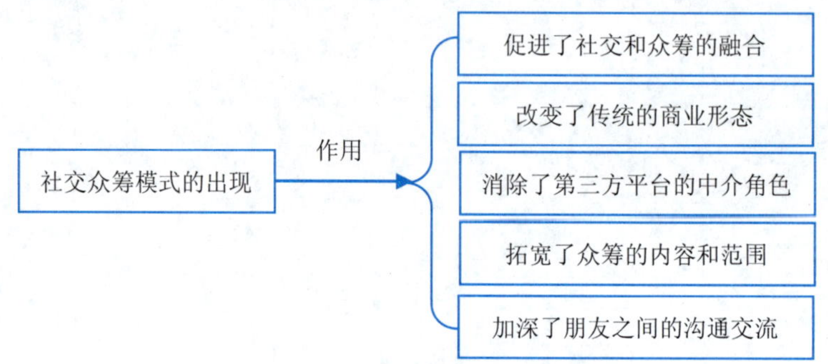

图 11-1　社交众筹模式出现的作用

11.1.1　无孔不入的众筹

众筹兴起于美国，在国外，众筹网站不仅发展速度快，而且人们的参与热情也非常的高。

国外的众筹项目众多，它基本上涉及了以下领域，如图 11-2 所示。

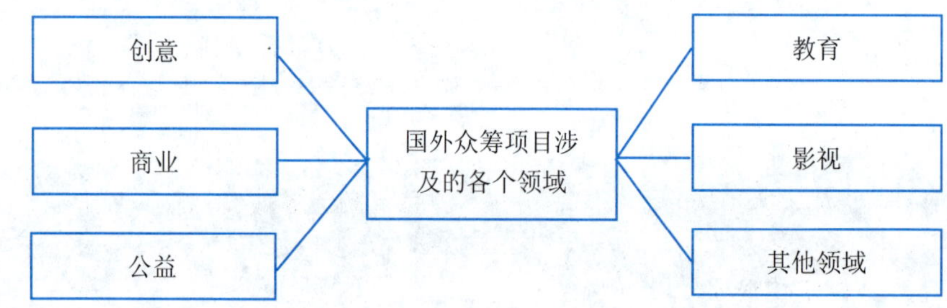

图 11-2　国外众筹项目涉及的各个领域

在国外众筹项目的带动下，国内的众筹也蓬勃发展了起来，国内的众筹形式越来越多元化，各种各样的众筹专题会议层出不穷，如图 11-3 所示。

虽然官方还没对众筹做出严格的定义和规范，但有鉴于国外众筹的发展经验，各种各样的众筹平台也在不断涌现，如图 11-4 所示。

各种各样的众筹专题会议

众筹沙龙

众筹论坛

众筹项目专场

图 11-3 各种各样的众筹专题会议

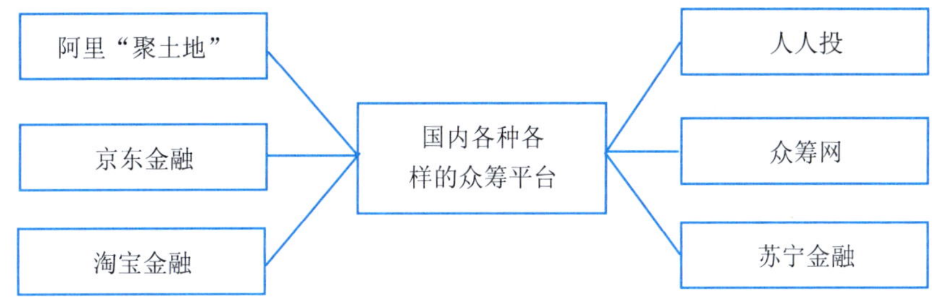

图 11-4 国内各种各样的众筹平台

众筹已经被无数企业当成了开拓渠道、融资的新方式，众筹似乎无所不能。如图 11-5 所示，为国内的众筹平台“人人投”。

图 11-5 国内众筹平台“人人投”

11.1.2 社交商业紧密联系

当今社会，移动社交已经慢慢融入了人们的生活，移动社交平台与移动设备的应用已经越来越广泛。

人们对于社交的渴望，使社交越来越受到人们的欢迎，也使得社交与商业的融合成为必然。

传统的商业活动基本上都是围绕商品进行的，它与现在的商业活动有所不同，通过以下的对比就能很明显的发现它们之间的区别。如图 11-6 所示。

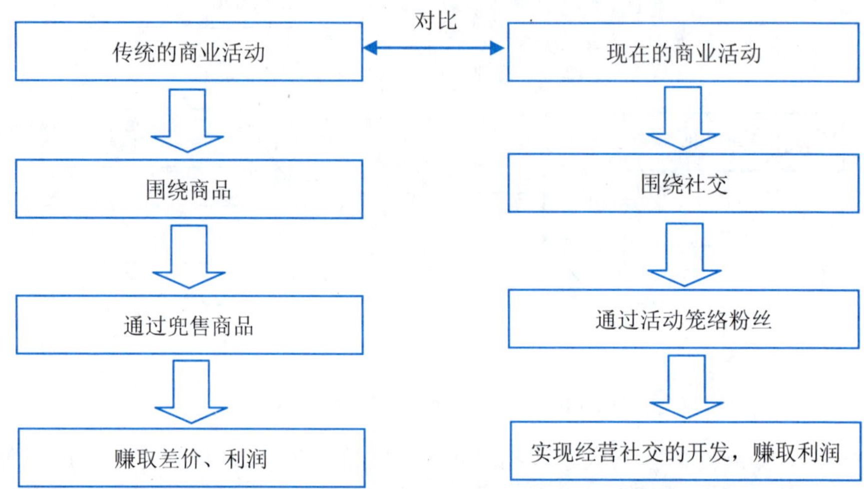

图 11-6　传统的商业活动与现在的商业活动的对比

随着大众的选择，现在的商业活动越来注重其社交的特性，如图 11-7 所示为进行社交活动的好处。

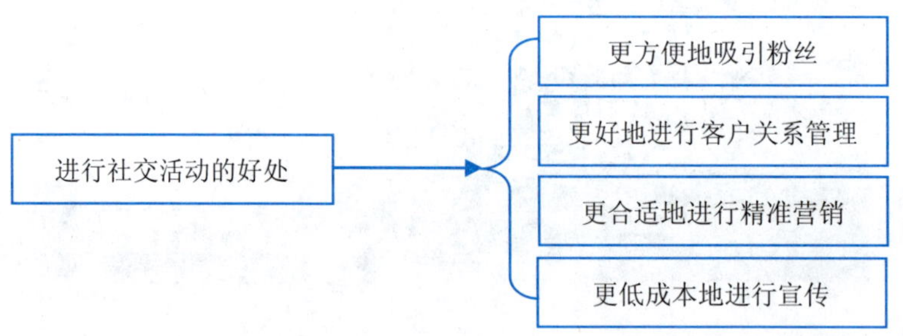

图 11-7　进行社交活动的好处

社交活动在商业上起着越来越重要的作用，商业正在与社交不断融合，如图 11-8 所示，为社交与商业融合的过程。

随着社交行为与商业活动的进一步融合，其产生的影响主要体现在以下三个方面，如图 11-9 所示。

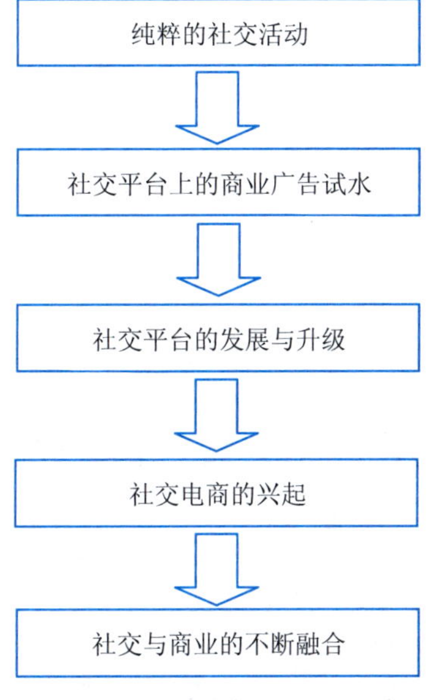

图 11-8　社交与商业融合的过程

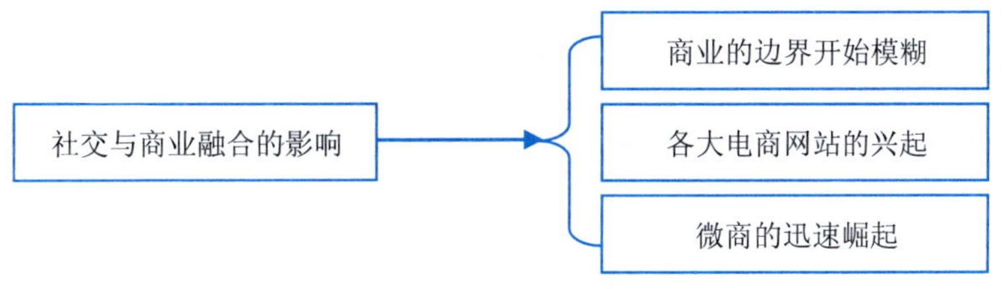

图 11-9　社交与商业融合的影响

11.1.3　社交众筹模式吸引大众创业

在移动互联网迅速发展的今天，社交不仅改变了大众传统的生活方式，更是带来了大量的创业机会。

很多的社交众筹项目所以获得成功，可能是该项目的回报实现起来比较简单，也可能是其支持的金额不高，但更主要的可能是来自社交平台的助力。社交对众筹的影响巨大，如图 11-10 所示。

例如，2003 年在美国创立的 Patreon，是一个旨在帮助艺术家实现梦想的众筹平台。项目发起人在 Patreon 上发起众筹项目时，还能将自己的项目推广到其他的社交网络平台上。

如图 11-11 所示，为 Patreon 平台的首页(上图)与其平台上的项目(下图)。

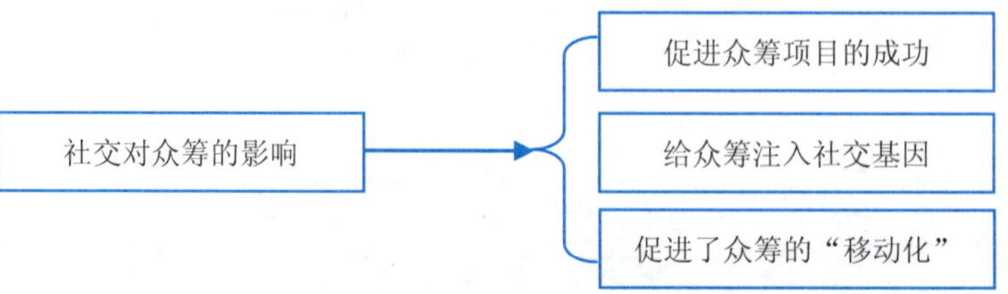

图 11-10 社交对众筹的影响

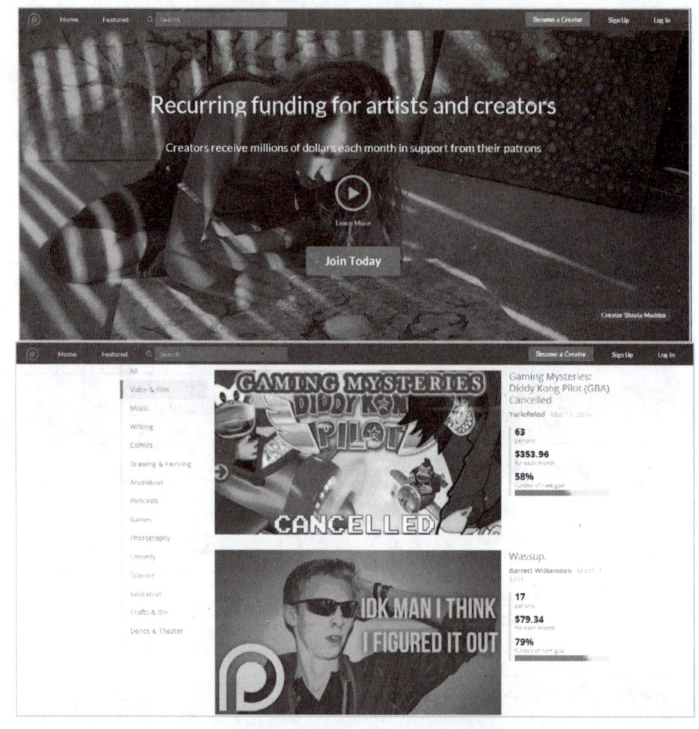

图 11-11 Patreon 平台的首页(上)与其平台上的项目(下)

Patreon 平台的创始人为其项目注入了社交基因，通过社交网络来吸引投资人的关注度，从而提高了众筹项目的成功率。正是由于这种社交因素对众筹的巨大影响，勾起了无数创业者创业的欲望与决心。

社交众筹在中国发展的时间还很短，是近几年才发展起来的新模式。虽然社交众筹发展的时间短，但是它的作用却非常大，如图 11-12 所示。

社交众筹模式凭借其特点，如图 11-13 所示，为商业带来了巨大的变革。

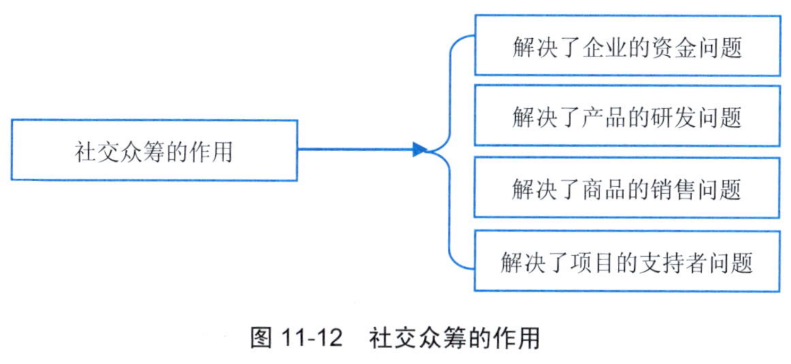

图 11-12 社交众筹的作用

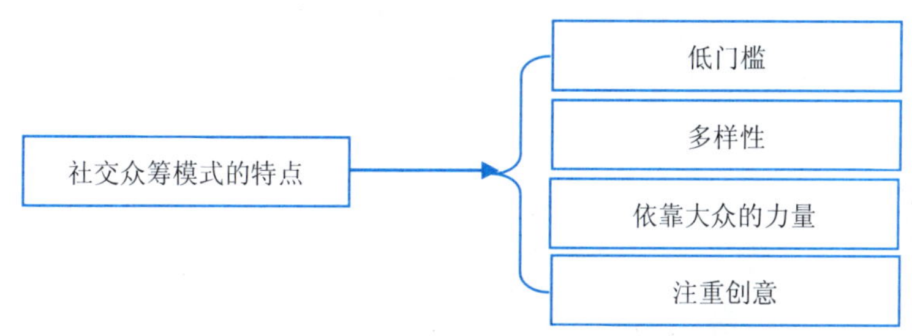

图 11-13 社交众筹模式的特点

创业者借助这一契机，通过社交众筹模式的特点将自己的创业梦想变为现实。在社交众筹的推动下实现大众创业、万众创新，俨然成为一种新的成功方法。

11.2 自发的众筹模式

随着社交众筹模式的不断发展，社群经济越来越繁荣，社交电商平台也越来越多。本节主要介绍社群经济与社交电商的发展，以及社交众筹模式的角色转变。

11.2.1 大势所趋

社交媒体的兴起、社群经济的繁荣和社交电商的飞速发展使社交众筹成为必然的趋势。

1. 社群与众筹

随着移动互联网、智能手机等移动终端的普及应用，新的社交媒体形式也在不断涌现，比如，国内有微博、微信，国外有 Facebook、Twitter 等社交应用的出现，如图 11-14 所示。

图 11-14　国内外的社交媒体——新浪微博(上)与 Facebook(下)

社交媒体作为一种基于互联网技术兴起的一种表达方式，它具有以下功能，如图 11-15 所示。

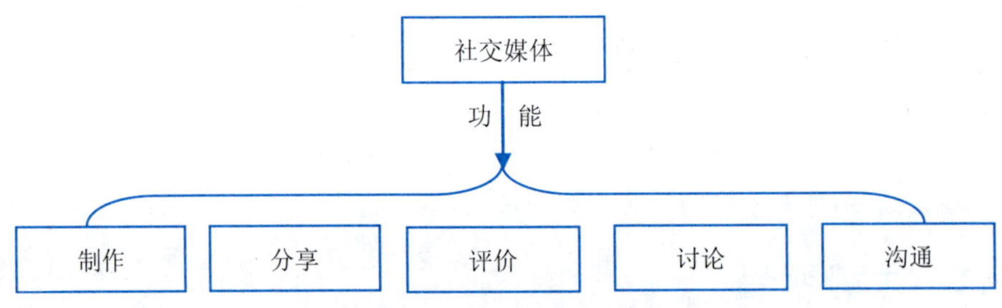

图 11-15　社交媒体的功能

那么，什么是社群呢？社群是指在社交的促进下，社交众筹把一些具有对众筹项目有相同兴趣的人聚在一起，而这些爱好相同的人围绕众筹项目则形成了一个群体。

随着社交媒体的崛起，各个网络群体表现得更加活跃而且日趋多样化、细分化、小众化，从而促进了社群经济这种新的商业模式的形成。

粉丝是社群经济构成的一大重要因素，一位粉丝可以活跃在多个社群中，不受限制，来去自由。

例如，小米手机成功的很大原因就是对于社群经济有比较深刻的理解。如图 11-16 所示，为小米手机社群经济的产生。

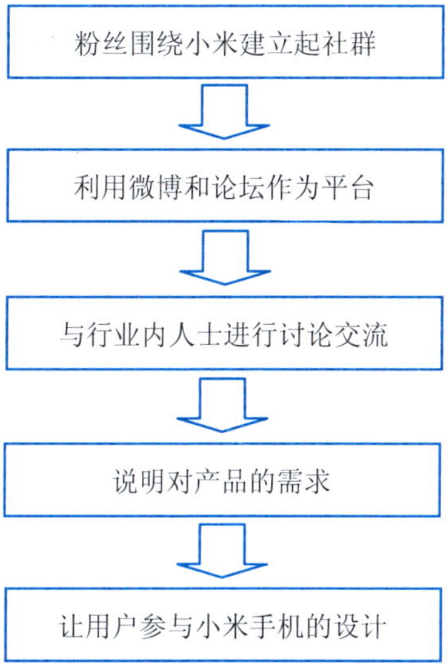

粉丝围绕小米建立起社群

↓

利用微博和论坛作为平台

↓

与行业内人士进行讨论交流

↓

说明对产品的需求

↓

让用户参与小米手机的设计

图 11-16　小米手机社群经济的产生

如图 11-17 所示，为小米社区论坛，粉丝经常在这里与行业内人士进行交流。

图 11-17　小米手机的论坛——“小米社区”

其实，通过仔细的研究，不难发现小米手机的社群经济其实也是一种众筹模式，它是一种对粉丝集体智慧的收集，完成了一次对小米产品生产、营销的内容众筹。

像这种在社群内发起的众筹，具有以下特点，如图 11-18 所示。

对于众筹而言，社群是其成功的有力保障，一个健康的社群组织要想使众筹不众愁，就必须做到以下 4 点，如图 11-19 所示。

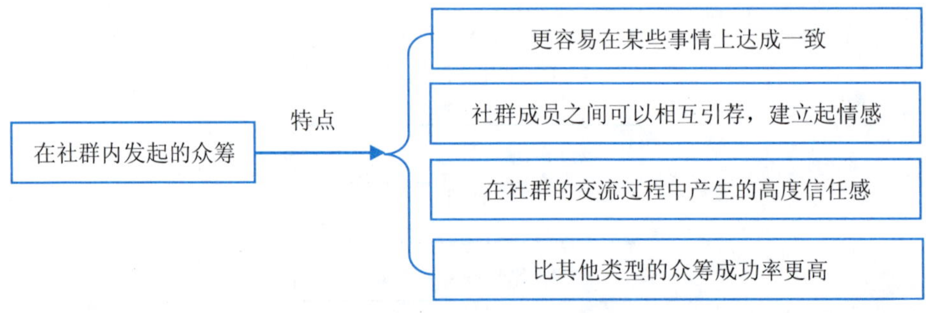

图 11-18　在社群内发起的众筹的特点

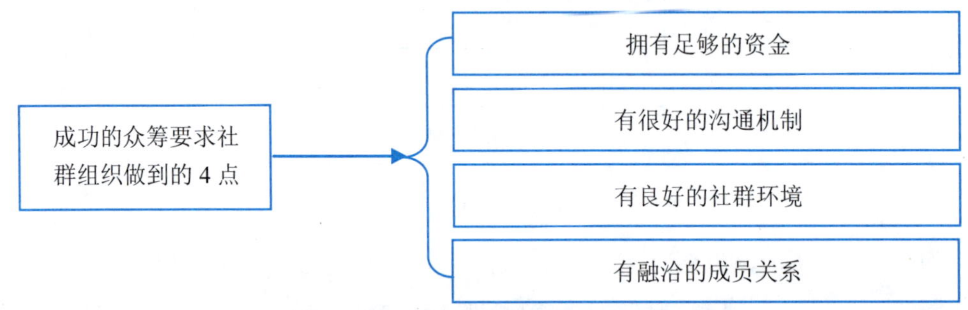

图 11-19　成功的众筹要求社群组织做到的 4 点

随着社交网络的发展，现在的很多众筹项目已经不限于在专业的第三方平台开展，例如，京东众筹、淘宝众筹、人人投等。

像自媒体这种社群类型的众筹平台飞速发展，此时，对于发起人来说投资人的知识、经验、社会关系网、经济收入都会成为关键要素。

2. 电商与社交

社会是不断向前发展的，电子商务也是这样。从网络进入中国的那一刻起到现在，中国的电子商务从无到有、从小到大，再到现在以阿里巴巴为代表的电商平台成为世界第一，如图 11-20 所示，中国电商的发展迅速。

电子商务在中国的发展是螺旋式的，如图 11-21 所示，为电子商务的发展过程。

如今，电商也开始向社交融合，从平台到社交电商，这是一个质的转变，也是时代的大趋势。

从平台向社交的一个最典型的例子，就是人们现在的社交沟通工具逐渐从 PC 端的 QQ 向移动端的微信转移。微信的兴起，代表了人们对于社交移动性的需求，而移动社交工具种类的丰富，也促进了社交电商的出现。

图 11-20　阿里巴巴集团首页

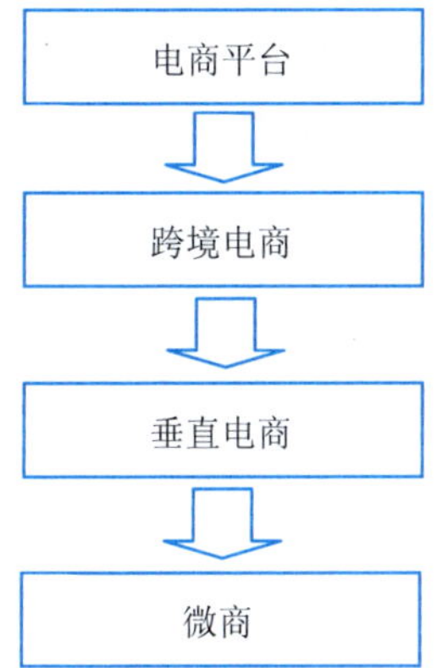

图 11-21　电子商务的发展过程

•专家提醒

社交电商的出现，是时代的大势所趋。现在，社交电商不但成为一种新的电商潮流，也变成了人们的一种生活方式。电商凭借着移动平台和社交平台，进入到了人们生活的各个方面。

11.2.2　角色转变

本节主要介绍社交众筹中角色的转变，它分为以下三个部分，如图 11-22 所示。

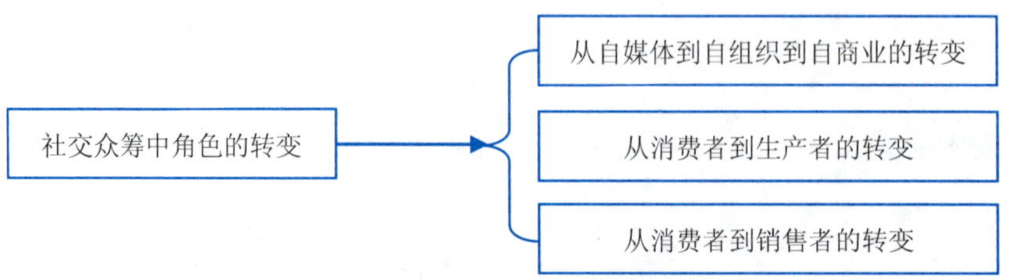

图 11-22　社交众筹中角色的转变

1. 自媒体和众筹

“自媒体+众筹”是近些年新兴的一个概念，它表示，如果你有一个具有影响力、经常更新、迎合大众口味的自媒体平台，就能利用它发起众筹项目。

例如，国外利用新闻栏目进行众筹的众筹平台 Kickstarter，如图 11-23 所示。

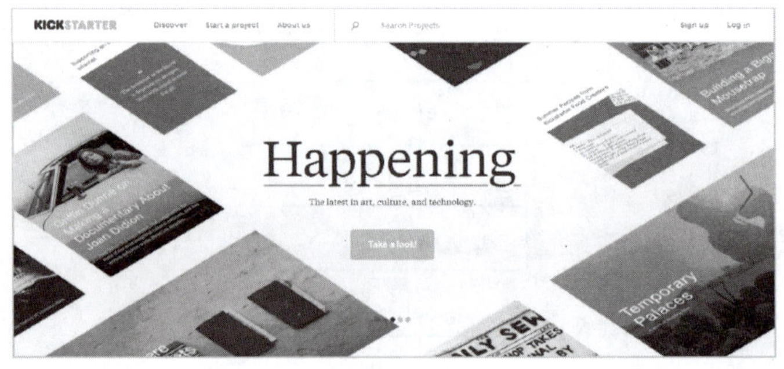

图 11-23　国外众筹平台 Kickstarter

众筹平台 Kickstarter 包含很多栏目，有艺术、游戏、电影、新闻等，如图 11-24 所示。

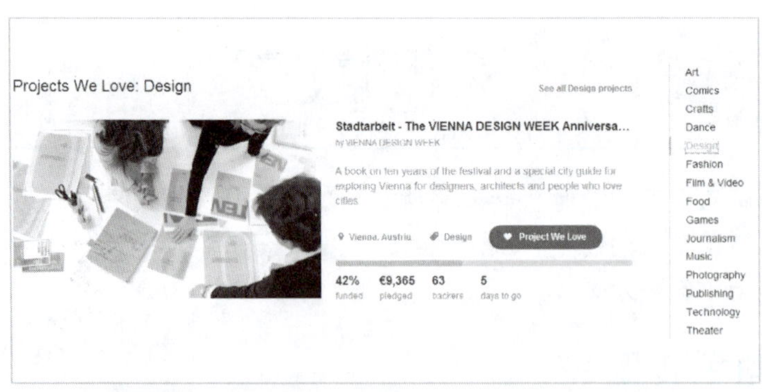

图 11-24　国外众筹平台 Kickstarter 包含的栏目

而艺术作为众筹平台的一个栏目，在上线不到半年的时间里，就完成了众多的众筹项目。

在艺术栏目中，成功众筹的项目中有很大一部分是技术高超，或者有自己独到见解的艺术家、收藏家。这些专业人士还有自己的博客，长期在上面与自己的忠实粉丝互动，受到广泛的关注。

这些艺术家或收藏家在项目发布之前，往往会在自媒体上线预热一阵，想要通过炒作完成众筹目标。如图 11-25 所示，为其完成的项目。

图 11-25 艺术类众筹成功的项目

2. 自组织和众筹

每天全球会出现无数个众筹成功的项目，而通过众筹完成的项目最妙的一点在于，项目与消费者之间的互动会非常多。

消费者不仅是要出钱，也会为项目的成功出力，比如，为自己消费的项目做宣传等。更进一步的是，消费者可能参与到项目的开发中，成为项目的开发者。

消费者是买家，也是渠道，更是项目中的一部分。买卖双方的界限变得没有那么清晰，这正是“自组织+众筹”的特色。

在传统的商业中，一个产品从开发到进入消费者的手中，需要经过以下阶段，如图 11-26 所示。

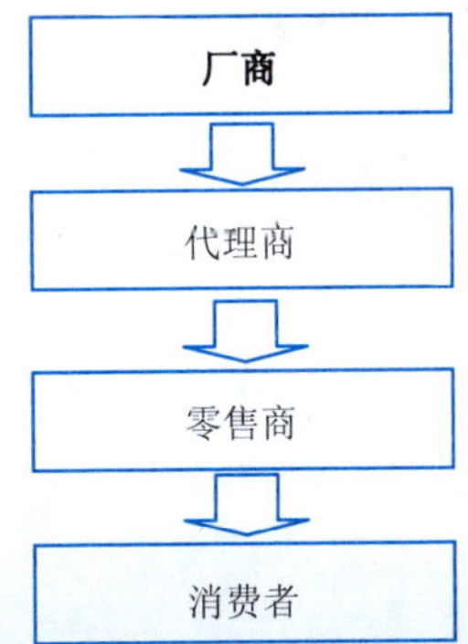

图 11-26 产品从开发到进入消费者手中需经过的阶段

为了消费者能够更好地了解产品并进行购买，卖方必须花费大量的宣传费用，例如，《西游记之大闹天宫》仅仅 3 则预告片的报价就接近 100 万元。如图 11-27 所示，为该片的预告片截图。

图 11-27 《西游记之大闹天宫》的预告片截图

但是，如果能够利用众筹的方式进行宣传，就可以节省大量的开支了。而且，如果找到一个像 Kickstarter 一样，拥有高流量、高关注度的众筹平台，利用粉丝之间的社交属性高速宣传，则每个项目都能引发大众的聚焦。

那么，消费者是项目的一部分又具体体现在哪里？下面通过日本知名游戏 Mighty No.9 和美国电影 The Veronica Mars 进行介绍。

Mighty No.9 也是发布于 Kickstarter 平台的，如图 11-28 所示。

图 11-28 日本知名游戏 Mighty No.9

Mighty No.9 游戏的项目组为早一批的消费者，提供了参与游戏设计的机会，该团队会在游戏的下一步征询大家的意见，再决定走向，而且他们也设定了一些让消费者参与的奖励，如图 11-29 所示。

Pledge $500 or more	Pledge $5,000 or more
48 backers Limited (2 left of 50)	3 backers Limited (2 left of 5)
HELP CREATE A CHALLENGE	HELP DESIGN AN ENEMY
Work with our designers to come up with a challenge for our own internal in-game achievement system that everyone can try to accomplish in the final game! Includes all previous rewards. (Check the reward section of the page for more details.)	Video conference with our designers to collaborate on an enemy character based on your idea or design! Includes all previous non-limited rewards. (Check the reward section of the page for more details.)
Estimated delivery: Nov 2014 Ships to: Ships anywhere in the world	Estimated delivery: Jun 2014 Ships to: Ships anywhere in the world

图 11-29 项目 Mighty No.9 部分设计的奖励

The Veronica Mars，如图 11-30 所示，作为一部美国电影的众筹项目，同样取得了成功。

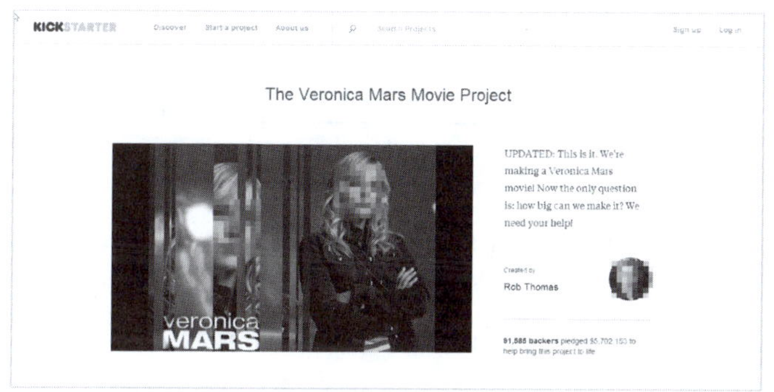

图 11-30 电影项目 The Veronica Mars

策划团队为了吸引粉丝，用心良苦，将该电影的奖励分为了很多档，如图 11-31 所示。

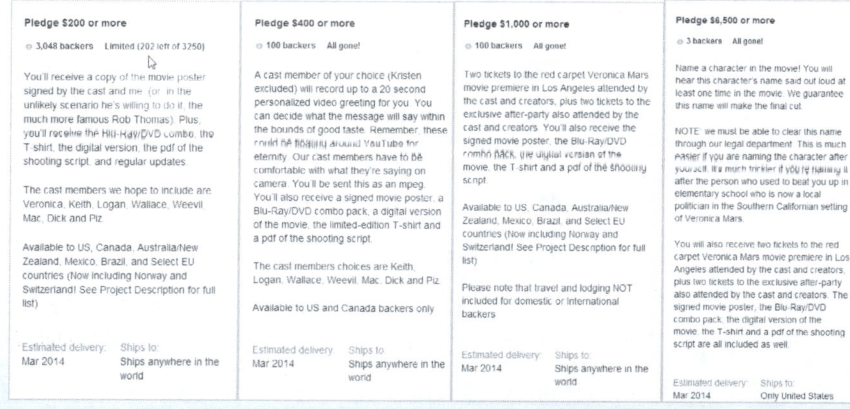

Pledge $200 or more

3,048 backers Limited (202 left of 3250)

You'll receive a copy of the movie poster signed by the cast and me (or, in the unlikely scenario he's willing to do it, the much more famous Rob Thomas). Plus, you'll receive the Blu-Ray/DVD combo, the T-shirt, the digital version, the pdf of the shooting script, and regular updates.

The cast members we hope to include are Veronica, Keith, Logan, Wallace, Weevil, Mac, Dick and Piz.

Available to US, Canada, Australia/New Zealand, Mexico, Brazil, and Select EU countries (Now including Norway and Switzerland! See Project Description for full list)

Estimated delivery: Mar 2014 Ships to: Ships anywhere in the world

Pledge $400 or more

100 backers All gone!

A cast member of your choice (Kristen excluded) will record up to a 20 second personalized video greeting for you. You can decide what the message will say within the bounds of good taste. Remember, these could be floating around YouTube for eternity. Our cast members have to be comfortable with what they're saying on camera. You'll be sent this as an mpeg. You'll also receive a signed movie poster, a Blu-Ray/DVD combo pack, a digital version of the movie, the limited-edition T-shirt and a pdf of the shooting script.

The cast members choices are Keith, Logan, Wallace, Weevil, Mac, Dick and Piz.

Available to US and Canada backers only

Estimated delivery: Mar 2014 Ships to: Ships anywhere in the world

Pledge $1,000 or more

100 backers All gone!

Two tickets to the red carpet Veronica Mars movie premiere in Los Angeles attended by the cast and creators, plus two tickets to the exclusive after-party also attended by the cast and creators. You'll also receive the signed movie poster, the Blu-Ray/DVD combo pack, the digital version of the movie, the T-shirt and a pdf of the shooting script.

Available to US, Canada, Australia/New Zealand, Mexico, Brazil, and Select EU countries (Now including Norway and Switzerland! See Project Description for full list)

Please note that travel and lodging NOT included for domestic or international backers

Estimated delivery: Mar 2014 Ships to: Ships anywhere in the world

Pledge $6,500 or more

3 backers All gone!

Name a character in the movie! You will hear this character's name said out loud at least one time in the movie. We guarantee this name will make the final cut.

NOTE: we must be able to clear this name through our legal department. This is much easier if you are naming the character after yourself. It's much trickier if you're naming it after the person who used to beat you up in elementary school who is now a local politician in the Southern Californian setting of Veronica Mars.

You will also receive two tickets to the red carpet Veronica Mars movie premiere in Los Angeles attended by the cast and creators, plus two tickets to the exclusive after-party also attended by the cast and creators. The signed movie poster, the Blu-Ray/DVD combo pack, the digital version of the movie, the T-shirt and a pdf of the shooting script are all included as well.

Estimated delivery: Mar 2014 Ships to: Only United States

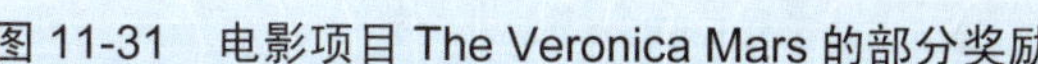

图 11-31 电影项目 The Veronica Mars 的部分奖励

其中，资助 200 美元，可以获得主角的签名海报；资助 400 美元，可以获得主演们为你录制的视频；资助 1000 美元，能够充当该片的群众演员；资助 6500 美元，能够获得一次被主角喊出名字的机会。

在不久的未来，将会有越来越多的众筹项目，通过“众筹+自组织”的模式获得巨大的成功。

3. 自商业和众筹

对于大多数创业者而言，在创业过程中，最令人头疼的就是以下两个问题，如图 11-32 所示。

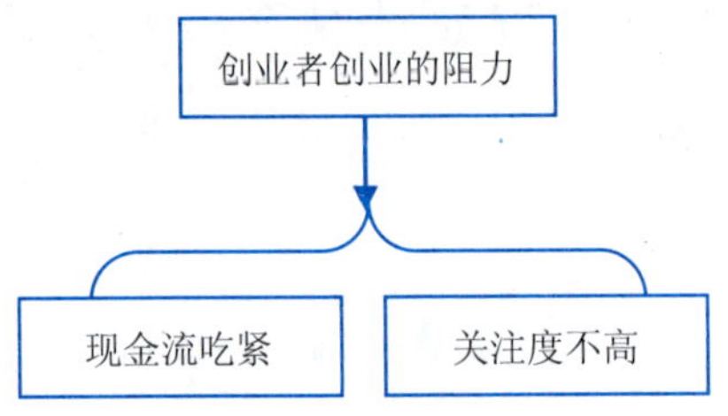

图 11-32　创业者创业的两个主要阻力

而众筹的出现，恰好推翻了这两个坚固的壁垒，每一个创业者都有机会实现自己的梦想。不管是否拥有行业经验、不管是否拥有创业资本，都能通过众筹来制作新产品，掀起人人都能创业的“自商业+众筹”时代。

例如，Kickstarter 平台上的音乐项目 JORTSFEST 2016，如图 11-33 所示。

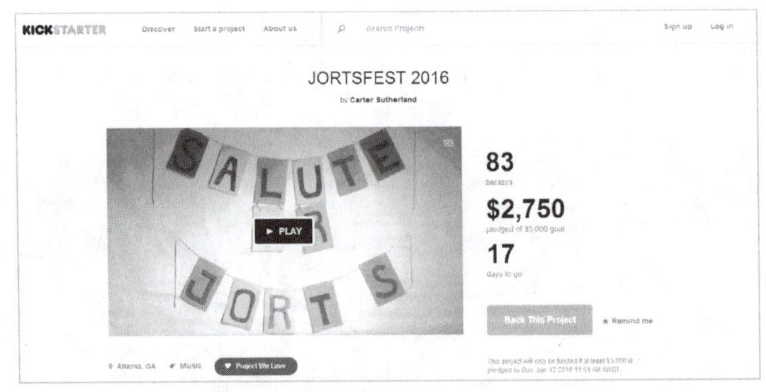

图 11-33　音乐项目 JORTSFEST 2016

对于歌手来说，众筹不仅能带来足够的资金，也是个测试市场反应的好方法。对于消费者来说，众筹给予了“私人定制”的权利，消费者可以与歌手面对面分享生活中对音乐的灵感、提供独到的建议。

这种项目最大的好处是，歌手与消费者零距离的交流，不对音乐追梦人设置门槛，因此，所有对音乐有想法的人都可以一试身手，得到自己想要听到的音乐。一个“自商业+众筹”的时代已然来临。

4. 消费者变成生产者

由于互联网的出现，营销环境发生了巨大的变化，消费者的消费心理也发生了变化，如图 11-34 所示。

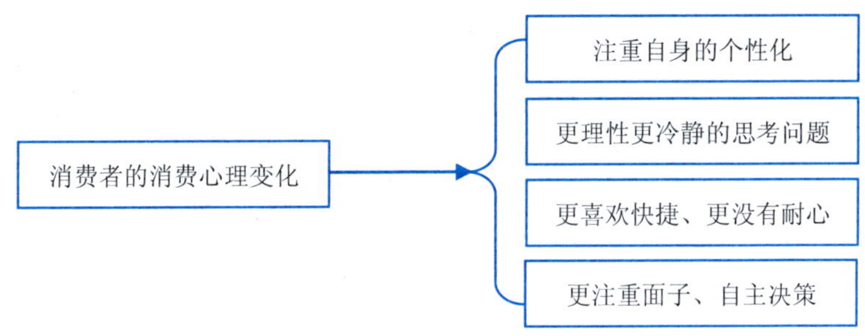

图 11-34 消费者消费心理发生的变化

而众筹的出现，提供了消费者一种新的选择，进一步拉近了消费者与生产者的距离，以前的消费者并不能真正决定产品的生产设计，而如今消费者与生产者的界限变得越来越模糊，消费者慢慢变成了生产者。

那么消费者选择众筹的原因又是什么呢？如图 11-35 所示，有以下 4 点原因。

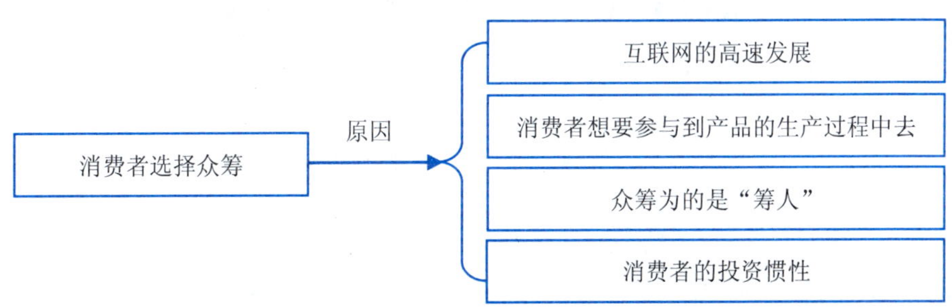

图 11-35 消费者选择众筹的原因

让消费者变成生产者，非常有力的证明就是阿迪达斯公司 MI Adidas 项目和耐克公司的 NIKE ID 项目的出现。

在这些社交众筹中，这两家公司深知消费者的心理，让消费者转换了一下身份，自己作为设计师，参与产品的设计，为产品的研发提供宝贵的创新思路，真正做到了消费者转变为生产者。

消费者向生产者的转变具有以下好处，如图 11-36 所示。

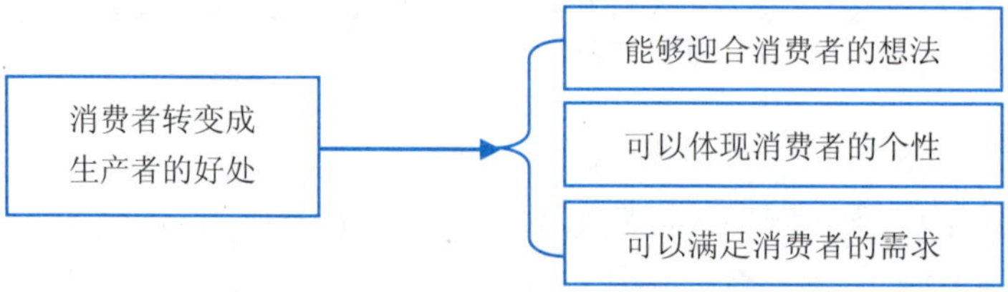

消费者转变成生产者的好处 → 能够迎合消费者的想法；可以体现消费者的个性；可以满足消费者的需求

图 11-36　消费者转变成生产者的好处

如图 11-37 所示，为阿迪达斯公司的 MI Adidas 和耐克公司的 NIKE ID 项目。

图 11-37　阿迪达斯公司的 MI Adidas 和耐克公司的 NIKE ID 项目

5. 消费者变成销售者

众筹商业模式进一步发展，消费者的角色也在不断地改变。在传统的商业模式中，消费者与销售者角色分明，但在如今的众筹商业模式中，消费者正慢慢向销售者靠拢，他们之间正在逐渐融合。

消费者变成销售者典型的例子，主要来源于各种社交媒体的兴起，例如，微信朋友圈与微信公众平台，假如有值得信赖的朋友在微信朋友圈推送了一条你感兴趣的产品，你会怎么做？

在正常的情况下，首先你会先购买尝试，然后转发至自己的朋友圈，并说明自己的真实体验，最后你甚至会开始进行推广，走入销售者的行列。

如图 11-38 所示，为微信中的一些“销售者”。

图 11-38　微信中的一些“销售者”

11.3　弱关系至强关系的转变

社交是人类发展、进步的基础，人类无时无刻在进行着社交。随着移动互联网时代的到来，社交的需求也慢慢转移到了手机等移动设备上。

11.3.1　朋友圈

微信朋友圈刚刚开发出来时，主要是为了朋友之间的相互了解与日常联系，如今，微信朋友圈越来越趋于商业化。

现在的朋友圈充斥着代购，如图 11-39 所示。

图 11-39　微信朋友圈中的代购广告

曾经表明自己绝不商业化的微信也推出了自己的第一批广告，如图 11-40 所示。

图 11-40　微信推广的广告

任何商业的本质都是为了盈利，而微信已经有了非常多的用户，朋友圈广告的推送，标志着它已经开始向商业化的道路前进了。

微信朋友圈是由各自有联系的个体连接而成的，社交众筹已经开始由社交弱关系慢慢转变成为以微信为主体的社交强关系。

11.3.2　闺蜜

在移动互联网时代，“闺蜜”的定义，已经不仅仅是指女子的女性朋友，“闺蜜”开始有了其他的意义，比如说死党、好友等。

闺蜜营销的关键在于以下 4 点，如图 11-41 所示。

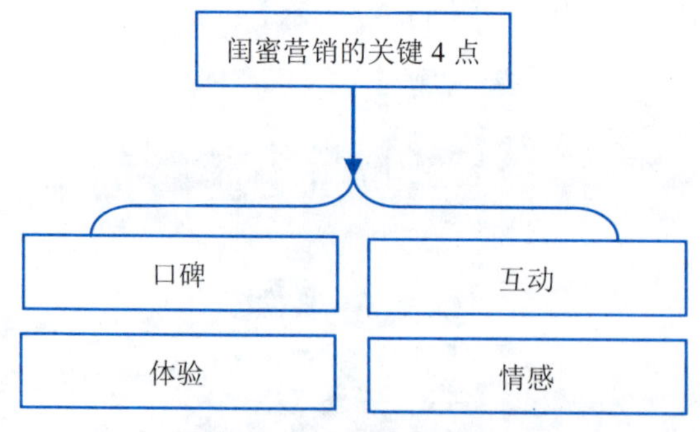

图 11-41　闺蜜营销的关键 4 点

在年轻的群体中，同学、朋友的推荐更容易形成传播，对他们来说，“闺蜜”的意见对决策者的影响力非常大，他们之间的信息分享，是“闺蜜精神”最好的体现。

“闺蜜”的本质是熟人强关系，而品牌营销的目的就是建立与消费者的强关系，“闺蜜式”的营销就是这两点的结合。这种营销模式的特点就是获取消费者的信任，通过更自由的购物体验，吸引消费者，来达到品牌的传播与产品的销售目的。

其实，早在 2011 年，路易威登公司旗下的子品牌丝芙兰就开始使用了“闺蜜营销”这一模式。

如图 11-42 所示，为丝芙兰的国外官方网站。

图 11-42　丝芙兰的国外官方网站

丝芙兰“闺蜜式”的营销方式，主要是通过个性化的服务、互动式的交流，站在消费者的角度上，让消费者有一个良好的购物体验，从而提升消费者的购买欲望。

同样的基于用户体验感的“闺蜜式”营销产品，爱依瑞斯沙发通过让消费者亲身体验沙发的材料、质感、做工等方面，采纳消费者的建议，获得了成功。

通过提供客户真正优质的产品以及真诚的服务，爱依瑞斯沙发得到了大众的认可，深受大众喜爱，如图 11-43 所示，为爱依瑞斯的官方网站。

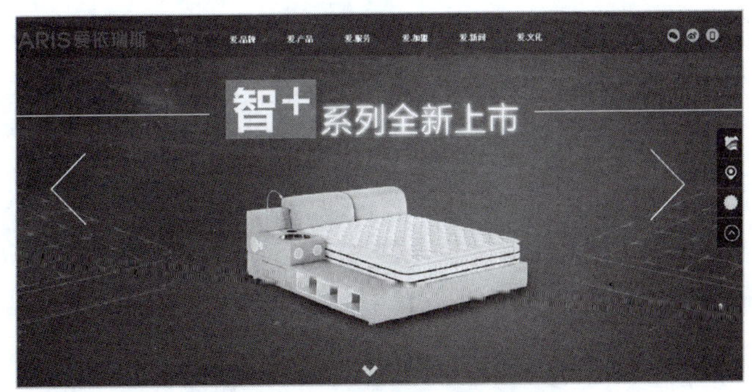

图 11-43　爱依瑞斯的官方网站

随着移动社交的流行，“闺蜜式”的营销模式也将被大众认可，为社交众筹的发展注入更强大的力量。

11.4 确定众筹目标

如今，通过一次众筹获取高额回报的项目已经比比皆是，而成功的众筹，在项目的开始一般都会有一个众筹的目标，本节将详细介绍社交众筹项目的选择。

11.4.1 了解众筹目标

众筹正在不断创造着各种各样的新纪录，有很多看似难以成功的项目，通过社交众筹这一方法都能顺利完成。社交众筹的应用已经越来越广，然而一个成功的项目中必定会有一个好的众筹目标。

说到众筹的目标，万达集团的项目“稳赚一号”算是非常成功的了，“稳赚一号”上线三天后就筹资到了 50 亿人民币。

如图 11-44 所示，为万达集团的项目“稳赚一号”。

如图 11-45 所示，为万达集团“稳赚一号”的项目概况。

图 11-44 万达集团的项目“稳赚一号”

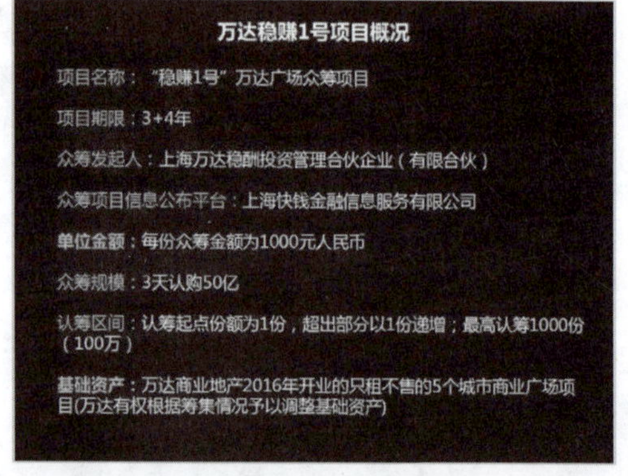

图 11-45 万达集团“稳赚一号”的项目概况

虽然在很多行业内人士看来，中国房地产行业已经不存在很大的成长空间，但是房地产依然是非常好的、升值很快的众筹项目。

房子是人们生活投资一项最大的开支，很多人都梦想拥有自己的一套房子，可见房地产项目的吸引力非常大，这也是“稳赚一号”成功的重要因素。

总之，众筹的目标是众筹项目最重要的部分，是众筹的基础，选择一个好的众筹目标非常重要。

11.4.2 选择众筹目标

上节提到的房地产确实是众筹目标不错的选择，众筹项目如此之多，那么众筹又如何通过与社交平台进行融合，选择好的众筹目标呢？本节将通过国产动画《西游记之大圣归来》进行详细分析。

国产动画经常被国人诟病，在其他国家动画席卷国内动画市场的今天，《西游记之大圣归来》取得了不错的成绩。

如图 11-46 所示，为《西游记之大圣归来》的众筹项目。

图 11-46 众筹项目《西游记之大圣归来》

这样一部高质量的国产动画，是通过社交众筹的力量才得以进入公众的视野，展示到电影院的大银幕上的。

细心的观众不难发现，《西游记之大圣归来》在电影的结尾处插入了近 100 位投资者的姓名，而这些人就是通过社交众筹的方式参与电影的制作与发布的。

其实，《西游记之大圣归来》在初期的宣传，是非常艰难的，如图 11-47 所示，为《西游记之大圣归来》的宣传片。2014 年 11 月，《西游记之大圣归来》的出品人路伟，在微信朋友圈发起了对该电影宣传经费的众筹，依托微信朋友圈情感的强关系，成功率当然不低。

图 11-47 《西游记之大圣归来》的宣传片

实际上，路伟是通过将“股权众筹”与社交平台进行融合，来进行融资的，这是一种社交众筹方式的创新。在这个成功的众筹项目中，可以了解到选择一个好的众筹目标可以参考以下三点，如图 11-48 所示。

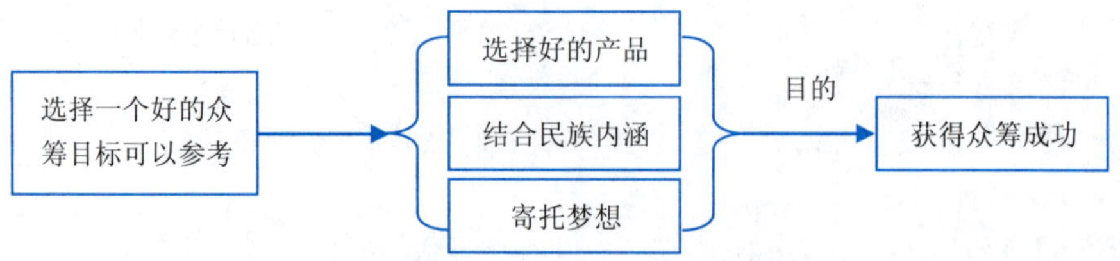

图 11-48　选择一个好的众筹目标可以参考的三点

第 12 章

农产品行业的社交众筹案例

学前提示

互联网的核心是社交，社交依托于情感。社交众筹则是通过人际关系的力量，将生活与商业进行融合。

本章主要介绍农产品行业的社交众筹案例和社交众筹的平台，其中在社交众筹平台上的项目上线是重点内容。

农产品行业的社交众筹案例
- 项目相关
- 项目上线

12.1 项目相关

如今，移动互联网的迅速发展、社交平台的兴起，使传统经济时代的三大要素——生产者、消费者、销售者之间的界限越来越模糊。

随着社交众筹越来越火热的发展，传统的生产、生活方式已经变得越来越不适用，社交众筹慢慢成为一种新的商业形态。

本节将详述社交众筹模式的项目相关，如图 12-1 所示。

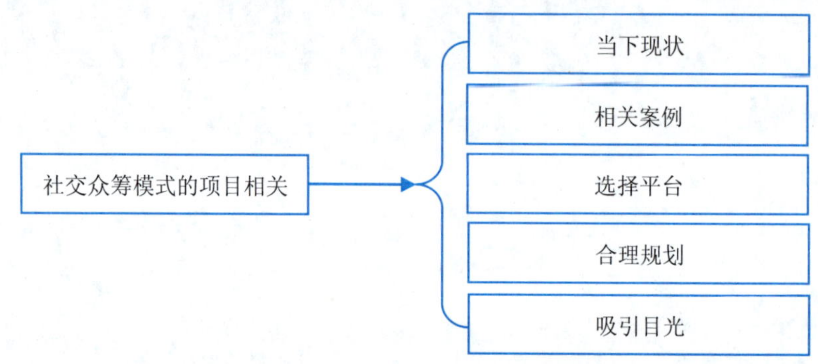

图 12-1　社交众筹模式的项目相关

12.1.1　当下现状

2004 年 2 月 4 日，中文名为“脸书”的世界上最大的社交网站 Facebook 上线了。Facebook 通过构造社交平台，连接了人与人之间的联系，如图 12-2 所示。

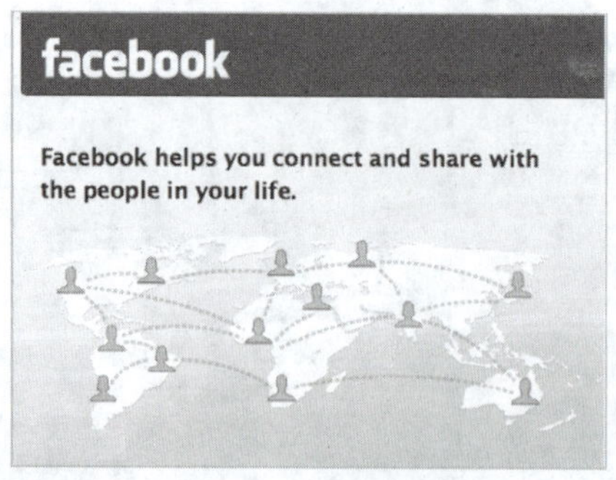

图 12-2　Facebook 的上线加强了人与人之间的联系

在国外，Facebook 的上线，掀起了社交平台发展的狂潮，紧随其后的 Twitter 虽然市值不及 Facebook，可影响力却能与 Facebook 相提并论，如图 12-3 所示。

在国内，社交网络平台的发展，从以前腾讯的 QQ 空间到现在依旧火热的微信，时至今日，社交平台的发展已经非常普遍，如图 12-4 所示，微信已经融入了人们的生活。

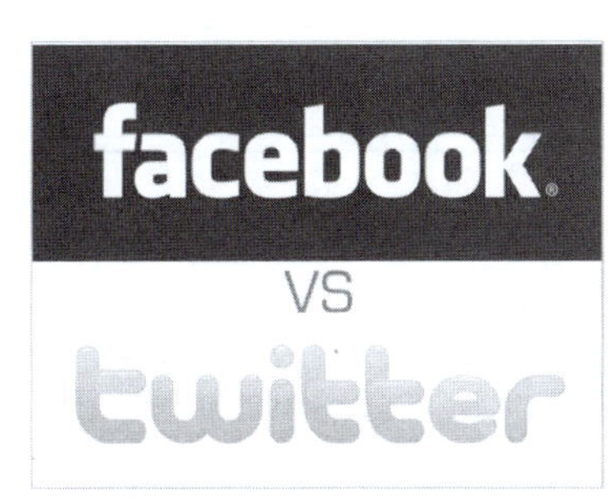

图 12-3　Facebook 与 Twitter

图 12-4　微信已经融入了人们的生活

通过国内社交平台的发展，不难发现它需要经历三个非常重要的过程，如图 12-5 所示。

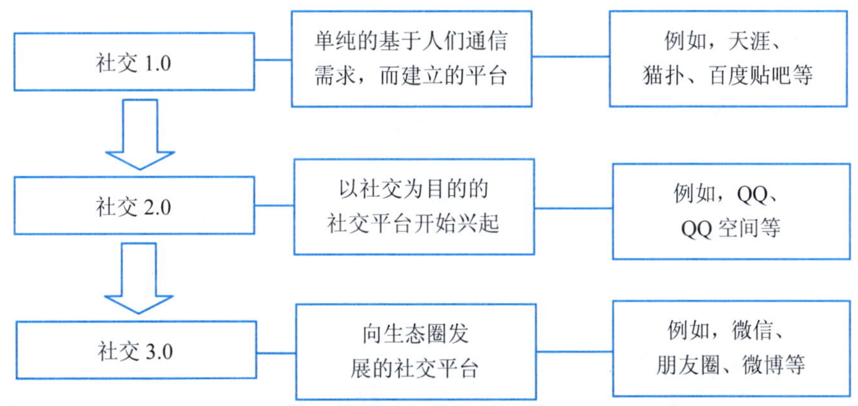

图 12-5　国内社交平台的发展过程

社交是人们生活的本能需求，哪里有需求，哪里就有市场，哪里有市场，哪里就有商业活动。随着社交平台的进一步成熟，社交与众筹的融合已成为必然的趋势。

12.1.2　相关案例

社交众筹越来越被大众接受，国内外成功的社交众筹案例数不胜数，本节将主要介绍几个较有影响力的案例。

1. “小牛 N1 电动车”

作为一款从未上市的产品，“小牛 N1 电动车”在京东众筹平台上，以 7200 万的筹资震惊国内。当然，“小牛 N1 电动车”的成功是有原因的，如图 12-6 所示。

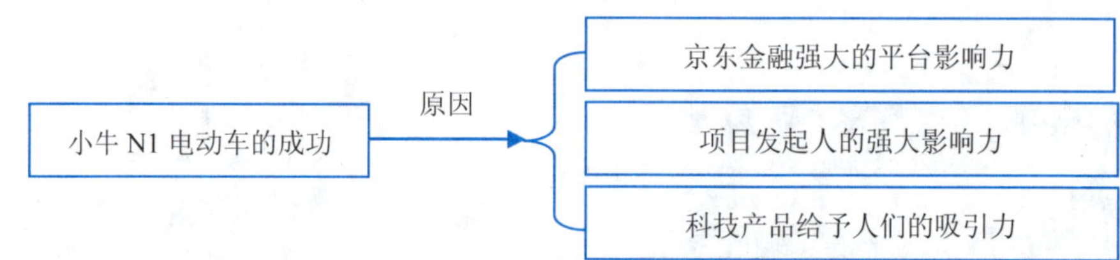

图 12-6 小牛 N1 电动车成功的原因

当然“小牛 N1 电动车”的成功还有其他方方面面的配合，比如说产品前期的宣传语美化，社交朋友圈的广告扩散等。

如图 12-7 所示，为众筹项目“小牛 N1 电动车”和其宣传视频。

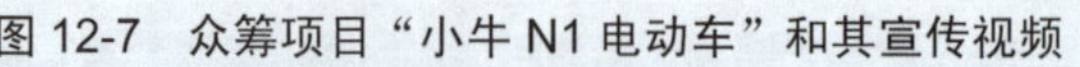
图 12-7 众筹项目“小牛 N1 电动车”和其宣传视频

2. “海尔空气魔方”

同样属于京东众筹平台上的项目，海尔公司为解决空气问题而研发了“海尔空气魔方”，原本计划筹资 5 万元，却取得了 1100 万元筹资的巨大成功。

如图 12-8 所示，为众筹项目“海尔空气魔方”和其宣传视频。

图 12-8 众筹项目“海尔空气魔方”和其宣传视频

“海尔空气魔方”的社交众筹体现在两个方面，其一，社交媒体对产品开发的监督，如图 12-9 所示。

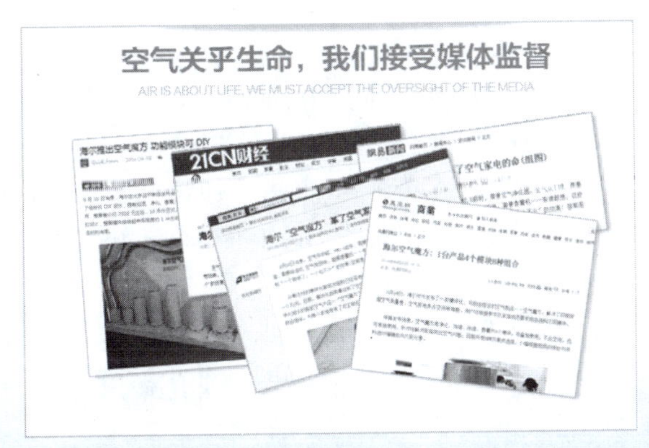

图 12-9 众筹项目“海尔空气魔方”接受媒体的监督

其二，是站在消费者的角度上，让消费者亲身参与，通过与消费者的社交交流，采取其对产品的建议，进行联合出品，如图 12-10 所示。

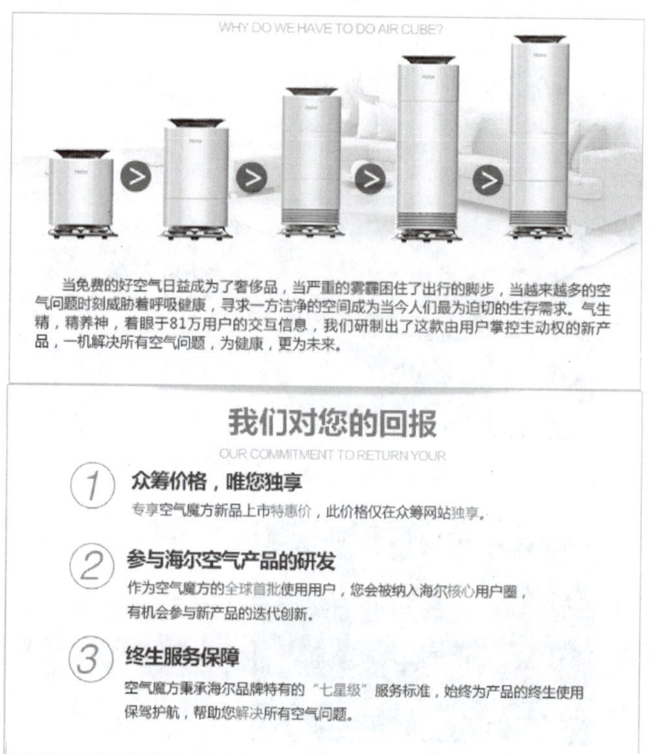

图 12-10　众筹项目“海尔空气魔方”采纳消费者的建议

这种通过项目回报的方式，让用户直接参与产品的研发，真正体现了社交众筹的特点——消费者与生产者角色的转变。

3. “3W 咖啡馆”

3W 咖啡馆是国内最早成功的众筹创业咖啡馆，它由一群互联网人士，通过微博发起，向社会公众进行资金众筹。由于 3W 咖啡馆众筹的时期，恰逢移动社交平台微博使用人数的激增，再加上各大电视媒体的报道，使得其众筹的目标更容易达成。

3W 咖啡馆建立了完善的众筹机制，凡是有资金就可以跟投，这一点吸引了大量的企业家、投资人、创业者。

现在的 3W 咖啡馆已经不仅仅是一个喝咖啡的地方了，它已经慢慢成为一个集创业孵化器、品牌推广、人才招聘于一体的互联网创业生态圈。如图 12-11 所示，3W 咖啡馆于 2014 年 6 月在北京举办了创投开放日的活动。

3W 在咖啡馆的基础上开展起一系列基于互联网企业的服务，它已经不仅是一家咖啡馆，更是成为互联网的圈子，如图 12-12 所示。

图 12-11 3W 咖啡馆举办的活动

图 12-12 3W 咖啡馆已经成为互联网的圈子

12.1.3 选择平台

平台的选择对于众筹来说是非常重要的，尤其是社交众筹，众筹的平台要具有社交性，平台的影响力也可能影响众筹项目的成功率。

1. 好壹筹

如图 12-13 所示，为“好壹筹”移动社交众筹平台。

图 12-13 “好壹筹”移动社交众筹平台

如图 12-14 所示，为对“好壹筹”的相关介绍。

相比传统的众筹平台，“好壹筹”具有以下 8 个方面的特点，如图 12-15 所示。

好壹筹介绍

深圳市捷雷斯科技有限公司旗下的好壹筹是基于移动社交圈的众筹服务平台，通过创新的社交众筹方式，帮助大家快速实现各种日常生活的爱心公益，以及各种产品、梦想众筹，开启全民众筹新时代。

好壹筹支持任何内容的众筹，无论是一次朋友间的聚会、一场说走就走的旅行、一个亟待关注的创业项目，亦或是一份真切的爱心募捐，只要你需要，都能在这里发起众筹。

真挚服务，严格把控。好壹筹会随时收集大家对项目的反馈，并且对一些问题进行核实。从而保证项目的真实性和安全性。

图 12-14　对“好壹筹”的相关介绍

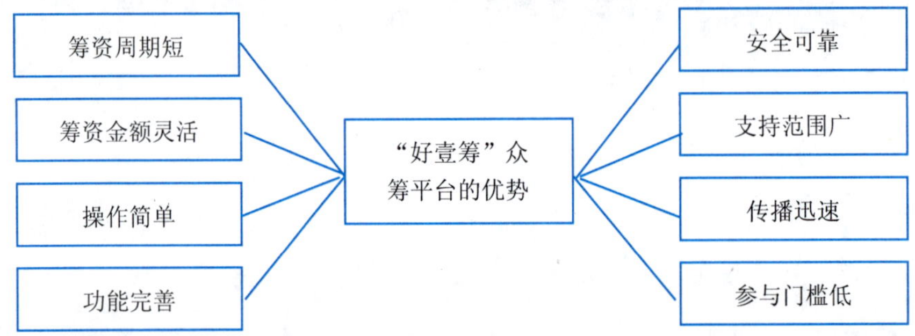

图 12-15　“好壹筹”的 8 个特点

“好壹筹”是通过微信等社交工具进行传播的。如图 12-16 所示，为“好壹筹”的微信公众平台。

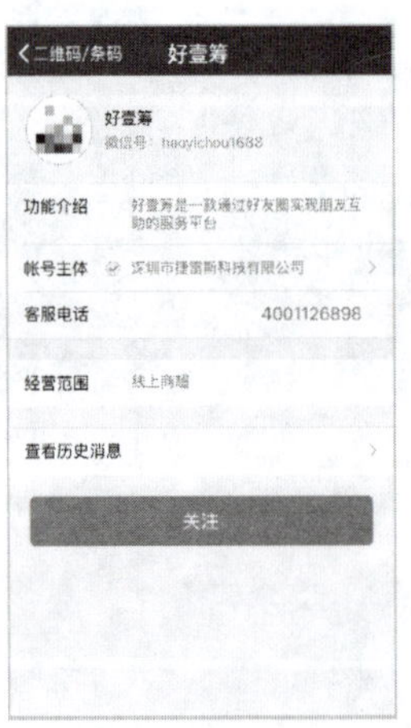

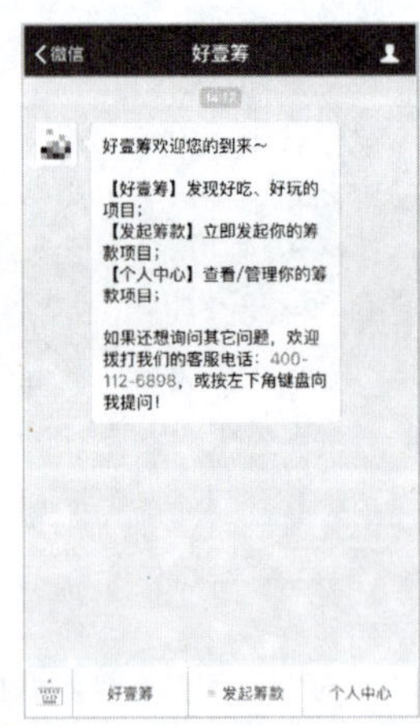

图 12-16　“好壹筹”的微信公众平台

点击“好壹筹”按钮，还可以看到很多的项目，如图 12-17 所示。

图 12-17 “好壹筹”微信公众平台中的部分项目

点击相关的众筹项目，可以查看该项目的详情，了解项目的相关情况，并进行分享和参与，如图 12-18 所示。

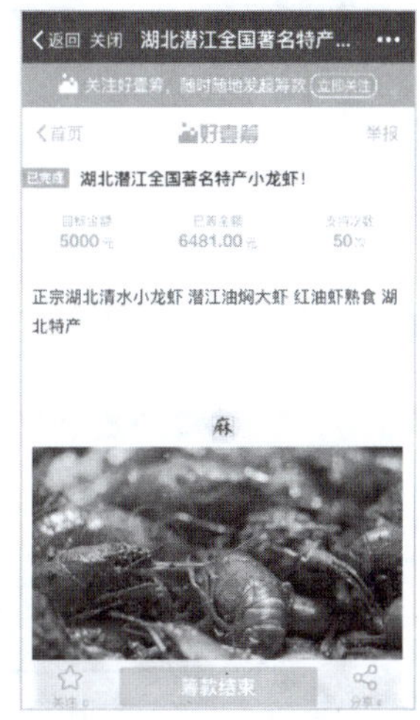

图 12-18 相关项目详情

2. 轻松筹

当然，社交众筹的平台并不只此一家，同样基于微信等社交工具的还有“轻松筹”，如图 12-19 所示。

“轻松筹”平台上的项目大多注重大众的日常生产生活方面，比如，比较小众化、小规模的画展，或者是一些需要帮助的公益活动，又或者是具有创新精神的创业者的小愿望等。

图 12-19　“轻松筹”社交众筹平台

3. 众筹窝

“众筹窝”也是一个出色的众筹平台，如图 12-20 所示。

图 12-20　“众筹窝”社交众筹平台

注重大众互动关系的社交众筹平台“众筹窝”，具有以下 4 点特色，如图 12-21 所示。

“众筹窝”社交众筹平台的特色

- 增强社会交流关系
- 弱化商业化特性
- 免费宣传、推广的服务
- 注重草根团体的众筹

图 12-21　“众筹窝”社交众筹平台的特色

如图 12-22 所示，为社交众筹平台“众筹窝”中的一些项目。

图 12-22 “众筹窝”社交众筹平台中的项目

12.1.4 合理规划

曾经，想要做世界上第一台同时拥有 Ubuntu(乌班图)和 Android(安卓)两个系统的 Ubuntu Edge，在美国的著名众筹平台 Indiegogo 进行众筹，却以 1280 万美元的高额筹资失败告终。

如图 12-23 所示，为 Indiegogo 众筹平台主页和众筹项目 Ubuntu Edge。

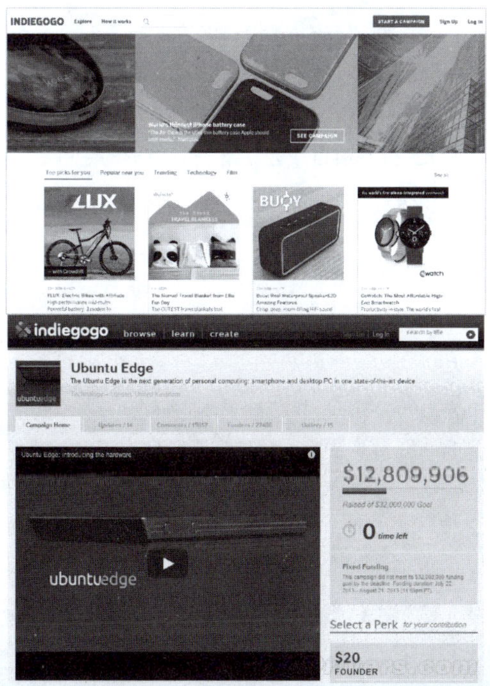

图 12-23 众筹项目 Ubuntu Edge

为什么一款可以筹资 1280 万美元的众筹项目会最终失败呢？其实，Ubuntu Edge 的失败是可想而知的，就是由于其不合理的规划，错误地估计了产品的市场，设定了过高的筹资目标和较短的筹资时间使其成为最“冤”的众筹失败案例。

因此，对于一个成功的众筹项目，合理的规划是非常重要的。

12.1.5 吸引目光

社交众筹模式是一种基于社交网络传播的众筹模式，本来就非常注重众筹的社交特性，因此在吸引目光这一方面，拥有得天独厚的优势。

以“轻松筹”社交众筹平台上的项目“轻松筹一对隐形的翅膀”为例，来学习如何吸引目光，如图 12-24 所示。

图 12-24 项目“轻松筹一对隐形的翅膀”

项目“轻松筹一对隐形的翅膀”实际上是公益类型的社交众筹，如图 12-25 所示，为该项目众筹的目的。

关于这次活动：

我们希望凑集5000本书，每本书5元钱，总共25000元，给生病的小朋友，这里需要的不仅仅是钱还有您的祝福。

这25000元，轻松筹将全部用作六一儿童节派书活动的图书购买，并于6.1儿童节当天派发给需要的孩子们。

图 12-25 项目“轻松筹一对隐形的翅膀”

该项目通过图片与文字的描述，吸引投资人的目光、引发投资人的共鸣，让投资人进行投资或者项目的分享传播，如图 12-26 所示。

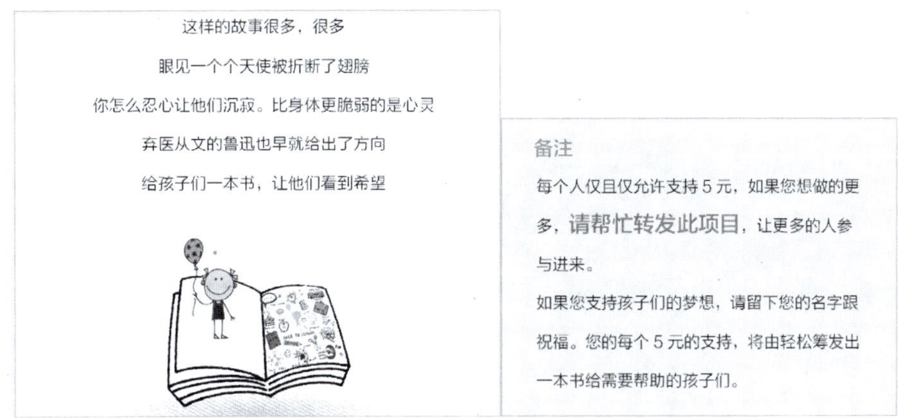

图 12-26 项目“轻松筹—对隐形的翅膀”吸引目光的方式

如图 12-27 所示，为在“轻松筹”平台上参与该项目的方式。

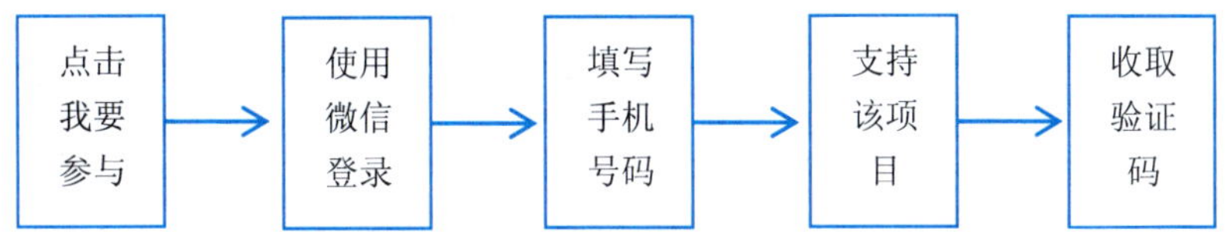

图 12-27 项目“轻松筹—对隐形的翅膀”的参与方式

12.2 项目上线

本节主要介绍如何选择一个好的社交众筹平台，并进行注册、登录以及如何在该平台上发布项目等。

12.2.1 选择平台

在社交众筹平台中，作为基于大众生活日常的“轻松筹”，非常具有影响力，如图 12-28 所示，为“轻松筹”平台的官网首页。

本节主要是对“轻松筹”平台进行介绍，并以项目实战的方式，了解如何在该平台上发布、查看项目等。

首先，必须对“轻松筹”有一个详细的了解，如图 12-29 所示，为“轻松筹”官网对其的描述。

图 12-28 “轻松筹”平台的官网首页

关于轻松筹

北京轻松筹网络科技有限公司于 2014 年 9 月成立。同年，基于社交圈的、面向广大网民日常生活的"轻松筹"正式上线。

轻松筹是中国最具影响力的、基于社交圈的众筹平台。

轻松筹上的项目大多聚焦在用户的日常生活领域，如一次私房菜的分享、一次说走就走的旅行、一场梦想中的画展等。这些众筹项目大多只是发起人的小愿望，支持者的支持金额通常较小，不会对支持者的生活带来很大的影响，容易等到朋友间的反馈和支持，所以更容易召集大家的参与。除此之外，我们还支持其他内容的众筹项目。

在这里，不但聚集着众多需要帮助的人群，还聚集着众多年轻的、富有创新精神的、有情怀的创业者，正因为这些项目与生活密切相关，所以轻松筹更适合在微信等具有社交属性的平台上进行传播。在轻松筹，我们提供包括尝鲜预售（农鲜产品、私房菜等）、梦想清单（影视图书、艺术设计等）、微爱通道三大频道，30万+个项目，为平台 4000万+的注册用户提供了更多选择、更多低价、更多创新的个性化定制产品和服务。

图 12-29 “轻松筹”官网对其的描述

打开“轻松筹”的官方主页，单击“浏览项目”按钮，可以看到该平台的众筹项目，如图 12-30 所示。

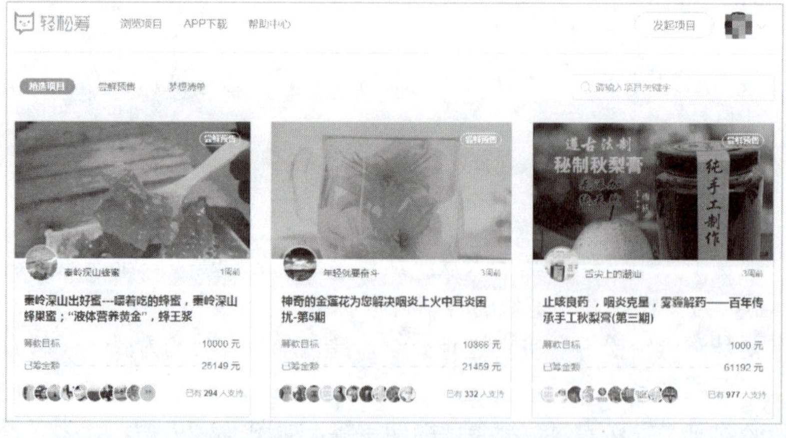

图 12-30 “轻松筹”平台上的众筹项目

例如，选择项目“秦岭深山出好蜜”，就可以了解到该项目的“项目详情”“筹资动态”和“项目的支持者”，如图 12-31 所示。

图 12-31 “轻松筹”平台上的众筹项目的项目详情

如图 12-32 所示，为项目“秦岭深山出好蜜”的“筹资动态”。

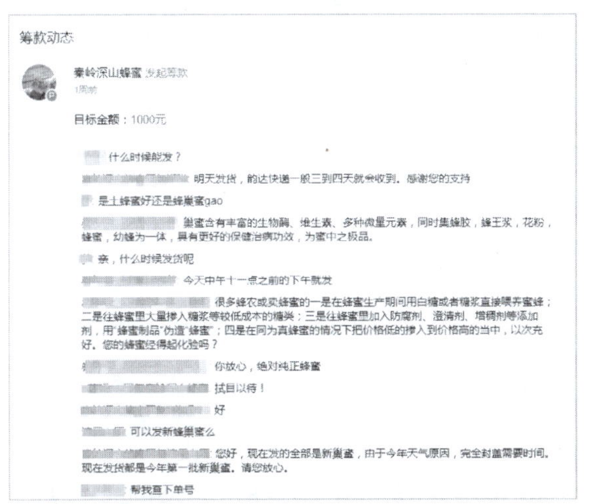

图 12-32 “轻松筹”平台上的众筹项目的筹资动态

通过“筹资动态”发起人不仅可以了解该项目的筹资情况，还可以与消费者近距离的进行交流，了解消费者的需求，使项目更容易筹资成功。

除此之外，“轻松筹”众筹平台还设置了另外两大模块——基于 IOS 与安卓系统的“App 下载”模块，“帮助中心”模块。

如图 12-33 所示，为“轻松筹”平台的“App 下载”模块，用户可以通过下载该

App，更好地进行项目动态的更新、分享。

图 12-33 “轻松筹”平台的“App 下载”模块

如图 12-34 所示，为“轻松筹”平台的“帮助中心”模块，用户对“轻松筹”平台的相关疑问，都可以通过“帮助中心”进行项目搜索咨询。当然，用户也可以通过该模块进行意见反馈等。

图 12-34 “轻松筹”平台的“帮助中心”模块

12.2.2 登录平台

用户打开“轻松筹”平台以后，单击官网主页上的“发起众筹”按钮，可以发现登录该众筹平台有 4 种方式，如图 12-35 所示。

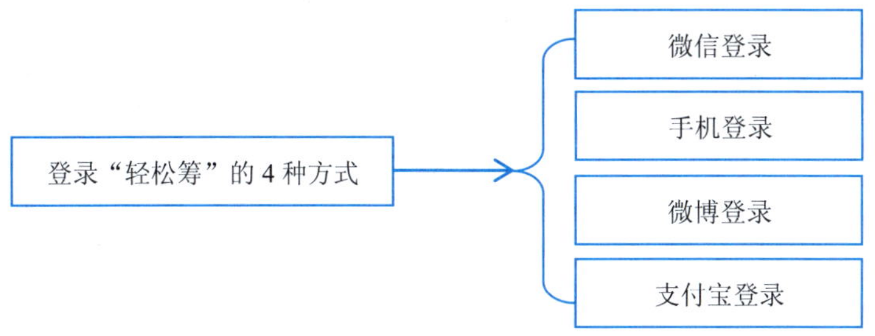

图 12-35　登录“轻松筹”的 4 种方式

其中，微信登录是通过扫描二维码来完成的，如图 12-36 所示。

图 12-36　使用微信二维码扫描登录“轻松筹”平台

当用户使用微信，对该二维码进行扫描以后，需要在手机上进行登录确认，确认登录以后，就可以进行项目的发布了如图 12-37 所示。

图 12-37　在手机微信上进行登录确认

如图 12-38 所示，为“轻松筹”的手机登录方式，用户可以在相应的地方填写手机号码等相关信息，然后通过发送手机短信验证码进行登录。

图 12-38 使用手机号码进行登录

单击“发送验证码”按钮以后，用户将收到由“轻松筹”平台发送的手机短信验证码，如图 12-39 所示。

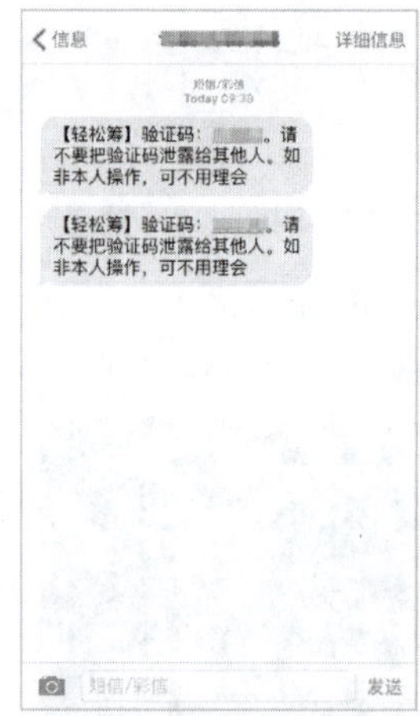

图 12-39 “轻松筹”平台发送的手机短信验证码

除了手机和微信这两种登录方式，支付宝登录与微博登录也是使用人数较多，而且非常方便的登录方式。

如图 12-40 所示，为使用支付宝登录“轻松筹”平台。

图 12-40　使用支付宝登录“轻松筹”

如图 12-41 所示，为使用微博登录“轻松筹”平台。

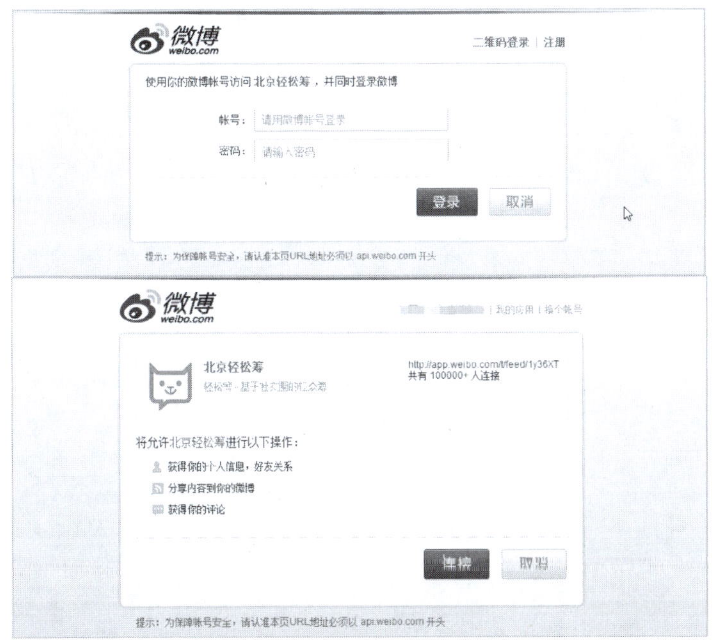

图 12-41　使用微博登录“轻松筹”

12.2.3　发布项目

用户通过上述 4 种方式登录“轻松筹”社交众筹平台以后，就可以进行项目的发

布了，如图 12-42 所示。

图 12-42 “轻松筹”平台发起项目界面

不难发现，“轻松筹”社交众筹平台，提供三种类型的项目发布，分别是：“微爱通道”“尝鲜预售”“梦想清单”。

用户需要注意的是，当使用“微爱通道”模块的时候，在另外两个模板发布的项目会被自动强制下线。

另外，“微爱通道”模块又包含“大病救助”“扶贫助学”等 5 个方面，如图 12-43 所示。

图 12-43 “微爱通道”模块包含的 5 个方面

单击“大病救助”按钮，用户将看到以下界面，如图 12-44 所示。

用户需要对众筹的目标金额、资金用途、项目的标题、项目截止日期等进行设定和填写。

大病救助

目标金额 你想要筹到多少钱？ 元

资金用途 填写资金用途，发布后不可编辑

截止日期 2016-06-04 15:28 共 7 天

筹款标题 填写筹款项目标题

项目内容和项目图片禁止透露任何联系方式和银行卡等收款信息，包括但不限于手机号码、座机号码、微信号、支付宝账号、银行卡号等。违反以上规定，项目验证和提现申请均不予通过。

微爱通道发起的医疗救助项目，建议上传患者治疗中的照片、患者患病前后生活照对比、医院诊断证明等照片，提高项目可信度。

发布项目

已阅读并同意《轻松筹项目发起条款》

图 12-44 “微爱通道”模块下的“大病救助”

由于是在“大病救助”这一方面，对于项目内容的填写，建议详细描述受助病人的基本情况，其中包括家庭状况、患病经历、经济状况等。

用户也可以上传患者治疗中的照片、患者治疗前后的生活照对比，以及医院的相关证明照等，以此来提高项目的可信度。

需要注意的是，在项目内容和项目图片中，不能透露任何关于联系方式和银行账号等信息，以免影响项目的验证和提现申请等。

项目的相关信息填写完毕以后，还需要进行项目验证。如图 12-45 所示，单击“受助人(患者)本人”进行项目验证。

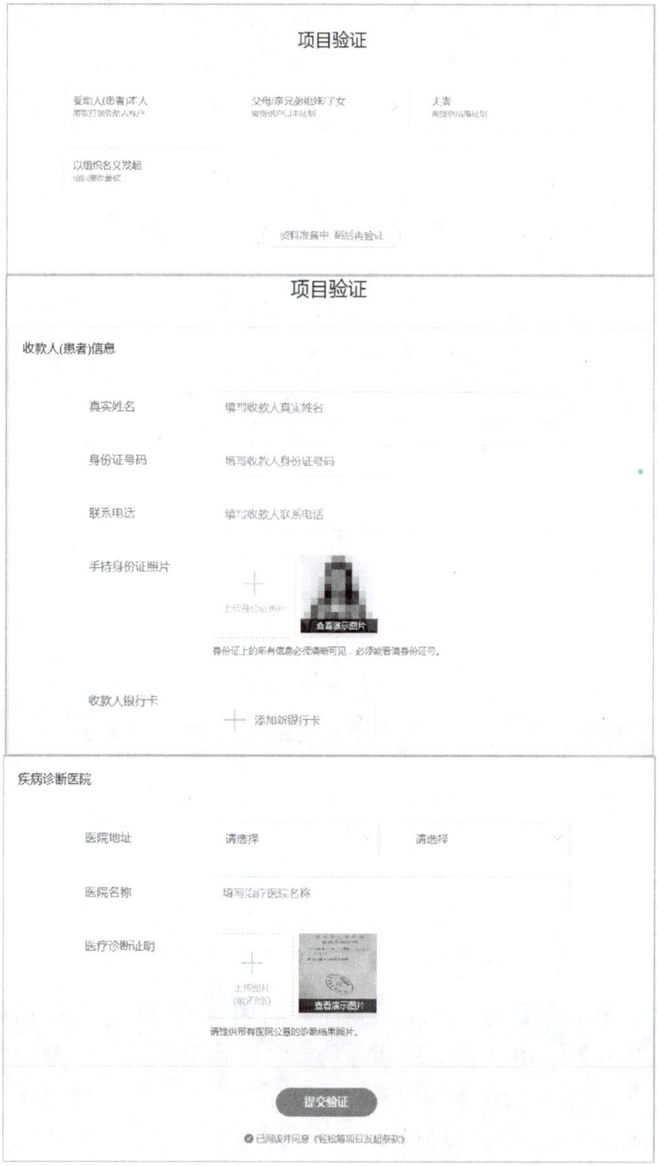

项目验证
受助人(患者)本人
父母/亲兄弟姐妹/子女
夫妻
以组织名义发起
资料准备中 稍后再验证
项目验证
收款人(患者)信息
真实姓名
填写收款人真实姓名
身份证号码
填写收款人身份证号码
联系电话
填写收款人联系电话
手持身份证照片
查看演示图片
身份证上的所有信息必须清晰可见，必须能看清身份证号。
收款人银行卡
添加新银行卡
疾病诊断医院
医院地址
请选择
请选择
医院名称
填写治疗医院名称
医疗诊断证明
查看演示图片
请提供带有医院公章的诊断结果照片。
提交验证
已阅读并同意《轻松筹项目发起条款》

图 12-45 进行“项目验证”

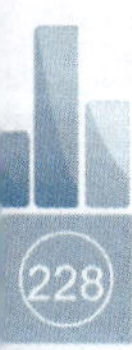

对“项目验证”的相关信息进行填写之后，单击“提交验证”，项目就发布成功了，如图 12-46 所示。

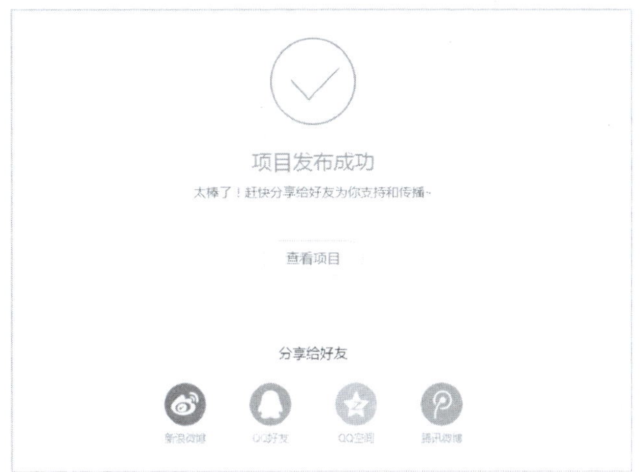

图 12-46　项目发布成功

其实，相较于“微爱通道”，“尝鲜预售”与“梦想清单”这两个模块的项目发布就比较简单了。

如图 12-47 所示，为发起“尝鲜预售”的项目信息填写。

发起尝鲜预售

项目基本信息

筹款金额　筹款目标金额　元

截止日期　2016-06-04 10:00 共 7 天

需要支持者收件地址　设为隐私项目

运费　填写运费金额或包邮

发货时间　填写发货时间

项目标题　项目标题

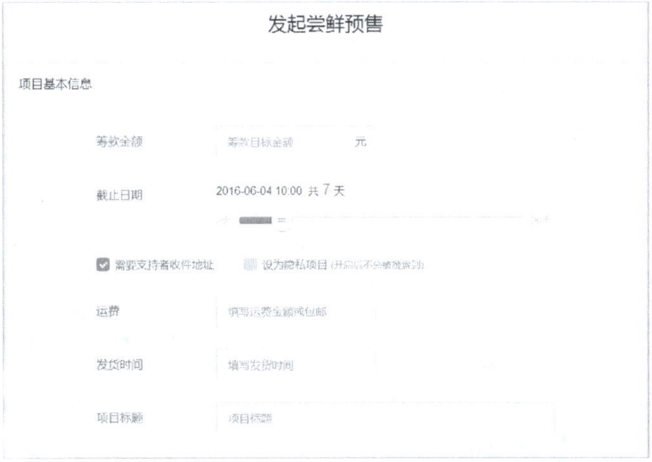

图 12-47　发起“尝鲜预售”的项目信息填写

如图 12-48 所示，为发起“梦想清单”的项目信息填写。

对于这两个模块，用户只需要对项目内容的相关信息进行填写，不需要经过“项目验证”。

图 12-48　发起“梦想清单”的项目信息填写

12.2.4　项目概况

对于项目内容与项目标题的书写，要尽量吸引消费者的目光。以“轻松筹”平台上的项目“高州荔枝”为例，如图 12-49 所示，为该项目通过图文结合的方式吸引消费者投资。

当然，对于项目概况的描述，也可以通过独特的标题来体现。如图 12-50 所示，为项目“高州荔枝”的个性标题。

图 12-49　“高州荔枝”项目

图 12-50　项目“高州荔枝”的个性标题

除此之外，还可以对产品的功能、包装等多个方面进行描述，如图 12-51 所示。

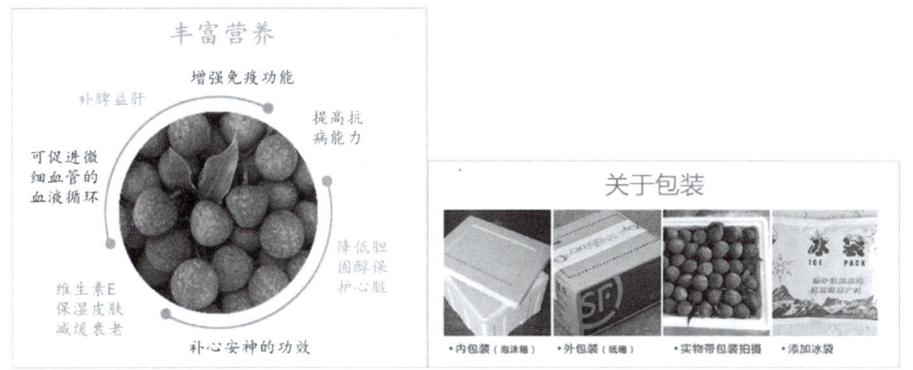

图 12-51 对“高州荔枝”项目功能、包装的描述

对于产品发货时间和风险的描述说明，也可以提高众筹项目的成功率，如图 12-52 所示。

发货时间：

6月5日--6月25日。以实际为准（广东天气变化大，雨水多则晚熟，反之则早熟）。

荔枝保鲜时间短，顺丰航空冷链包邮（黑龙江、吉林、辽宁、甘肃、新疆、西藏、青海、内蒙古、宁夏，港澳台地区不能保证时效不发货），我们这样做的目的是不想客户收到变质的荔枝。

风险说明：

如果众筹失败，已支持的金额会原路返回给支持者，众筹成功，我会按照支持者支持的荔枝品种进行发货.

（如何参与众筹）操作步骤：点击我要参与 -- 社交账号授权登录 -- 填写手机号码 -- 收取验证码 -- 继续支持项目 -- 记得一定要添加收件地址。请大家持续关注我，有什么问题可以随时找我：

图 12-52 “高州荔枝”项目的发货时间和风险说明

12.2.5 项目回报

在社交众筹平台“轻松筹”中，不同的板块有不同的回报设置，例如，在“尝鲜预售”模块中，回报的设置可能就是不同数量的产品。

如图 12-53 所示，为众筹项目“高州荔枝”的项目回报设置。

但是，在“梦想清单”中的项目回报设置就有所不同，它的回报可能是一些有纪念意义的东西，或者真实的体验。如图 12-54 所示，为某乐团专辑制作的众筹回报设置。

图 12-53　“高州荔枝”的项目回报设置

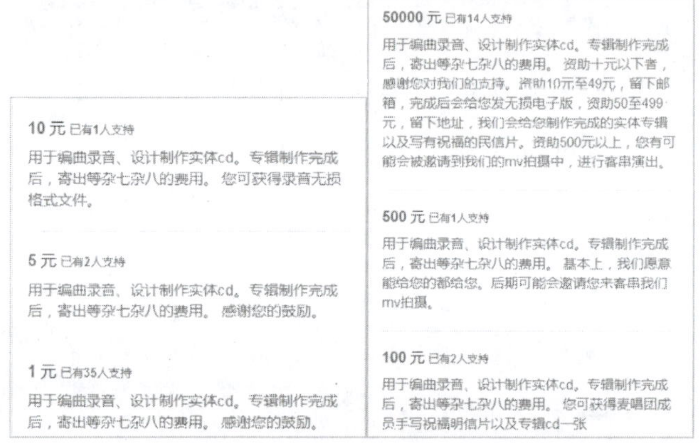

图 12-54　某乐团专辑制作的众筹回报设置

12.2.6　项目完成

项目完成之后，在“我的项目”中，就可以查看自己发布的项目、支持的项目和关注的项目，如图 12-55 所示。

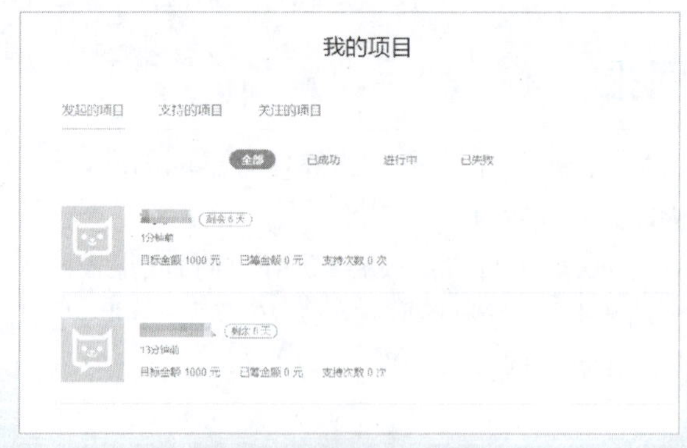

图 12-55　查看“我的项目”

单击自己发布的项目，就能对项目进行管理，其中包括支持记录、编辑项目、更新动态、项目验证、管理证实、提前结束、删除项目这 7 个方面，如图 12-56 所示。

图 12-56　查看“我的项目”

对于社交众筹模式，项目的上线与其他的众筹模式大同小异，最应该注意的是其“社交”的这一特性。

社交众筹平台，其实就是为发起人提供了一个服务，这个服务面向于大多数人，并提供免费的社交宣传，比如，在微信、QQ、微博等平台上的社交宣传，最后通过影响周边的人，促进项目的成功。

第 13 章

手机众筹：未来发展的趋势

学前提示

手机众筹模式已经成为一种新的时尚风暴，在未来的众筹领域的影响力将逐渐扩大。

本章主要介绍对下载手机众筹客户端到发布项目以及对账户的管理等的认识，全面熟悉手机众筹的相关知识。

手机众筹：未来发展的趋势
- 下载客户端
- 发布项目
- 账户管理

13.1 下载客户端

随着智能手机和平板电脑的普及，现在大众已经不局限于用电脑参与各种网络项目，利用手机自由地参与到网络中去，已经是大众的主流。

众筹平台也与时俱进，推出了手机客户端，以增加平台项目的影响力，帮助投资者快速完成众筹的相关操作。

13.1.1 手机、平板客户端

首先，应该了解目前的众筹软件分布情况，并不是所有的众筹平台都有手机客户端的。

以常见的众筹平台为主，目前影响力较大的 4 个手机类众筹客户端，如图 13-1 所示。

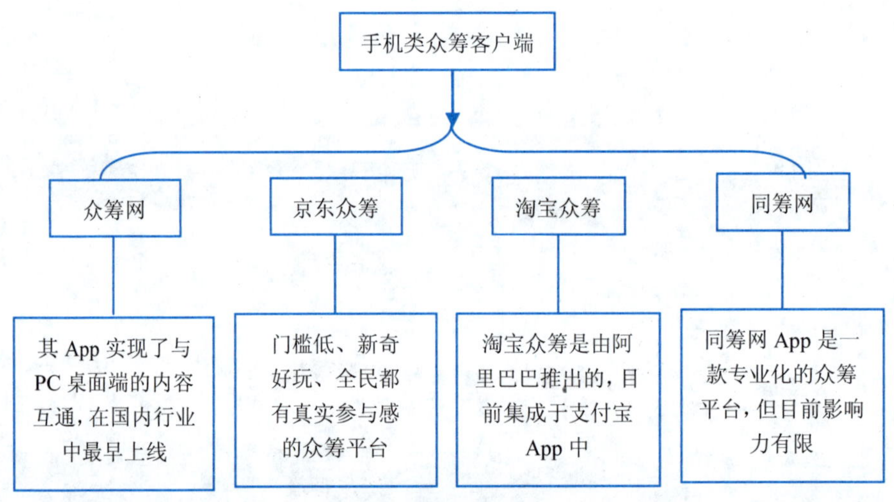

图 13-1 手机类众筹客户端

13.1.2 通过平台下载

对于一部分属于众筹平台自身运作的手机众筹客户端而言，在众筹平台上就可以直接下载。

如图 13-2 所示，为在众筹网官网下载手机 App 的位置。

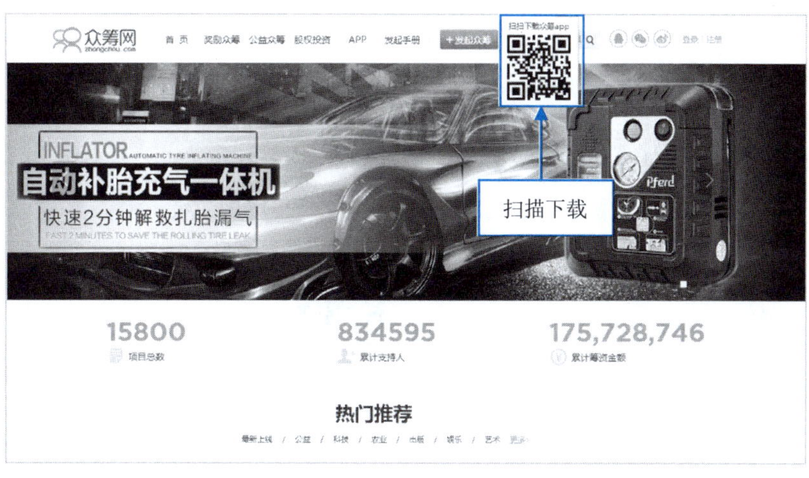

图 13-2 在众筹网官网下载手机 App 的位置

京东众筹包括在“京东金融”App 里面，如图 13-3 所示，为在京东官网下载“京东金融”App 的位置。

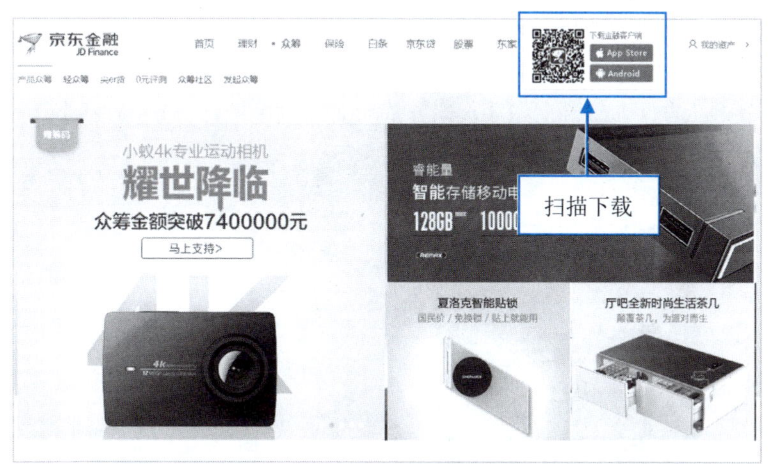

图 13-3 在京东官网下载手机“京东金融”App 的位置

一般情况下，在众筹平台上的下载，都是以扫描二维码的方式进行的，在有些手机软件下载平台中也会提供 IOS 和 Android 等不同的操作系统的京东金融 App 下载。

13.1.3 通过网页下载

在手机网页上下载软件的方式与平台下载类似，使用手机浏览器浏览相关的众筹网页，直接在网页上下载众筹软件的安装程序。

如图 13-4 所示，为在手机网页上下载“众筹网”App 的具体步骤。

图 13-4 在手机网页上下载“众筹网”App 的具体步骤(1)

首先，用手机打开众筹网的官方网站，然后点击在官网下方的“下载客户端”按钮即可。

“京东金融”与“众筹网”的下载方式类似，如图 13-5 所示，点击“客户端”按钮即可下载“京东金融”App。

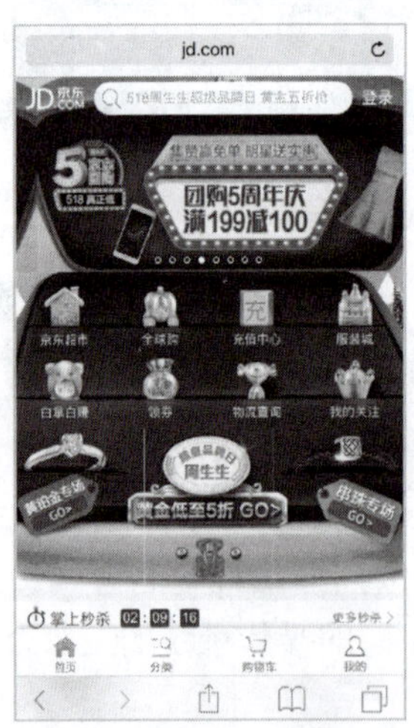

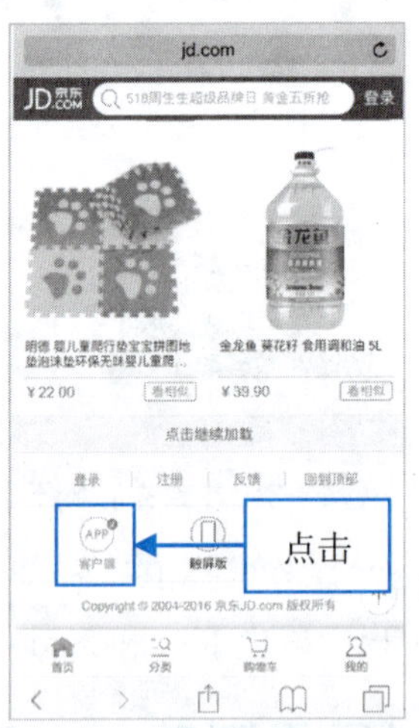

图 13-5 在手机网页上下载“京东金融”App 的具体步骤(2)

13.1.4 通过应用商店下载

在本质上，应用商店其实就是一个下载手机应用软件的平台。

目前，在手机上使用的应用商店相当多，常见的有 8 种类型，如图 13-6 所示。

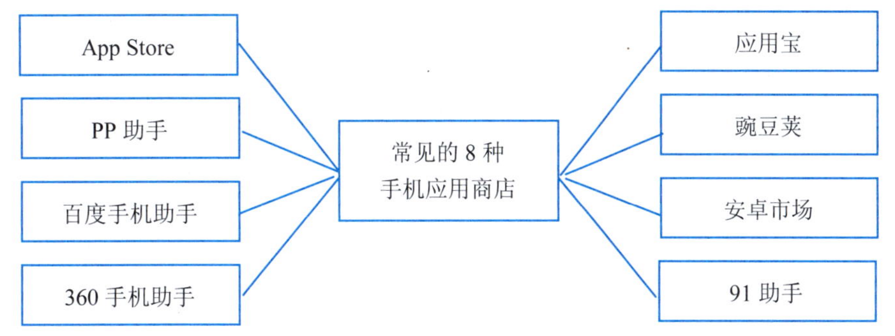

图 13-6 常见的 8 种手机应用商店

例如，PP 助手 App 的界面，如图 13-7 所示。

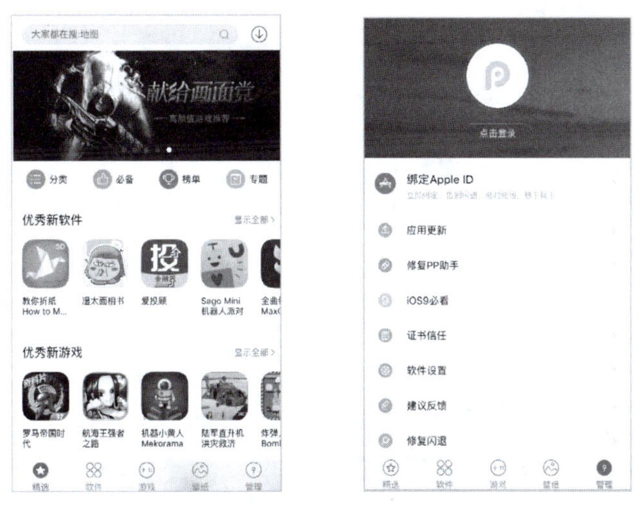

图 13-7 PP 助手 App 的界面

用户可以通过点击 App 上方的“搜索”栏，输入自己需要的应用软件。然后，点击“立即下载”即可，下载后的软件会自动安装。

具体操作步骤，如图 13-8 所示。

图 13-8　在“PP 助手”中下载软件具体步骤

13.2　发布项目

众筹平台客户端的种类繁多，每个众筹平台的客户端的特点又各不相同，下面将对手机众筹的客户端进行详细的介绍。

13.2.1　选择平台

手机端的众筹平台也比较多，如“京东金融”“人人投”“众筹网”等。一般的众筹 App 都具有三个重要功能，如图 13-9 所示。

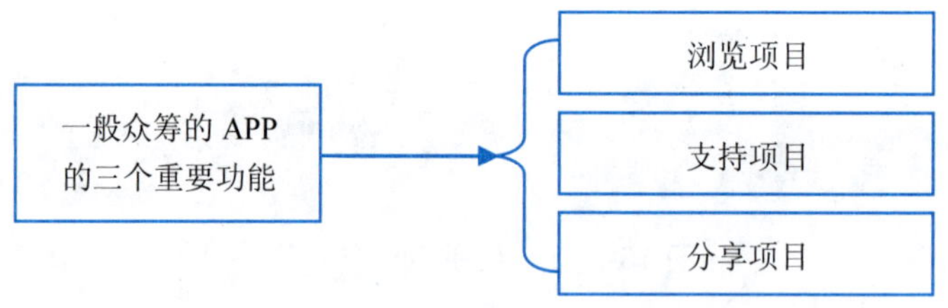

图 13-9　一般众筹 App 的三个重要功能

其中，众筹网 App 在这三个部分都做的简单便利，作为国内出现较早的众筹类App，它有三个特点，如图 13-10 所示。

随着众筹网影响力进一步的扩大，目前众筹网的 App 在下载量和实际使用量上都较多，如图 13-11，为众筹网 App 的主界面。

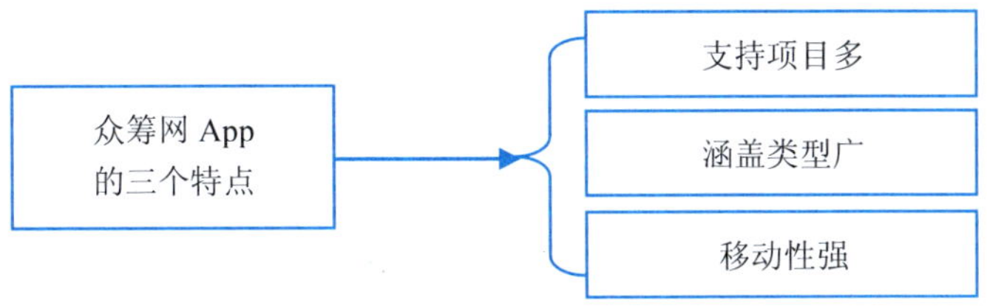

图 13-10　众筹网 App 的 3 个特点

图 13-11　众筹网 App 的主界面

相比于其他的众筹平台的 App 软件而言，众筹网的软件较有代表性，本节主要以众筹网为例，详解在平台上如何发布项目。

13.2.2　注册网站

在手机上的注册方式与在电脑上的注册方式类似，甚至更为简单快捷。

如图 13-12 所示，首先，打开手机众筹 App 软件，点击下方的“我”按钮，进入登录界面。

然后，点击右上角的“注册”按钮。

最后，填好注册信息，点击“注册”按钮，出现以下画面，表示注册已成功，如图 13-13 所示。

在完成注册操作以后，即可进入众筹网 App 的主界面，在界面上方是清晰的项目分类。

用户可以滑动屏幕进行切换，以便浏览各个类型众筹项目的相关信息，如图 13-14 所示。

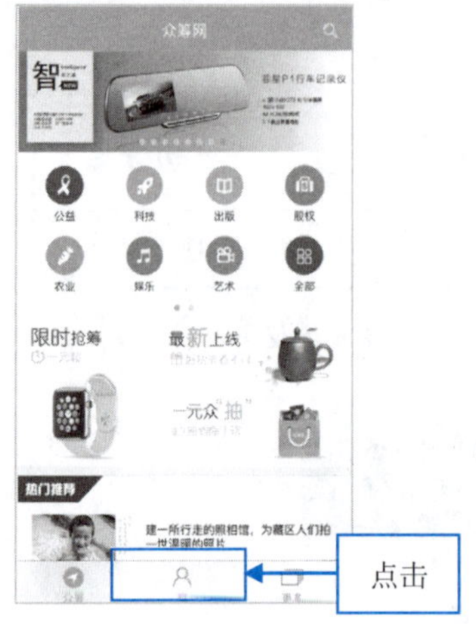
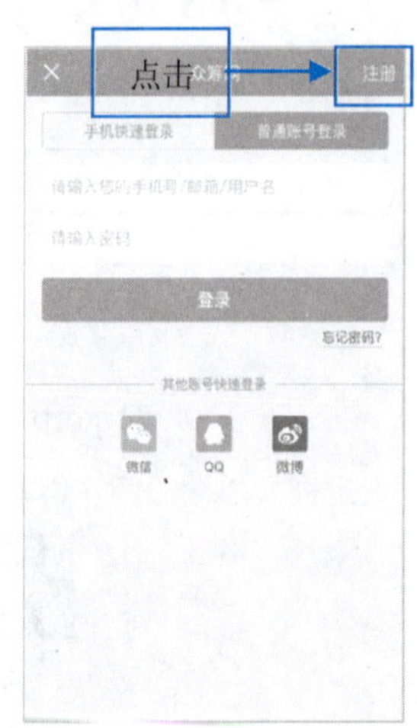

图 13-12　点击“我”和“注册”按钮

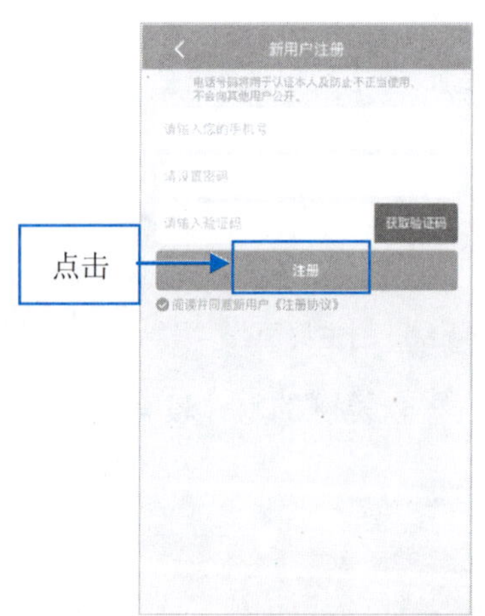

图 13-13　填写注册信息，完成注册

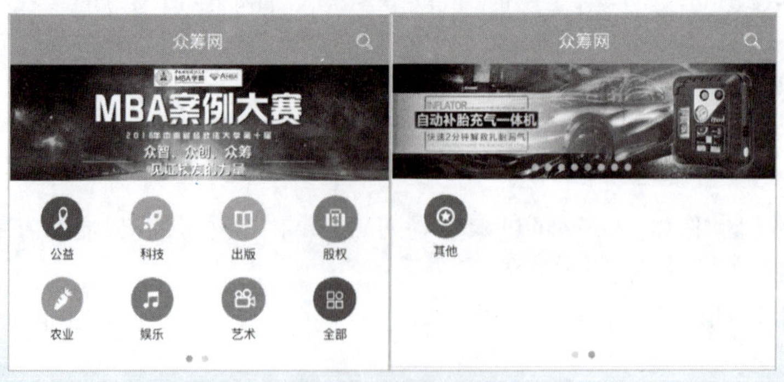

图 13-14　软件主页上的项目分类

众筹网 App 中的项目类别非常多，频道分类由以下 8 项组成，分别是公益、科技、出版、股权、农业、娱乐、艺术以及其他。

13.2.3 完善资料

在打开手机众筹 App 软件后，点击“我”按钮，进入登录界面进行登录。点击头像之后进入到“个人资料”界面，如图 13-15 所示。

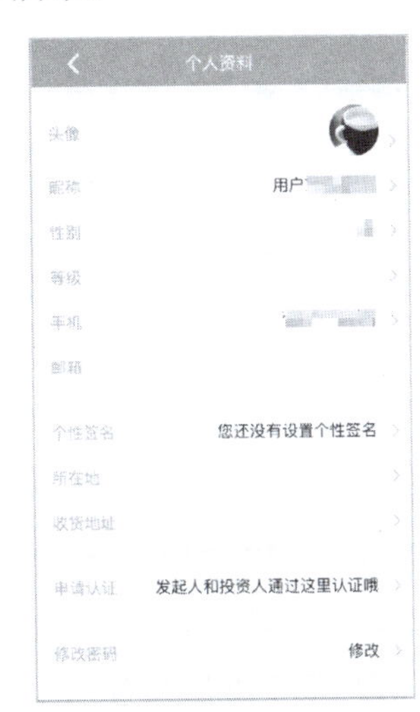

图 13-15 手机客户端的个人资料完善

在客户端上，个人资料的修改包括以下 8 个方面，如图 13-16 所示。

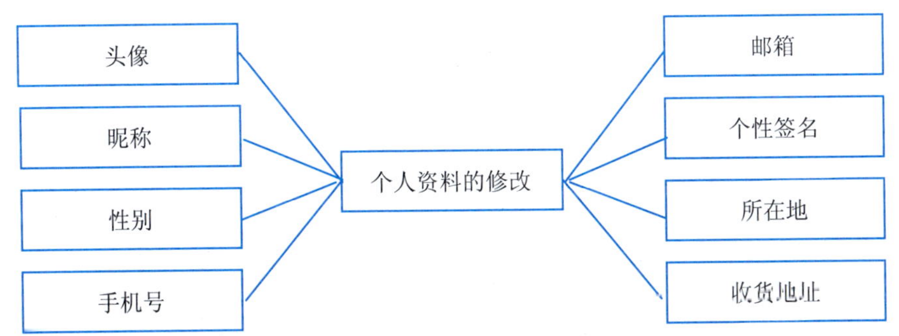

图 13-16 个人资料的修改包括的 8 个方面

除此之外，还有个人等级的显示和申请认证的链接。在进行项目发布之前，需要填写相关的信息，以通过平台要求的身份认证。

13.2.4 发布项目

众筹网的众筹项目发起需要完成 4 个方面的内容填写，如图 13-17 所示。

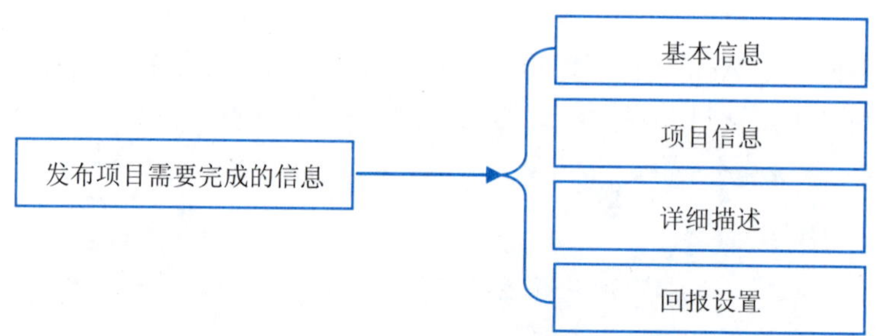

图 13-17 发布项目需要完成的 4 个信息

·专家提醒

一般情况下，在完成了信息的注册与完善之后，就可以开始进行众筹融资。不过，在目前的手机客户端上，由于图片等不方便编辑的缘故，所以暂时发布不了实际的项目。

虽然，手机客户端不方便发布实际项目，但是客户端提供了关于发布众筹项目与支持项目的相关规定，可以在发布项目前有所了解。

点击“更多”菜单界面中的“常见问题”按钮，可以看到有三类常见问题，分别是发起者常见问题、支持者常见问题和注册登录问题，如图 13-18 所示。

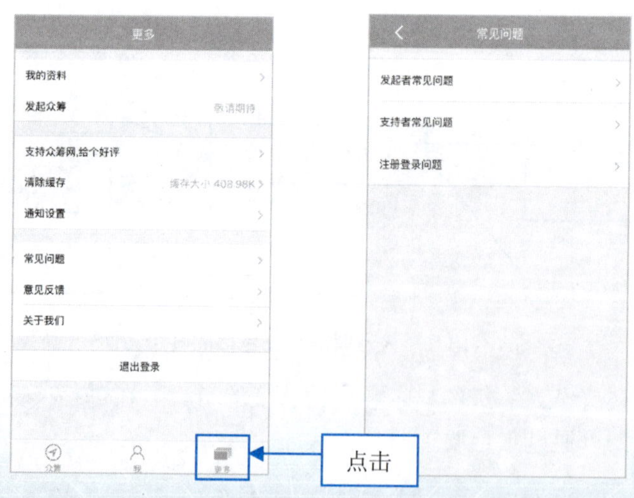

图 13-18 单击“更多”菜单界面中的“常见问题”按钮

点击“发起者常见问题”或“支持者常见问题”，就能看到关于发布众筹项目与支持项目的相关规定，如图 13-19 所示。

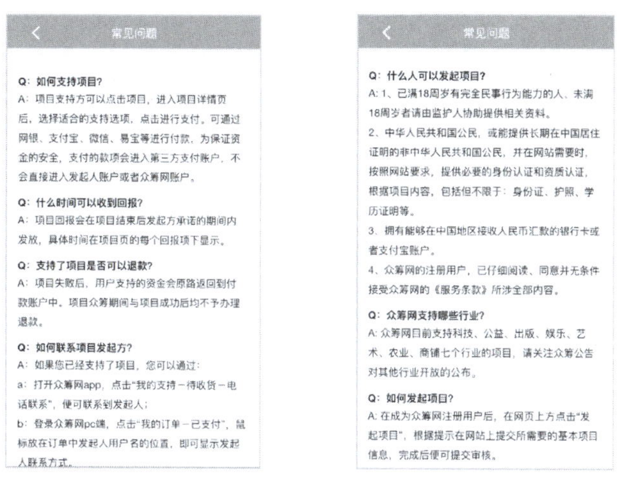

图 13-19　关于发布众筹项目与支持项目的相关规定

13.2.5　填写信息

在手机客户端上对发起项目的要求有所了解之后，就可以准备相关信息，用于在电脑上进行填写。

首先是基本信息方面，发起人需要填写并确认，如图 13-20 所示。

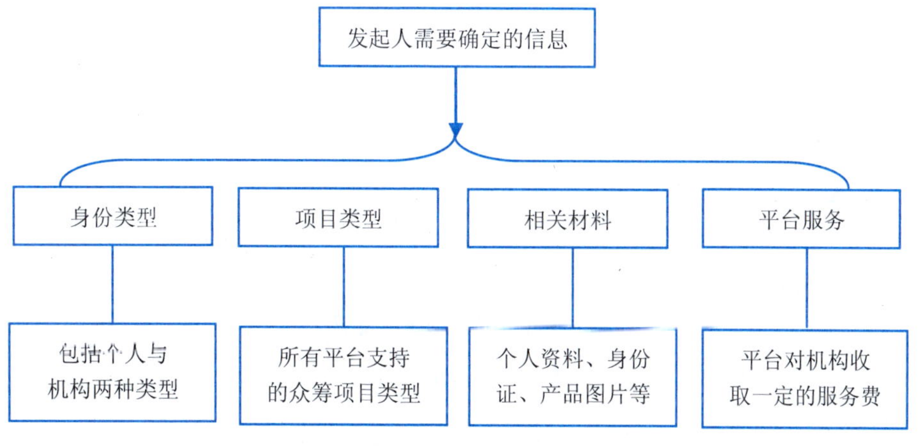

图 13-20　发起人需要确定的信息

13.2.6 填写详情

在填写基本信息之后，发起人需要对项目的详细信息进行填写，主要分为 7 个方面内容，如图 13-21 所示。

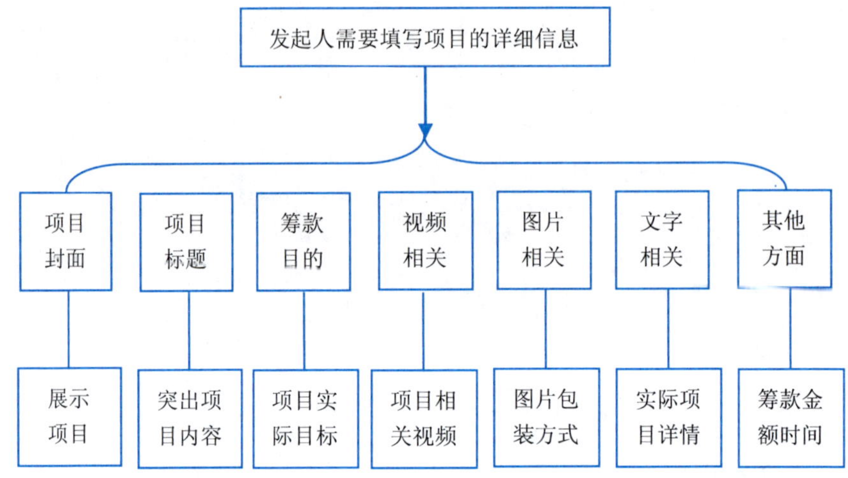

图 13-21 发起人需要填写项目的详细信息

13.2.7 设计回报方式

设计回报方式是项目设计中的重要部分，如图 13-22 所示，为设计回报方式的重要性。

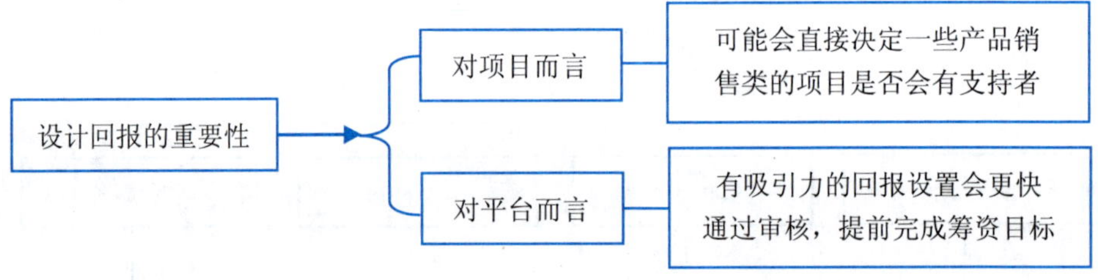

图 13-22 设计回报的重要性

例如，在众筹网 App 上的项目“GAOSIN 智能鸡尾酒戒指”设计的回报方式，就能吸引投资者的关注，如图 13-23 所示。

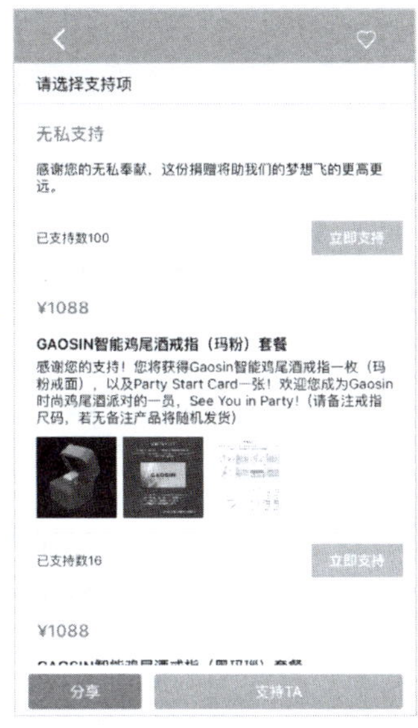

图 13-23　项目“GAOSIN 智能鸡尾酒戒指”设计的回报方式

13.2.8　完成收款信息

对于任何一个项目的发起人而言，提前完成收款信息是必需的。如果一个项目在众筹平台上获得了最终的筹资成功，但是因为收款信息的不完善而导致款项无法到账，这就是属于不必要的时间浪费了。

在平台对项目的审核中，也会有对发起人收款信息的认证要求。从发起人的角度而言，完成信息包括两个方面，如图 13-24 所示。

图 13-24　发起人完成信息包括的两个方面

13.2.9　查询个人项目

发布项目之后，可以在手机客户端的个人信息界面里“我的发起”中，查询到个人相关的项目，如图 13-25 所示。

图 13-25 手机客户端中“我的发起”可查询个人发布的项目

13.2.10 设置通知消息

如果项目已经通过平台的审核，即将正式上线，那么平台会在客户端中用信息通知的方式提醒用户。

客户端的这个功能，可以帮助用户随时随地的了解项目的审核情况，如图 13-26 所示，为信息通知的具体位置。

图 13-26 查看个人通知信息的位置

每个平台对于众筹项目的审核程度不尽相同，其中较为严格的平台会对项目进行三次审核，如图 13-27 所示。

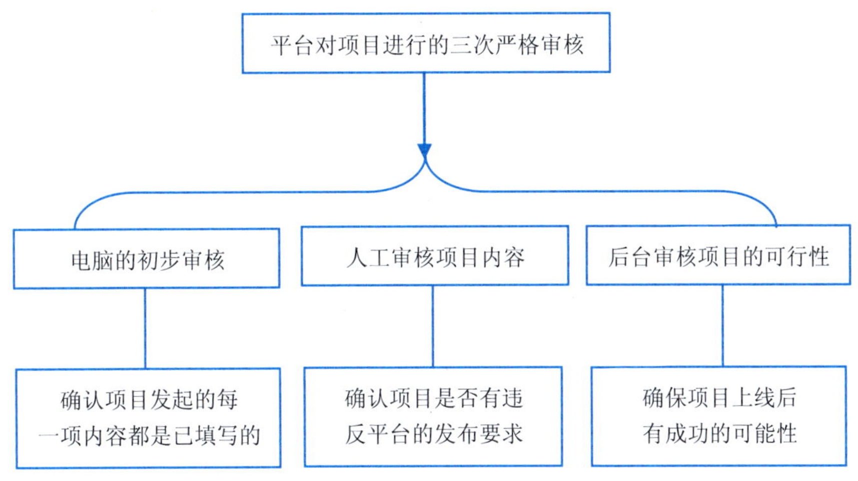

图 13-27　平台对项目进行的三次严格审核

在一部分众筹平台上，完成审核的项目并不一定能够马上就进行筹资，而是会有一个项目预热的环节。

在这个过程中，平台需要对项目相关的浏览量和预订量进行观察，如果项目浏览量太低，可能会在后期被撤销掉。

13.3　账户管理

与在电脑上进行操作的众筹账户管理类似，在互联网时代，所有在网络上的个人信息都是需要严格保护的，因为信息的泄露很可能会造成个人财产的损失。

手机众筹账户的管理相对要简单一些，与之相关的项目主要包括三个方面，如图 13-28 所示。

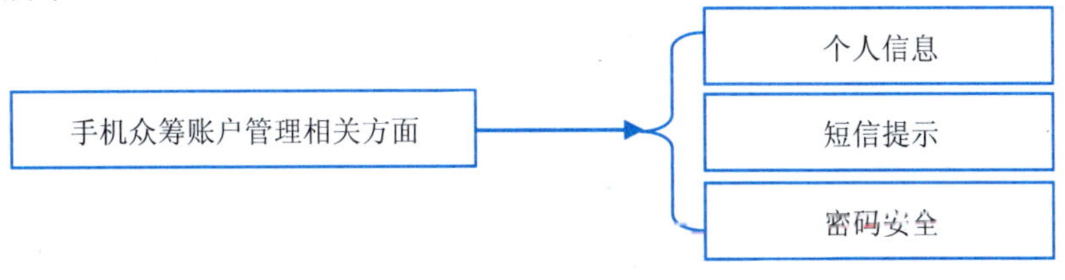

图 13-28　手机众筹账户管理的相关方面

13.3.1　个人信息

在手机客户端主界面点击“更多”菜单按钮中的“我的资料”，以修改手机号为例，具体步骤如图 13-29 所示。

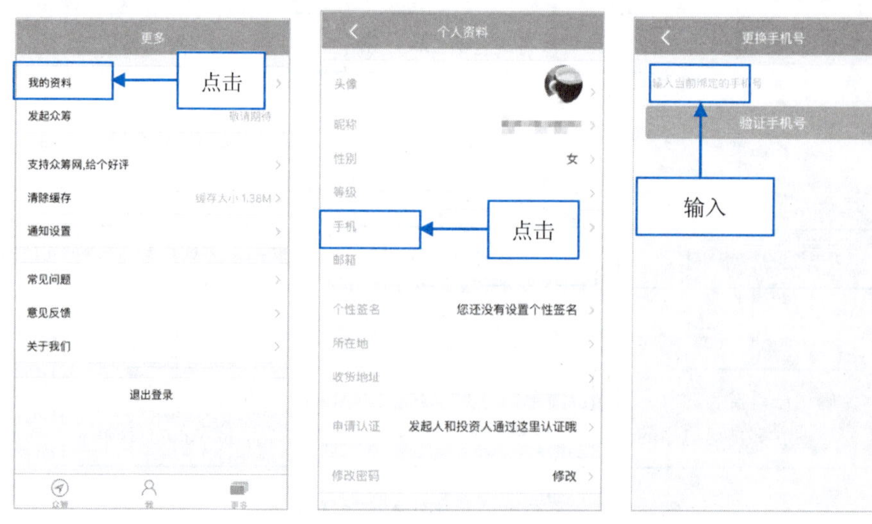

图 13-29 手机客户端修改手机号码的步骤

关于个人信息的管理，在电脑上可以进行的操作比较多，比如，修改个人基本资料，修改用户的投资经历、融资经历、工作经历等。手机客户端由于操作界面有限，提供不了那么多的服务，目前主要是针对个人基本资料的修改。

13.3.2 密码安全

在某些情况下用户需要对账号密码进行修改，手机客户端上修改密码的步骤较为简单，通过点击“个人资料”界面的“修改密码”即可，具体步骤如图 13-30 所示。

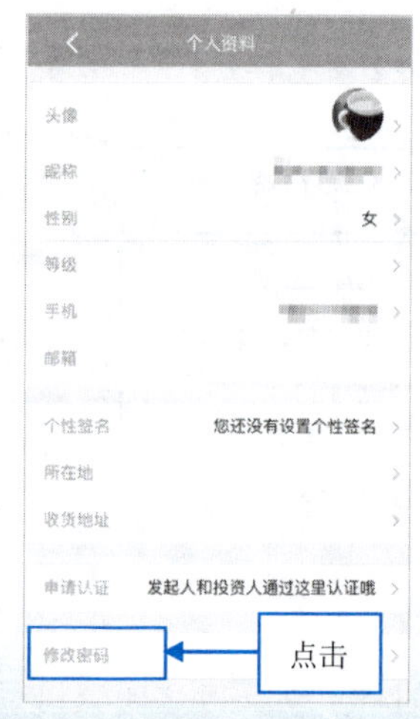

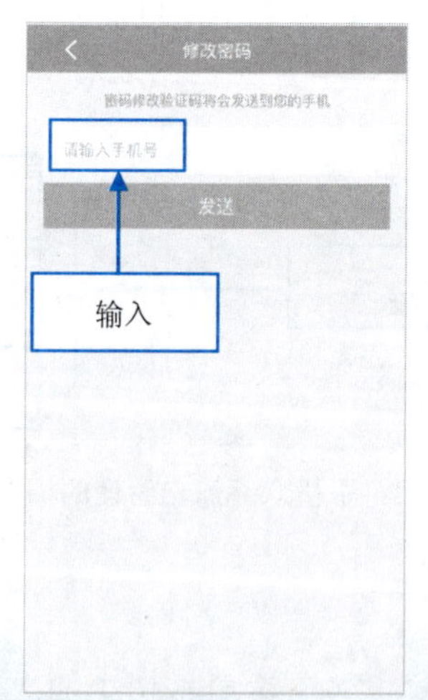

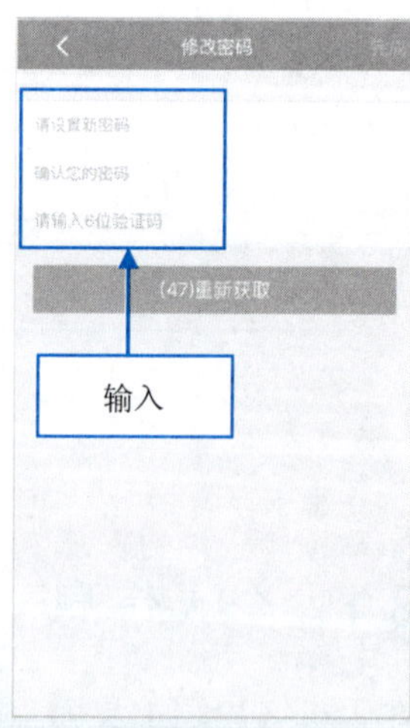

图 13-30 修改个人账户的密码

对账户的密码保护十分重要，每个平台都有不同的保护方式，对于用户而言，在一段时间内对密码进行修改，有两个方面的好处，如图 13-31 所示。

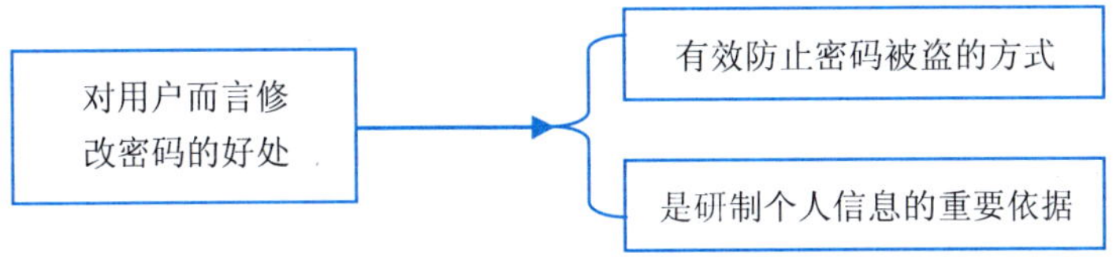

图 13-31　对用户而言修改密码的好处

13.3.3　短信提示

众筹平台会在项目进行中的各个阶段，向用户手机发送短信。以众筹网 App 为例，在下列情况时，用户会收到短信，如图 13-32 所示。

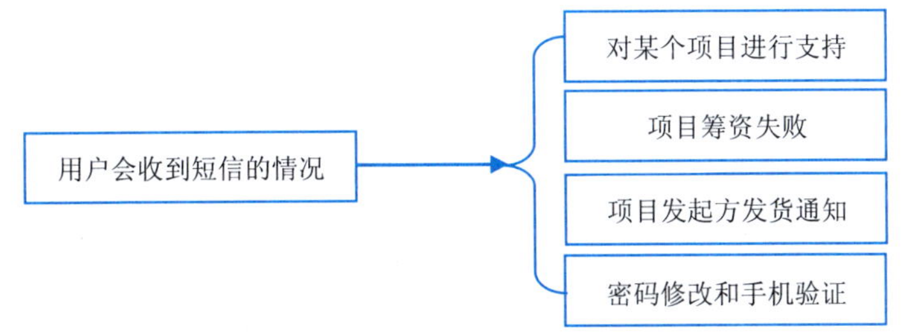

图 13-32　用户会收到短信的情况

以注册和修改密码为例，收到短信具体内容，如图 13-33 所示。

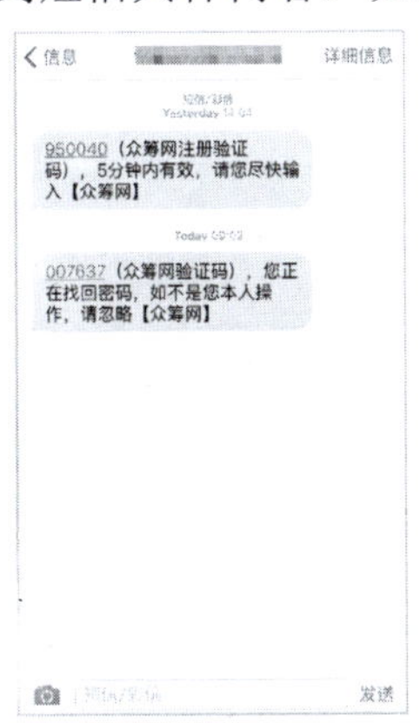

图 13-33　注册和修改密码时收到的短信

平台发送的验证码是随机的，与个人信息无关，只有一次有效次数。如果因为网络信息延迟而没有收到验证码，可以点击相关信息，选择再发送验证码。